当代学者论著文库
DANGDAI XUEZHE LUNZHUWENKU

北京市教委社科面上项目成果
北京市社会科学基金项目成果

天职取向与工作绩效关系研究

王默凡 ◎ 著

TIANZHI QUXIANG YU
GONGZUO JIXIAO
GUANXI YANJIU

首都经济贸易大学出版社
Capital University of Economics and Business Press
·北京·

图书在版编目（CIP）数据

天职取向与工作绩效关系研究 / 王默凡著. —北京：
首都经济贸易大学出版社，2016.10

ISBN 978-7-5638-2534-9

Ⅰ.①天…　Ⅱ.①王…　Ⅲ.①企业管理—人事管理
Ⅳ.①F272.92

中国版本图书馆CIP数据核字（2016）第163870号

天职取向与工作绩效关系研究

王默凡　著

责任编辑	洪敏
封面设计	砚祥志远·激光照排　TEL：010-65976003
出版发行	首都经济贸易大学出版社
地　　址	北京市朝阳区红庙（邮编100026）
电　　话	（010）65976483　65065761　65071505（传真）
网　　址	http://www.sjmcb.com
E-mail	publish@cueb.edu.cn
经　　销	全国新华书店
照　　排	首都经济贸易大学出版社激光照排服务部
印　　刷	北京京华虎彩印刷有限公司
开　　本	710毫米×1000毫米　1/16
字　　数	286千字
印　　张	16.25
版　　次	2016年10月第1版　2016年10月第1次印刷
书　　号	ISBN 978-7-5638-2534-9 / F·1424
定　　价	39.00元

图书印装若有质量问题，本社负责调换

版权所有　侵权必究

目　录

前　言

　　随着知识经济时代的到来，知识型员工的工作内容、工作方式以及对工作的认识都发生了很大变化，知识型员工更加渴望高层次需求的满足，工作已非养家糊口那么简单，而逐步变成一种人生的意义。与此同时，在中国市场化转型的历程中，人们逐渐意识到追逐财富作为经济发展的动力，随着物质的丰富很容易出现边际效应递减，此时无论是企业还是员工都渴望寻找一种新的"原动力"，一种可持续且长久有效的动力以激发员工敬业度、提高工作绩效。近年来，工作价值取向作为这种"原动力"在心理学和组织行为学领域中逐渐受到关注。工作价值取向是人们对自己工作价值与期望的主观定位，是从工作目的角度研究和诠释工作意义的概念。工作价值取向可以分为三种，分别是工作取向、事业取向和天职取向。其中持工作取向的人工作的主要目的就是"收入"；持事业取向的人，工作的意义不仅是物质上的获得，更是职业领域中的发展；持天职取向的人，使命感强，其工作的主要目的是为了获得深刻的意义感。近几年对天职取向的研究越发受到重视，特别是在针对像知识型员工这种看重工作意义感并且有强烈使命感的群体上，因为天职取向作为一种"原动力"，在工作中一方面满足员工对工作意义感的追求，另一方面促使员工爱岗敬业、提高绩效，将组织与员工的关系有效地引入共赢状态，因此对员工天职取向的研究具有时代意义和实践意义。

　　本书采用实证研究的方法对知识型员工天职取向进行研究，探索天职取向对工作绩效（任务绩效与关系绩效）的影响。本书首先通过对理论的深入研究与分析，建立起天职取向与工作绩效关系的理论模型，并提出十个相关假设；而后结合国外成熟量表及专家访谈形成信度、效度良好的天职取向测量量表，并开发出网络问卷填答系统；进而通过问卷调查和统计分析等方法对模型加以检验和修正，从而验证天职取向与工作绩效的关系；同时通过引入变量"员工敬业度"，进一步阐明天职取向对工作绩效的作用机理，解释二者的作用规律；最后结合企业实际情况提出行之有效的提升知识型员工天职取向的政策性建议。本书拓展了天职取向结果变量的研究，探究了天职取向对工作绩效的作用机理，为工作价值取向的进一步研究奠定了基础，同时也为企业长久有效地激励员工提供了新的思路和新的方法。

本书的创新之处体现在以下几方面：

（1）本书通过实证研究证明了天职取向与员工敬业度的正相关关系，同时以员工敬业度作为中介变量就天职取向对工作绩效的作用机制进行了探讨，一定程度上打开了天职取向与工作绩效之间关系的"黑箱"。通过研究还发现，对于知识型员工而言，天职取向与工作绩效呈正相关关系，且这种关系在任务绩效和献身精神上表现得更为明显。

（2）国内对天职取向的研究多是以定性分析或者描述性统计分析为主，很少有建立在调查统计资料基础上的实证研究。本书运用结构方程模型，验证了天职取向与工作绩效的关系，探讨了员工敬业度在二者之间的中介作用。使用了统计功效和适用广度较为优秀的自抽样（bootstrap）方法进行中介效应的检验。自抽样方法不需要分布假设，所以避免了传统的系数乘积检验违反分布假设的问题，同时自抽样方法也不依赖标准误进行计算，所以避免了传统中介检验方法中不同标准误公式产生结果不一致的问题，使得对"员工敬业度"中介效应的检验更加严谨可信。在整个研究过程中始终秉持严谨的态度，对每一个假设的验证都做出了逻辑清晰的分析论证，使得结论更加可靠，理论和实践意义也更为突出。

（3）本书在数据收集阶段开发了网络问卷填答系统，该系统通过富有创新性的设计使得问卷填答中对于共同方法变异问题中的"同源偏差"问题和"社会称许性反应偏差"问题进行了有效的规避。本书通过网络填答问卷的形式增大调查覆盖面、增加样本数量；同时在网络问卷填答流程中令领导及其员工分别通过各自账号进行填写，系统通过账号对填写完毕的问卷进行自动配对，使得在隔离数据源的同时保证数据配对的准确，从而在设计上有效降低了同源偏差而又保证了数据质量；领导及其员工必须通过账号进入填答系统，且在各自填答的过程中彼此独立、保密。问卷填答后系统立刻封存问卷结果，使得除问卷填答者和研究者之外的第三者无法看到问卷填答情况，从而避免了社会称许性反应偏差的出现。这些在系统上的设计使得共同方法变异问题得到有效规避，为今后同类型研究中研究者此类问题的解决开拓了新思路。

（4）国内过往对天职取向的研究几乎全部集中在教师这一群体，欠缺研究结论的普适性。本书则是以覆盖面较广的知识型员工作为样本进行研究，拓宽了天职取向研究领域中样本的范围，也对知识型员工人力资源管理实践提供了参考依据。

本书的管理启示有：

（1）天职取向虽然是个人的工作价值取向，但是它的变化深受企业的影响。企业应该重视知识型员工高层次的需求，在工作中与员工形成共赢的合作关系，将员工的人生意义融入企业的发展中。在人力资源管理的选、育、用和留人中，重视员工工作价值取向特别是天职取向的考量。同时企业也可以通过帮助知识型员工树立正确的工作价值取向，从而使其体会到更多的生活幸福感与人生意义。

（2）天职取向的树立需要依赖和谐的组织环境。要在组织内建立融洽开放、亲密合作、相互信任的内环境。从领导开始就要重视信任氛围的建立，避免出现所谓的"圈内人"与"圈外人"的概念，建立员工间交流的平台，增加员工间合作的可能，并提倡员工间的互助与分享。

（3）知识型员工之间的互助与分享不能自发形成，且知识型员工自身的特点阻碍了这种互助和分享。设计一套更加完善的激励机制是促进这种互助与分享的制度保证，知识型员工对于其他员工的互助与分享也应该纳入绩效考核的范畴中来。

本书是以下基金项目的成果：

（1）2015年北京市社科青年项目（15JGC196）"北京市科技创新人才工作使命感对创新行为的影响研究"，项目负责人：王默凡。

（2）2015年北京市教委社科面上项目（SM201510038008）"知识型员工天职取向对工作绩效的影响研究"，项目负责人：王默凡。

1 引 言

1.1 研究背景

随着知识经济时代的到来，知识型员工对于企业生存、发展和竞争起到了越来越重要的作用，同时知识型员工的工作内容、工作方式以及对工作的认识也都发生了巨大的变化。知识型员工有着强烈的实现自我价值的愿望，对于工作具有较高的创造性和自主性。这些特点使得管理的方式和目的发生了必然的转变，即从管理者通过制定各种规章制度，控制员工的思想和行为，以达到企业的预期目标转变到如何解决员工的抱怨以提高他们的工作满意度，如何满足员工的需求以激发他们的工作热情上来。主要依靠物质刺激，单纯满足员工低层次需求以激励员工敬业的方法已不再适用，企业的管理者们渐渐发现物质报酬在激发员工爱岗敬业上的作用越来越有限，而且存在着明显的边际效用递减现象。员工特别是知识型员工对于更高层次需求的满足变得更加渴望，工作已非养家糊口那么简单，而是逐步变成了一种人生的意义。天职取向正是在这样一种时代背景下提出的。

天职取向是近年来在心理学和组织行为学领域中与工作意义相关的重要概念。天职取向是一种工作价值取向，工作价值取向是人们对自己工作价值与期望的主观定位，是从工作目的角度研究和诠释工作意义的概念。持天职取向的人在工作中感受到很强的使命感和意义感，他们工作的目的是为了获得深刻的意义感。

对天职取向的研究也是中国经济现状的大势所趋。国家统计局 2003 年 1 月公布的数据显示，中国 15~59 岁劳动年龄人口于 2010 年达到峰值，2012 年中国劳动年龄人口明显出现绝对下降，比上年减少 345 万人。这一变化使得资本积累、人力资本、劳动力投入都会随之受到影响。"人口红利"已经消失，人口老龄化、劳动力短缺将成为不可避免的严峻现实。中国经济想要继续保持增长就必须依靠创新、技术进步和生产率的提高，需要依靠"劳动力"的敬业来实现。

2008 年 1 月 1 日中国新《劳动合同法》的实施以及 2013 年 7 月 1 日

修改后的《劳动合同法》正式施行，使得"非典型性雇佣"模式进入人们的工作与生活。近几年来，很多企业都从战略角度出发，越来越多地采用非典型性雇佣模式。与传统雇佣模式不同，非典型性雇佣模式加大了劳动力数量及使用的灵活性并降低了人力成本，但与此同时也增加了雇佣关系的不稳定性，使得员工的组织承诺水平降低，进而引发员工行为上的短视，这些均阻碍了员工敬业度水平的提高。

　　一方面员工敬业度的重要性毋庸置疑，另一方面又存在着制约员工敬业度提高的诸多因素。中国员工敬业度不高的现实更显残酷。据全球知名咨询公司盖洛普公司在 2013 年 10 月公布的员工敬业度调查结果，全球员工的敬业比例仅为 13%，而中国更是远低于世界水平，仅为 6%。不难看出，如何激发劳动者的敬业度，如何保持劳动者的工作热情是摆在企业面前的一道难题。企业迫切需要找到一种激励员工敬业的新动力，使得从工作意义的视角出发，对员工天职取向进行研究具有时代意义和实践意义。

　　虽然天职取向在西方管理学研究中已较为普遍，但是在国内还是一个较新的概念，特别是在这个追逐物质的时代里，天职取向看起来显得那么苍白无力。但毋庸置疑的是，天职取向的存在和日益受到重视。随着物质的丰富和人类的进步，人们会越来越重视对精神层面的满足；同时市场经济也不可能完全内生道德，社会的进步也需要精神力量。所以面对天职取向的研究，我们既要正视它目前的曲高和寡，也要看到它对未来的深远影响。

1.2 研究问题的提出

　　天职取向研究主题的提出，折射出时代对于管理实践的要求。在中国市场化转型的历程中，人们逐渐意识到追逐财富作为经济发展的动力，随着物质的丰富很容易出现边际效率递减，此时无论是企业还是员工都渴望寻找一种新的"原动力"，一种可持续且长久有效的动力，以激发员工敬业度、提高工作绩效，而这种源动力归根结底是一种精神力量。天职取向作为这种力量，在工作中一方面满足员工对工作意义感的追求，另一方面促使员工爱岗敬业、提高绩效，将组织与员工的关系有效地引入共赢状态。

　　本书根据问卷调查的结果，分析天职取向与工作绩效的关系及作用机理，试图对如下问题做出回答。

天职取向是否是员工敬业度的一种源动力？

天职取向与工作绩效具有怎样的关系？

天职取向与工作绩效的作用机理是怎样的？

通过回答上述问题，实现以下研究目的：

找寻一种新的、可持续激发员工敬业度的动力。

打开天职取向与工作绩效关系的"黑箱"。

本书的研究框架如图 1.1 所示。

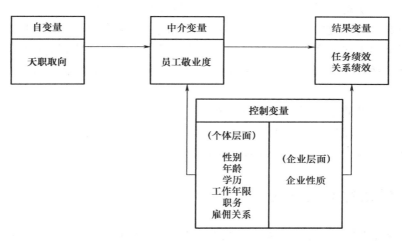

图 1.1　本书研究框架图

1.3 相关概念

　　本书涉及的主要概念有天职取向、员工敬业度、工作绩效等。其中，天职取向是一种工作价值取向，工作价值取向主要分为三类：工作取向、事业取向和天职取向。每一种工作价值取向都同一种工作目标相关联，工作取向、事业取向、天职取向之间并不是相互排斥的关系，每一位员工都可能同时拥有这三种取向，员工之间的差别主要体现在这三种取向比重与结构上的不同。持工作取向的人最感兴趣的是工作所能带来的物质利益，他们不去找寻或得到其他形式的工作收获。工作本身不是目的，它只是一种为获取享受工作以外生活所需资源的手段。基本上，持工作取向的人工作的主要目的就是"收入"；持事业取向的人会对工作有更多的投入，工作上的意义对他们而言不仅是物质上的获得，更是职业领域中的发展。这种发展可以带来更好的社会地位、自己职业领域中更大的权力、更高的自尊。持事业取向的人工作的中心目标是最大化他们的收入、社会地位、权力以及在他们职业领域中的威望。持天职取向的人认为，他们的工作与生活无法分离，工作是其生活的一部分。他们工作不是主要为了物质利益或职业发展，而是为了给予他们意义感。总而言之，天职取向是一种使命感和意义感都很强烈的工作价值取向。

员工敬业度是一种与工作相关的、积极的、富有成就感的和完满的情绪与认知状态，具有精力充沛、热衷奉献和专心致志的特点。本书中的员工敬业度与传统中对敬业的理解不完全相同，本书中的员工敬业度不仅是员工努力工作的简单行为表现，还包括员工在工作中所持有的积极态度、完满情绪。它不仅指员工所表现出来的，还包括员工在工作中体会到的积极情绪。

工作绩效是对于特定目标达成程度的一种衡量，本书中关注的是个体层面的工作绩效。基于工作绩效的二元结构理论，将其分为任务绩效和关系绩效，其中关系绩效又分为人际促进和献身精神。

1.4 研究对象的界定

著名管理学大师彼得·德鲁克（Peter F. Drucker）在《21世纪的管理挑战》一书中指出，知识是一种高品位资源，知识工作者是宝贵的财富，知识工作者必须被视为资产而不是成本，管理的任务就是要保存这种资产并发挥其作用。从这段话中不难看出这位管理大师对知识型员工重要性的认识。而随着知识经济时代的到来，知识型员工越来越成为企业生存与发展的重要支撑，可以说知识型员工已经成为企业间竞争的主体。本书则是应时代要求将研究对象定位在知识型员工上；为保证知识型员工特点的鲜明及定位的准确，本书以企业内技术、研发、创新和设计等岗位的员工为调查对象。在实际问卷调查中，由于问卷发放对象是领导层面，由领导确定填答问卷的下属，所以在发放时向领导反复强调填答问卷的下属应是技术、研发、创新和设计等岗位的知识型员工。

各研究领域中对于知识型员工的研究已有很多，学者们所提出的知识型员工的概念也不尽相同，本书对其中的主要概念整理如表1.1所示。通过相关概念不难看出，尽管学者们所使用的概念不同，但其内涵是一致的，即知识型员工是利用知识来创造价值，为企业与社会做贡献的人。

表 1.1　知识型员工的概念

提出者	概念
彼得·德鲁克	那些掌握和运用符号和概念、利用知识或信息工作的人
彭剑锋和张望军	大多数白领和职业工作者
杨杰，凌文栓和方俐洛	从事知识型工作的人
廖建桥和文鹏	创造、应用和传播知识的人
赵秀清	用脑力劳动来创造社会财富，不断运用所掌握的知识进行创新，对企业和社会的发展做出了巨大贡献的人

　　本书选定知识型员工作为研究对象的原因有三个：

　　第一，知识经济时代下知识型员工对于企业的生存、发展和竞争起到了越来越重要的作用。

　　第二，知识型员工的特点使得天职取向的相关研究愈发具有现实意义。知识型员工通常都具有相应的专业特长和较高的个人素质；具有强烈的实现自我价值的愿望；具有较高的创造性和自主性；具有强烈的个性及对权势的蔑视；对组织依赖性低。知识型员工的这些特点使得组织不可以仅仅依靠物质手段达到激励作用，而要将组织的目标同员工实现自我价值结合在一起，以求得工作中的共赢结果；要激发员工发自内心的敬业而不是表象上的忙碌。因此，研究知识型员工的天职取向更具现实意义。

　　第三，知识工作的特点使得探究员工敬业度的原动力这一问题更为迫切。著名知识管理专家玛汉·坦姆仆通过大量调研总结了知识工作的如下特点：工作过程难以观察；工作成果不易衡量；工作的顺利程度有赖于知识型员工发挥自主性；知识型员工往往是某个领域的专家而管理者在这些领域是外行。知识工作的这些特点使得对于知识型员工工作过程很难实施监督控制，对工作结果又不易考核评价。而这就更需要从员工自身寻找激励动力，加强员工自觉性和内部约束力，真正从"要我敬业"转向"我要敬业"，促使员工"不待扬鞭自奋蹄"。

　　基于以上三点，笔者认为天职取向在知识型员工这一群体上的作用更加突出，对其进行研究更具实践意义，因此本书选择知识型员工作为研究对象。

1.5 研究方法

本书的研究方法主要有文献分析法、问卷调查法、统计分析法和访谈研究法。

1.5.1 文献分析法

通过查阅中国学术期刊网、ABI 数据库、EBSCO 学术期刊摘要、Elsevier 等数据库进行文献收集、阅读，对所研究变量的含义、结构维度、测量、与相关变量的关系等内容进行梳理和归纳，并总结前人研究的不足。在此基础上建立本书的基本理论构想，进行初步的研究设计。

1.5.2 问卷调查法

根据研究内容和研究目的，以知识型员工为样本，采用问卷调查的方式获得研究数据。本书中对样本的问卷调查包括预调查和正式调查两个阶段。

1.5.3 统计分析法

本书通过问卷调查的方法获得所需的数据，数据处理主要采用 SPSS21.0 和 AMOS21.0 统计软件。运用 SPSS21.0 进行问卷条目 CITC 检验、信度检验、探索性因子分析、描述性统计、独立样本 T 检验和单因素方差分析等；运用 AMOS21.0 进行验证性因子分析、通过结构方程模型对研究假设进行检验、通过 Bootstrap 技术检验员工敬业度的中介作用等。

1.5.4 访谈研究法

结合管理实践，以研究中发现的问题为焦点，对资深知识型员工进行深度访谈，对产生问题的原因进行深入剖析，以形成对企业现存问题行之有效的解决建议。

1.6 研究意义

天职取向在理论和实践上都是崭新的研究领域，对其进行相关研究具有理论上和实践上的双重意义。

1.6.1 理论意义

通过对文献的梳理可以看出天职取向的研究还处于方兴未艾的阶段，尤其在国内对于天职取向的关注刚开始。国外对于天职取向在工作领域中的结果变量的研究几乎都集中在工作满意度上，本书以工作绩效作为天职取向的结果变量可以丰富该领域的研究内容。

天职取向是在西方文化背景下提出的，在中国对其研究具有跨文化的意义。在研究中有可能发现不同的影响结果，为该领域不同文化背景下的比较研究奠定基础。

通过对员工敬业度相关文献的梳理可知，过往对员工敬业度前因变量的研究更侧重于组织因素而忽略了个体因素，本书以天职取向作为员工敬业度的前因变量可以丰富该领域的研究内容。

本书最重要的理论意义在于将研究视角放在伦理的层面，是为管理实践找到精神层面的指导方向的一次有益的尝试，也是对人本主义管理理念的一次较好的诠释。

1.6.2 实践意义

1.6.2.1 对于个人的意义

千百年来，人们始终在积极探寻人生的意义，人们会在内心深处向自己发问：人为什么活着？人生的意义是什么？工作的意义又是什么？当社会不断前进，经济不断发展，物质不断富足之后，人们并没有感到更加幸福，于是人们更加迫切地想知道问题的答案。究竟是什么能够让人们在创造价值、贡献组织的同时体会到自身生命的意义和主观的幸福？有没有一种力量，犹如经济学中"看不见的手"那样在实现着个人价值的同时增加全社会的福祉。本书中的天职取向或许可以给出答案。持有天职取向的员工更多地经历完满的积极的情绪体验，对他们而言，工作本身就是人生的意义。

1.6.2.2 对于组织的意义

物质激励是有效的，但不是唯一的，且随着物质的丰富，这种方式的激励作用会出现边际效用递减。对于企业而言，迫切希望找到一种方法能够持久地、有效地激励员工，建立良好的工作价值取向、营造积极向上的氛围，让员工在工作中感受到人生的意义，从而激发员工内心对工作的热情、执着与爱，这种"敬业"才是真正的敬业，才是有利于员工发展和企业发展的敬业，才是对"以人为本"最好的解读。

1.6.2.3 对于社会的意义

中国的改革是从市场经济开始的，人们在物质得到了丰富的同时也出现了"一切向钱看"甚至出现了一系列不诚信的现象，实践证明发展市场经济也需要道德规范。市场经济不能完全内生道德，而且市场经济的有序进行还要依赖全社会一定的道德水准。现实社会中人们对工作的敷衍态度、得过且过是一种职业伦理的短缺，而这又是市场伦理缺失的一个反映。社会的有序发展呼唤"伦理"、呼唤"道德"、呼唤一种职业精神力量。赵晓在《有教堂的市场经济和无教堂的市场经济》一文中曾指出，中国将面临"好的市场经济"和"坏的市场经济"两种命运。二者的差别并不在于有无市场、有无交易，甚至不在于有无完善的市场法律，而在于有无健全的市场伦理的支撑，在于能否降低市场经济的运行成本以及引导全社会走向和谐。茅于轼教授也曾指出，中国市场经济的前景最终取决于中国人的道德前景。所以，针对天职取向的研究不仅仅对个人定位职业成功、企业有效激励员工有意义，对经济发展、舆论导向、构建和谐社会都具有深远的意义。

1.7 研究内容及技术路线

本书的研究内容及技术路线如图 1.2 所示。

全书分为八个部分，各部分的主要内容如下：

第一部分：引言。介绍本书提出问题的背景及研究意义，确定研究主题。分析研究主题的研究意义、研究目的和研究方法，并在此基础上构建了本书的基本框架。

第二部分：天职取向的研究现状及发展。

第三部分：员工敬业度的研究现状及发展。

第四部分：工作绩效的研究现状及发展。本书对天职取向、员工敬业度、工作绩效等文献进行分析，在总结前人研究的结论和进展后，提出研究的不足之处，并提出了本书的研究重点和研究方向。

第五部分：研究假设与理论模型。在第二、第三、第四部分的基础上，提出本书的研究假设和理论模型。

第六部分：研究设计与预调查。这部分是正式调查之前所做的基础性工作，主要包括根据问卷设计的原则进行研究设计，在对前人文献资料进行整理分析的基础上，对天职取向量表进行分析和设计；然后利用预调查的数据进行检验，最终形成正式调查所需的天职取向问卷。在预调查中，还对员工敬业度、工作绩效等问卷进行了信度、效度检验，最终形成了正式调查问卷所需的测量工具。

第七部分：正式调查。通过正式调查问卷所获得的数据，对知识型员工的天职取向与工作绩效的关系、员工敬业度的中介作用进行实证检验。

第八部分：研究结论和研究展望。在对前面内容进行总结的基础上，提出了本书的主要结论、创新点、管理建议、研究局限及研究展望。

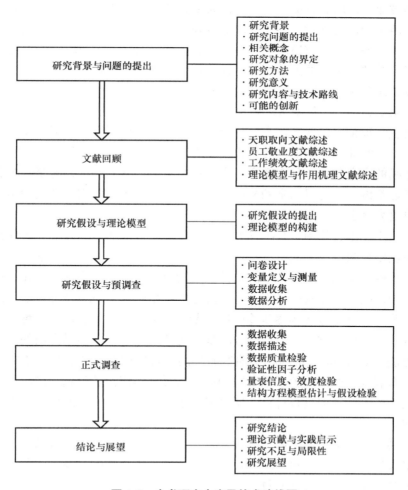

图 1.2　本书研究内容及技术路线图

1.8 本书的创新

第一，过往针对天职取向结果变量的研究几乎全部围绕着主观幸福感和工作满意度来进行，而这两个变量的测量都具有明显的主观性且无法回避共同方法变异问题，这使得研究结论的可靠性受到了局限。本书选取了工作绩效作为结果变量并通过隔离数据源有效避免了共同方法变异问题，通过实证证明了天职取向与员工敬业度的正相关关系，即证明了"爱岗确实会敬业"，同时以员工敬业度作为中介变量对天职取向与工作绩效关系的作用机制进行探讨，一定程度上打开了天职取向与工作绩效关系的"黑箱"。本书通过研究还发现，对于知识型员工而言，天职取向的程度确实与工作绩效呈正相关关系，且这种关系在任务绩效和献身精神上表现更为明显，而在人际促进上表现并不明显。

第二，国内过往对天职取向的研究多是以定性分析或者描述性统计分析为主，很少有建立在调查统计资料基础上的实证研究。本书运用结构方程模型，验证了天职取向与工作绩效之间的关系，探讨了员工敬业度在二者之间的中介作用。且在整个研究过程中秉持严谨的态度，对每一个假设的验证都做出了逻辑清晰的分析论证，使得结论更加可靠，理论和实践意义也更为突出。

第三，本书使用了自抽样方法检验员工敬业度的中介效应。目前常见的检验中介效应的方法有逐步检验法、系数乘积检验法和区间估计法。从统计功效和适用广度看，区间估计法中的自抽样方法最为优秀。在过往的研究中，检验中介效应最流行的方法是柏荣和科尼（Baron & Kenny）的逐步检验法，但是近几年逐步检验法不断受到批评和质疑。作为一种更新、更具效力的估计方法，自抽样方法是由艾佛荣（Efron）最早提出的重复抽样方法（resampling methods）演变而来的。自抽样方法的优势在于它不需要分布假设，所以避免了系数乘积检验违反分布假设的问题，同时自抽样方法不依赖标准误进行计算，所以避免了不同标准误公式产生结果不一致的问题。

第四，本书在数据收集阶段开发了网络问卷填答系统，该系统的设计在很大程度上解决了过往组织行为学研究领域中出现的一系列难题，具体情况通过如下对比进行说明。

过往组织行为学领域的研究中，特别是涉及自陈式量表填写时，通常均以纸版形式的问卷为主，电子问卷和网络问卷为辅，且网络问卷仅停留在将纸版问卷简单电子化的层面，这样的网络问卷仅仅是改变了填答方式，并没有发挥出系统功能上应有的优势。这些方法的缺点主要有：①被试者的填答时间不自由；②纸版形式为主的问卷不利于发放、回收与保存；③被试对于填答纸版形式问卷有抵触情绪，容易出现漏答等现象，而电子问卷以电子邮件方式传递且以 Word 形式展现，致使填答变得极不方便；④问卷回收后要进行数据的手工录入，增加工作量且容易出现录入错误；⑤纸版问卷发放数量常受限于研究者的时间、精力等原因，对于大样本的收集比较困难。

网络填答系统的开发可以使上述问题迎刃而解。它的优点有：①被试通过在线进行填答，填答时间可自由支配，被试的领导拥有对下属填答数量控制的自主权，由此避免了可能出现的问卷不足或问卷浪费问题。②问卷填写的全过程中无人工发放、回收环节，且问卷可全部自动以电子文档形式保存，方便、快捷、环保。③填答系统分为前台填答与后台监管两个部分，其中前台填答通过系统设计实现对问卷填答质量的有效监督，有效避免了多选、漏答等现象的出现；后台监管可以实时监控被试填答完成情况，对于未及时填答者进行礼貌提醒。④问卷数据通过系统设计自动导出，无须人工录入环节，减少录入错误。⑤由于采取了网络在线填答方式，所以问卷数量可以得到有效增加。

这里着重要谈的一个在设计上的创新之处，是本书中网络填答系统的开发不仅是对纸版问卷的一个简单的电子化过程，而是通过富有创新性的设计使得问卷填答中对于共同方法变异问题中的"同源偏差"问题和"社会称许性反应偏差"问题进行了有效的规避。

过往组织行为学领域的研究中，特别是自陈式量表填写中最难以解决的就是共同方法变异问题，且这一问题中又以同源偏差问题和社会称许性反应偏差问题最为突出。大部分研究者采用事后检验的方法加以排除，一部分研究者会采用事前隔离数据来源的方式加以避免，但是隔离数据源产生的新问题是数据收集的数量以及质量都会受到负面影响。而若想采用更为严谨，尽量降低数据信息损失的结构方程模型进行研究又必须是大样本分析。由此研究者常陷入一种"尴尬境地"——如何既通过事前隔离数据的方式有效避免共同方法变异问题，同时又可以获得质量高、数量多的大样本。本书在研究设计时便考虑到对共同方法变异的事前避免，并通过研究设计对解决"尴尬境地"进行了大胆的尝试，且取得了良好的效果。本书通过网络填答问卷的形式增大调查覆盖面、增加样本数量；同时在网络问卷填答流程中令领导和其员工分别通过各自账号进行填写，系统通过账号对填写完毕的问卷进行自动配对，使得在隔离数据源的同时保证数据配对的准确，从而在设计上有效降低了同源偏差而又保证了数据质量；领导及其员工必须通过账号进入填答系统，且在各自填答的过程中彼此独立、保密，问卷填答后系统立刻封存问卷结果，使得除问卷填答者和研究者之外的第三者无法看到问卷填答情况，从而避免了社会称许性反应偏差的出现。这些在系统上的设计使得共同方法变异问题得到有效规避，为今后同类型研究中研究者"尴尬境地"问题的解决开拓了新思路。

第五，国内过往对天职取向的研究几乎全部集中在教师这一群体，欠缺研究结论的普适性。本书则是以覆盖面较广的知识型员工作为样本进行研究，拓宽了天职取向研究领域中样本的差异化，也对知识型员工人力资源管理实践提供了参考依据。

2 天职取向的研究现状及发展

工作占据了生活中的大部分时间，工作具有交换、社会接触、地位分层、个人价值和自尊等一系列重要功能。弗洛伊德曾说，工作是把一个人与现实世界最紧密地联系起来的纽带。生活中人们以不同的方式来看待工作的意义，不同的看待方式会使人们表现出不同的工作态度、行为表现以及其他一些个人和组织层面的产出。相关研究表明，个体对工作或生活的满意度更多地取决于对工作的认识，而不是工作的收入或工作中个体的成就。正因为如此，对"人们如何看待工作的意义"的研究具有很强的现实意义。

什么是工作的意义呢？工作的意义被定义为"人们工作的目的和人们对所从事工作的理解"。"天职"是近年来心理学与组织行为学领域与工作意义相关的重要概念（Wrzesniewski & Dutton，2001）。天职是个体内心感到有意义的工作。天职取向是一种工作价值取向，工作价值取向是人们对自己工作价值与期望的主观定位，是从工作目的角度研究和诠释工作意义的概念。持天职取向的人工作的目的是为了获得深刻的意义感。

2.1 天职取向的概念

2.1.1 起源

"天职"一词翻译自"calling"，"天职"源自宗教领域，原指个体受上帝的圣召而从事的特定职业（Davidson & Caddell，1994），这里提到的特定职业是指与宗教相关的神职。当时人们认为只有牧师的神职是天职，只有神职具有信仰的价值，才是神圣的，而一般人的工作只是惩罚或者是无可奈何的存在。因此在 16 世纪以前，"天职"作为术语仅应用于神学与宗教领域。

1517 年兴起的宗教改革运动使人们的宗教信仰和文化价值观发生了根本性变化。马克思曾经针对这场革新运动说过这样一句精辟的话："宗教改革把僧侣变成俗人，而把俗人变成僧侣。"影响人类历史进程的伟人马丁·路德和约翰·加尔文对天职理解的大众化革新起到了巨大的推动作用。1520 年，马丁·路德针对轻视普通人工作的观点写道："修士的工作，无论如何神圣或艰巨，在上帝的眼里，都和农田里的乡村劳工和家庭主妇没有丝毫差别；在上帝的面前，所有的工作都单单以信心来衡量。"约翰·加尔文向现代人指出：人应该积极地在这个世界上确证人生意义，应该"入世修行"，因为"世界就是我们的修道院"，而人的职业就是我们在世界这个"修道院"中"修道"的方式。宗教改革后，不仅仅是神职，每一个人的工作都开始具有了无比崇高和神圣的价值。天职也渐渐开始退去了宗教的外衣，走向大众化，走向生活化。

近年来，一大批学术研究者对天职的关注使得天职进入到社会学、心理学、组织行为学等研究领域。贝拉（Bellah）等社会学者首次将普通工作者的工作价值取向分为工作、事业和天职三种（Bellah，1986）；心理学领域开始研究天职产生的个体和社会心理背景；组织行为学领域开始研究天职对组织变量及个体工作变量的影响。天职的概念越来越深入人心，且针对天职取向的研究也越来越普及，这些研究丰富了对天职的认识，同时也彻底将天职置于大众的范畴，即任何人都可以通过工作找寻到人生的意义。相关研究一致认为，天职能使个体更多地感受到工作与生活的意义，给个体带来生活幸福与主观成功。"天职"就是人们内心真正认为有意义的工作，持天职取向的人在工作中感受到强烈的使命感和意义感，感到工作具有社会价值，工作的目的是为了享受其带来的意义和愉快。

2.1.2 概念

正是由于"天职"一词经历了从"聆听上帝感召"到"任何人找寻人生意义的工作"这样一个演进历程，所以对于"天职"内涵的认识也分为两个派别：古典学派和新古典学派。古典学派的解释更带有宗教色彩；而新古典学派则认为，"天职"与宗教没有必然的联系。古典学派中，韦伯（Weber）认为，"天职"是指人们受到上帝的感召而从事有意义的工作（Weber，1904）；戴维森和卡戴尔（Davidson & Caddell）认为，"天职"是接受上帝召唤而从事的工作（Davidson & Caddell，1994）；科鲁兹（Colozzi）认为，"天职"是需要做出一定牺牲的工作，它可能不能带来很多物质利益，却能够使整个社会更加美好（Colozzi 1996）。新古典学派中，瑞兹尼维斯奇（Wrzesniewski）认为，"天职"是能带来公共利益的职业（Wrzesniewski，1999）；海奥和森德勒（Hall & Chandler）认为，"天职"是人们一生追求的目标；迪克和杜夫（Dik & Duffy）认为，"天职"是人们感受到的指向特定职业并超越自我的力量（Dik & Duffy，2009）；窦布（Dobrow）认为，"天职"是人们针对某一领域发自内心的强烈激情与力量（Dobrow，2006）；比格汉（Bigham）认为，"天职"是人们生活、工作的驱动力量，能产生激励作用与利他结果（Bigham，2010）；班德森和托马森（Bunderson & Thompson）认为，"天职"是人们用智慧、才能找到自己在社会分工中的位置（Bunderson & Thompson，2009）；爱兰格文（Elangovan）认为，"天职"是亲社会意愿的实现过程（Elangovan，2010）。虽然学者们对"天职"内涵的认识略有不同，但主流思想认为"天职"是具有激励作用的、让人充满意义感的工作。

1985年，美国社会学家贝拉等在《心灵的习性》一书中首次提出天职取向的概念。他们认为对于工作的人在主观上会有三种不同的取向，分别是"工作取向"（job orientation）、"事业取向"（career orientation）和"天职取向"（calling orientation）。这三种取向是个人对工作在其生活中所起作用的一种信念的反映，工作价值取向的不同将影响到个体对工作的感觉及其在工作中的行为。持工作取向的人最感兴趣的是工作所能带来的物质利益，他们不去找寻或得到其他形式的工作收获。工作本身不是目的，它只是一种为获取享受工作以外生活所需资源的手段。基本上，持工作取向的人工作的主要目的就是"收入"。持事业取向的人会对工作有更多的投入，工作的意义对他们而言不仅是物质上的获得，更是职业领域中的发展。这种发展可以带来更好的社会地位、自己职业领域中更大的权力、更高的自尊。持事业取向的人工作的中心目标是最大化他们的收入、社会地位、权力以及在他们职业领域中的威望。持天职取向的人认为，他们的工作与生活无法分离，工作是其生活的一部分。他们工作不是主要为了物质利益或职业发展，而是为了工作给予他们的意义感。贝拉（Bellah）等认为，持天职取向的人认为工作是其人生不可分割的一部分，是其内在激励和职业成功的源泉，工作不完全为了经济收入与职务提升，更多的是为了实现个人价值（Bellah 1985）。这一概念在职业生涯领域的后续研究中得到了广泛应用。

2.1.3 辨析

天职取向是一种工作价值取向，它为我们呈现了一个独特的，基于目标的途径去研究和理解工作的意义。提出这一概念的目的在于对"人们是否将他们所从事的工作视为人生的意义"这一问题找到一种更好的理解。那么天职取向同过往对工作意义研究所使用的其他概念有什么区别呢？

2.1.3.1 天职取向与内在动机

一种与天职取向相近的研究概念是内在动机。根据动机理论的研究，学者们通常按照动机产生的原因不同，把动机分为外在动机和内在动机。外在动机强调以外部条件和刺激（例如薪酬、福利等）作为诱因，引发员工的积极工作行为；而内在动机则是强调员工个体为了工作本身所带来的快乐和满足感，自发地、主动地从事工作。内在动机是一种激励效果，这个效果的产生不是基于物质奖励，而是基于个体自身的某些心理方面的需要以及工作本身的特性。

天职取向同工作的内在动机（Kanung & Hartwich，1987）相似，二者的区别在于，天职取向是一种工作价值取向，是人们对自己工作价值与期望的主观定位，是从工作目的角度来研究和诠释工作意义。工作价值取向回答了"工作是什么"或者"工作中人们追求的是什么"这样一个问题，它探究的是人与工作之间的关系。而工作动机解释的是人们工作行为的原因，回答的是"是什么使得人们在工作中有这样或者那样的行为"。工作价值取向是通过工作动机来影响员工行为的。例如，一个持天职取向的人，更多的是追求其自身的兴趣、工作的自主性、工作的胜任感等方面的满足，即更多地依靠"内在动机"来影响行为；而一个持工作取向的人，更多的是追求其物质方面的满足，即更多地依靠"外在动机"来影响行为。

2.1.3.2 天职取向与工作价值观

工作价值观是将人们对工作的看法视为人们总的价值观中的一部分。工作价值观影响着个体在工作中的行为以及工作群体和组织的行为，进而影响组织目标的实现。天职取向作为一种工作价值取向是一种从工作目标的角度研究和诠释工作意义的方法。二者的区别存在于以下几个方面：第一，二者含义不同。工作价值观表达的是人们关于工作行为和在工作环境中获得某种结果的价值判断，是一种直接影响行为的内在思想体系（Elizur，1984），工作价值观回答了"判断标准是什么"或者"人们凭借什么来选择和取舍"的问题。工作价值取向研究的是工作的意义，回答的是"工作的目的是什么"这样一个问题。天职取向表现为工作的目的是追寻人生的意义。第二，二者的稳定程度不同。工作价值观以稳定的特质状态存在，不会轻易发生改变。而工作价值取向并不是一成不变的，它是一个动态的系统，特别是在职业生涯初期，工作价值取向极易发生改变即天职取向可能转变为事业取向甚至工作取向，三种工作价值取向常常同时并存于同一员工身上，且三种工作价值取向的比重和结构会随情景的不同而有所变化。第三，二者研究的实践意义不同。工作价值观相对稳定，其实践意义主要体现在招聘环节，企业应寻找与组织价值观匹配的员工；工作价值取向可变，企业可以通过调节工作特性，优化组织资源从而促进员工工作价值取向发生变化，而此过程可以贯穿于组织"选、育、用、留"的一系列人力资源管理策略中。

2.1.3.3 天职取向与自我实现

人本主义心理学大师马斯洛提出了需求层次理论。根据马斯洛的需求层次理论，当一个人较低层次的需求（如安全感）获得基本满足之后，他便会转而尝试满足更高层次的需求（如自我实现）。自我实现是指人都需要发挥自己的潜力，表现自己的才能；只有当人的潜力充分发挥并表现出来时，人们才会感到最大的满足。自我实现是一种需求，它不局限于工作领域；而天职取向作为一种工作价值取向是一种从工作目标的角度研究和诠释工作意义的方法。二者所处的领域不同，且天职取向强调目的，自我实现强调需求。

2.1.4 小结

通过对天职及天职取向概念的梳理，可以看出天职取向是一个比较新的概念，已有研究对于其概念的认知比较统一，都认为天职取向是一种工作价值取向，是人们对自己工作价值与期望的主观定位，是从工作目的角度研究和诠释工作意义的概念。持天职取向的人使命感强，认为工作是其人生不可分割的一部分，是其内在激励和职业成功的源泉，工作不完全为了经济收入与职务提升，更多的是为了实现个人价值。对持天职取向的人而言，工作已不再是手段，而是一个人存在的意义。

2.2 结构与测量

贝拉认为，工作被人们主观地分为"工作、事业、天职"三种，这三个类别可分别产生三种不同的工作价值取向（Bellah，1985）。正是人们的工作价值取向形成了人们工作的基本目的，而这些工作价值取向又清晰地表现在人们工作中的感觉与行为上。基于此，瑞兹尼维斯奇（Wrzesnienski）在研究中首次尝试采用实证的方式验证工作价值取向的构成及分布，他开发了三种取向的测量工具（Wrzesnienski，1997）。

瑞兹尼维斯奇设计的问卷名称是"宾夕法尼亚大学工作—生活问卷"，在问卷的第一页呈现了三个独立的段落，用以描述"工作取向""事业取向"和"天职取向"。这些描述均基于贝拉的概念。指导者先读此三段内容，继而指导被试通过填写四点李克特量表回答在多大程度上符合这三种取向（选项分别为"很多""有些""一点儿""全无"，得分为 3，2，1，0）。天职取向的具体段落内容如表 2.1 所示。

表 2.1　宾夕法尼亚大学工作—生活问卷中天职取向描述

	段落描述
天职取向	C 的工作是 C 生命中最重要的事情之一。他非常满意他现在的工作，因为他所从事的工作是他生活中不可或缺的一部分。他与别人谈论自己时首先就要谈到他的工作。他往往会将工作带回家或者带到假日中。他的大多数朋友都来自于他工作的地方，他参加与其工作相关的组织或者俱乐部。C 感觉工作好是因为他爱他的工作，他觉得他的工作让这个世界更加美好。他鼓励他的朋友、孩子也从事他的工作。如果不能工作，C 会很沮丧，C 不希望退休。

在问卷的第二页是与三种取向相关的 18 道是非题，它们全部是关于个体与工作关系的细节表现，并且几乎所有是非题都出现于之前的段落中。在 18 道题中，5 道测量的是与工作相关的行为，13 道测量的是与工作有关的感觉。

瑞兹尼维斯奇在其博士论文中进一步修订了工作价值取向的研究问卷，精选了其中与工作、事业及天职取向载荷较高的 10 个题目组成问卷，以四点李克特量表形式询问被调查者对于工作的感受和行为与题目陈述相符合的程度，以此来达到对人们工作价值取向的测量，并再次验证了三种工作价值取向类型，进一步指出三种工作价值取向并非稳定、独立的关系，而是在特定条件下可以相互转化的动态系统关系（Wrzesniewski，1999）。问卷中与天职取向相关的 4 道题目如表 2.2 所示。道格拉斯（Douglas E.）在其博士论文中也使用了经瑞兹尼维斯奇修订的量表（Douglas E. Freed，2002）。值得一提的是，虽然一些研究使用了此量表，但实际上此量表没有对天职取向维度进行任何心理测量学验证，缺乏严谨性，所以在后续使用上很多学者都采取了借鉴而非套用的方式。

表 2.2　瑞兹尼维斯奇的天职取向测量题目（4 道题）

	题目内容
1	我的工作让世界更美好
2	如果有机会重新选择，我仍会选择我现在的工作
3	如果经济条件允许，即使没有报酬，我也愿意继续从事现在的工作
4	我的工作是我生活中最重要的事情之一

除了瑞兹尼维斯奇在其工作价值取向测量量表中对天职取向进行测量以外，还有一些研究者对"天职"进行了测量。天职一词的英文为calling，所以在翻译量表时根据汉语的语言习惯，有的翻译为"呼唤"，有的翻译为"天职"，本书使用"天职"这一词语。

戴维森和卡戴尔（Davidson & Caddell）用一道题来测量天职取向，题目内容为"我感受到了强烈的内心呼唤"（Davidson & Caddell 1994）；

达夫和森德雷克（Duffy & Sedlacek）使用两道题来测量（self-defined 2-item calling），题目内容为"对工作我有天职取向"和"我能很好地理解工作中的天职取向"（Duffy & Sedlacek，2007）；

班德森和托马森（Bunderson & Thompson）使用六道题来测量，测量题目如表 2.3 所示。该量表用来测量动物饲养员的天职取向，在预调查时调查对象为 104 名公共管理专业的研究生（Bunderson & Thompson，2009）。该量表的"内部一致性"（cronbach's alpha）为 0.9，但是该量表没有体现出天职的意义感。

表 2.3　班德森等的天职取向测量题目（6 道题）

	题目内容
1	我的工作就是我的天职
2	我常常觉得从事我的工作是命中注定的
3	我的工作是我理想的工作
4	我绝对是我工作的适合人选
5	我对工作的激情可以追溯到我的童年
6	大家都说我适合我的工作

迪克和达夫（Dik & Duffy）设计了天职问卷（The Calling and Vocation

Questionnaire，CVQ）（Dik & Duffy 2007），但是没有检验问卷的信效度，艾尔志（Eldridge）通过检验发现该问卷与数据拟合得不太好，随后修订了问卷（Eldridge，2010），修订后的问卷如表2.4所示。该问卷分为三个维度，分别是上帝的召唤、有意义的工作和亲社会性，很明显问卷带有宗教色彩。

表2.4 艾尔修订后的天职取向测量题目（12道题）

	题目内容
1	我相信我从事现在的工作是响应了呼唤
2	冥冥之中有一种力量推动我从事现在的工作
3	我不相信冥冥之中有一种力量在我的职业生涯中引导我
4	我从事我的工作因为我相信我听到了内心的呼唤
5	我的工作帮助我实现人生的目标
6	我视我的职业为人生中通往目标的路径
7	我的职业是我人生意义中很重要的一部分
8	当我工作的时候，我努力实现自己的人生目标
9	我的职业最重要的方面是它有利于满足他人的需要
10	让人们有所改变是我工作的主要动力
11	我的工作为公众利益做贡献
12	我常常努力评价我的工作为他人带来了多少益处

目前，窦布开发的CQ12问卷被认为是比较好的，窦布通过对1 275名被试者进行的长达7年的纵向跟踪研究，开发了天职量表，而且对量表进行了严格的心理测量学检验，量表具体内容如表2.5所示。窦布在开发此量表时参考了前人的相关研究，例如，天职取向（Wrzesniewski 等，1997）、内在动机（Amabile 等，1994）、流（Csikszentmihalyi，1990）和敬业度（Kahn，1990）等。量表中的有些题目测量的是天职取向的结果，而不是天职取向。

表2.5 窦布的天职取向测量量表

	题目
1	我对我现在的工作充满热情

	题目
2	现在的工作给予我的享受胜于其他
3	现在的工作给予我巨大的满足感
4	为了现在的工作我愿意牺牲一切
5	在向别人描述我自己时，第一位想到的就是"我是从事什么工作的"
6	即使面对极大的障碍，我也愿意继续从事现在的工作
7	我认为现在的工作将一直是我生活的一部分
8	我感到从事现在的工作是命中注定的
9	工作总是萦绕在我的脑海中
10	即使不工作时，我也经常想到我的工作
11	若没有现在的工作，我存在的意义将会减少
12	工作让我备受鼓舞、充满快乐

通过对天职取向文献综述的梳理、研究与分析，本书认为天职取向是单维构面，其本质特征就是意义感。在对天职取向的测量上，虽然瑞兹尼维斯奇编制的天职取向量表因简单易行而得到最广泛的应用，但是经过文献研究发现除了因素分析以外，瑞兹尼维斯奇等未对量表进行任何心理测量学的验证。而另一份被认为比较完整的天职取向量表——窦布的 CQ12 问卷，笔者认为该量表的题项中不仅体现了对天职取向的测量还涵盖了对天职取向结果的测量，因此量表在概念的适用性上值得商榷，鉴于上述原因，本书在对天职进行测量时，根据本书中天职的概念，综合前人研究，自行编制了天职取向量表中的测量题项。

2.3 前因变量

对天职取向的前因变量的研究很少，目前的文献多是基于对已有天职取向的人进行研究。但研究表明天职取向是一种工作价值取向，具有工作价值取向的特征，因此本书主要讨论天职取向作为一种工作价值取向形成和转变的原因。

2.3.1 形成的原因

班杜拉（Bandura）的社会学习理论（Social Learning Theory）可用来解释工作价值取向的形成。工作价值取向的形成是从一个人进入职场以前很久开始的。社会学习理论认为，学习是通过对可观察到的行为进行模仿开始的，工作价值取向的产生与形成受父母影响和早期模式的共同作用。父母的影响会让一个人对未来生活中的工作可能是什么样子而有所期待与理解（Mannetti & Tanucci，1993）。在很多与工作有关的社会学习的例证中，大多数孩子在很长一段时间内看着父母上下班，父母与孩子谈论与工作有关的内容（例如工作上的言行），向孩子传递了工作是什么的信息。孩子观察家长的这些行为，学习他们的工作目标并将之带入自己未来的工作中。

一个人工作价值取向的形成开始于儿童时期，成人后，其最初的工作经历可能强化、模糊甚至颠覆他已有的工作价值取向（Roberson，1990）。例如，一个新入职者可能相信工作意味着有意义的经历，却在工作中只发现乏味与空虚。相反，另一个新入职者本只期待工作得到薪水而别无其他，却在工作中发现兴趣、愉快和深深的意义感。无论一个人最初对工作意义的认识是怎样的，这种期待都会在进入职场后受到挑战，而这种挑战会进一步发展一个人的工作价值取向。最终，基于从角色模式那里学到的和从真实工作经历中学到的，一个人的工作价值取向最终形成，并且开始作为如何看待工作的指导原则，成为一个人身份的一部分。

戴维森和卡戴尔通过对各种信教者的调查分析发现，宗教信仰确实会影响人们对工作的看法，那些把宗教信仰当作其生活一部分的人更倾向于持有天职取向；同时，经济社会地位较高、工作稳定感较强的人，其天职取向程度也更高（Davidson & Caddell，1994）。

与戴维森和卡戴尔的研究结论不同，麦克格雷的研究发现金钱和名誉不是导致个体天职取向形成的主要因素（McGree，2003）。

窦布研究发现，音乐人的天职取向与其音乐活动卷入、练习愉悦性以及与同行的社会交往度相关。窦布的研究还发现，人口统计学变量对天职取向形成的影响并不显著（Dobrow，2007）。

菲利普斯（Phillips）利用结构方程模型进行的研究结果显示，男性与女性对天职取向的解释并不相同，男性主要是从实务与理性方面解释天职取向，职业决策效能和服务活动投入是男性天职取向的主要解释变量；而女性则主要从情感方面解释天职取向，希望品质与学习投入则是女性天职取向的主要影响因素（Phillips，2009）。

费驰和窦米（French & Domene）对七名信教的女大学生进行了访谈，结果发现，宗教可能是影响天职取向形成的重要因素（French & Domene，2010）。

综合卓尔（Dreher，2007）、迪克和达夫（Dik & Duffy，2007）、布洋（Boyd，2010）等研究者的研究可知，个人价值观、民族文化、经济状态等因素也会对个体天职取向的形成产生显著作用。

赵敏和何云霞研究发现，中国教师三种工作价值取向的比例基本为1：1：2，教师工作价值取向受工作氛围、人际关系、工作意义等因素的影响（赵敏和何去霞，2010）。

2.3.2 转变的原因

瑞兹尼维斯奇的研究发现，工作价值取向并非绝对稳定独立的，而是在特定条件下可以相互转化的动态系统关系（Wrzesnienski，1999）。

窦布也发现天职取向是不稳定的，它会随着时间的推移而有所改变，其稳定性受个体工作卷入和社会支持变量的影响（Dobrow，2007）。

麦克格雷研究发现，一定的组织因素（组织使命、组织文化等）会逐渐改变个体对工作意义的认识，进而改变个体的工作价值取向，并使其形成螺旋式上升的良性循环（由工作取向到事业取向，再到天职取向）（McGree，2003）。

瑞兹尼维斯奇也认为，个体的工作价值取向并不是一成不变的，它与工作目标密切相关，两者组成一个动态系统，随着个人成长、经济状况或所处工作环境的变化而变化，因此，组织可以通过外在的引导使员工的工作价值取向逐渐由工作取向转变为天职取向（Wrzesnienski，1999）。

格兰特（Grant）的研究与众不同，他提出，死亡意识（death awareness）是促进工作价值取向转变的重要因素，即个体一旦意识到死亡的来临，就会迅速改变工作价值取向——从工作取向转向天职取向（Grant，2009）。

田喜洲的跟踪研究也初步显示，由工作取向到天职取向的转变是一个复杂的过程，包含无意识、下意识、有意识与强意识四个阶段，其影响因素包括个人价值观、经济状况、家庭生活等（田喜洲，2013）。

2.3.3 小结

对天职取向前因变量的研究非常少，国内的研究几乎呈现空白状态。这可能是由于天职取向的前因变量过于复杂且天职取向的形成可能需要一个长期的过程，这样相关的研究也要是纵向的、长期的、追踪式的，这无疑给研究带来了巨大的难度。而对于国外已有的研究，无论在研究内容上还是研究方法上都比较多元化，对很多结论还没有再验证或者达成共识，这也为后续研究留下了巨大的空间。本书的研究并非关注天职取向的前因变量，而是关注天职取向的结果变量。

2.4 结果变量

2.4.1 相关研究概述

有关天职取向影响的研究较多，研究对象主要集中在即将入职的学生和在职员工上。

戴维森和卡戴尔通过对三组具有不同工作价值取向在职者的研究发现，持天职取向的人比其他两组人有更高水平的社会公平信念、工作安全感与满意度（Dividson & Caddlell，1994）。

赛柔（Serow）研究发现，持天职取向的教师希望从教时间更长，对工作所包含的积极社会意义有更深刻的认识，在工作中更有可能做出个人牺牲，也愿意将业余时间投入工作（Serow，1994）。

瑞兹尼维斯奇的研究表明：在幸福感得分上工作取向者最低，天职取向者最高。天职取向者对生活和工作满意度非常显著，并显著高于事业取向者和工作取向者。而事业取向者与工作取向者在满意及健康测量维度上的差异小且不显著（Wrzesnicwski，1997）。

瑞兹尼维斯奇针对失业者再就业的研究表明，工作价值取向对失业者再就业的时间没有影响，但对其重新择业的工作性质或岗位有影响。天职取向者会追求能带来工作意义的新岗位；事业取向者会追求福利待遇较好、发展机会较多的新岗位；而工作取向者则重点考虑新岗位的收入和回报（Wrzesnicwski，1999）。

道格拉斯的研究表明，不同工作价值取向者，其工作满意度也不同，满意度从低到高依次为工作取向、事业取向和天职取向（Douglas E. Freed，2002）。

麦克格雷指出，天职取向者对工作有一种热情，能从内心深处感受到真实的自我，工作是其生活的一部分（McGree，2003）。

海奥和森德勒（Hall & Chandler）研究发现，天职取向的员工拥有更高水平的幸福感、工作满意度及职业承诺（Hall & Chandler 2005）。窦布也发现了同样的结论（Dobrow，2007）。

达夫和森德雷克（Duffy & Sedlacek）将天职按照存在状态分为两种：存在状态的天职（presence of a calling）和搜寻状态的天职（search of a calling），并研究这两种状态的天职对职业决策、职业自信和职业清晰度的影响。研究结果显示，存在状态的天职与职业决策和职业清晰度高度相关，搜寻状态的天职与职业模糊和缺少教育信息正相关（Duffy & Sedlacek，2007）。

奥特斯（Oates）对女性角色内冲突与天职取向进行了定量研究，发现那些对职业角色和母亲角色都拥有天职取向的女性要比存在角色冲突（即只对其中一种角色有天职取向）的女性拥有更强的主观幸福感；对职业持较高程度天职取向的人，其整体角色内冲突、工作—母亲或者母亲—工作角色冲突较低（Oates，2007）。

迪克和斯特格（Dik & Steger）通过评价天职对学生职业决策的重要性，发现学生的天职取向会指向某种工作，同时持天职取向的学生生活意义感、选择效能、总体幸福感也比没有持天职取向的学生要强（Dik & Steger，2008）。

迪克和艾尔志（Dik & Eldridge）的研究显示，天职与学生的工作期望中度相关，与职业效能、工作激励弱相关（Dik & Eldridge，2009）。

彼得森（Peterson）研究发现：37% 的员工持天职取向，天职取向与工作热情、生活满意度中度正相关，与工作满意度高度正相关，且专业性员工更可能持天职取向（Peterson，2009）。

赵敏和何云霞从工作取向、事业取向、天职取向三方面，分析了中学教师工作价值取向的分布情况、教师工作价值取向与工作满意度的关系，以及影响教师工作价值取向的各种因素，得出结论：持天职取向的教师工作满意度最高（赵敏和何云霞，2010）。

班德森和托马森（Bunderson & Thompson）以动物饲养员为研究对象，研究结果显示天职取向与职业认同、职业重要性感知、工作意义感及组织责任感中度相关（Bunderson & Thompson，2009）。

达夫等调查了大一学生的天职及其影响，研究结果显示，存在状态的天职与生活满意度、宗教信仰弱相关，与生活意义感中度相关（Duffy、Dik & Sedlacek，2010）。

费驰和窦米对女大学生的研究表明，天职取向随时间的变化而变化；持天职取向的人更具有工作激情与责任感，也更乐于帮助别人发现天职，但是追求天职往往需要做出一定的牺牲（French & Domene，2010）。

布洋（Boyd）的研究显示，天职取向会对职业倦怠产生直接的影响（Boyd，2010）。

风笑天对中国市场经济转型前后参加工作的两代人进行了抽样调查，结果表明，两代人的工作价值取向都与其对工作的积极感受程度有关，具有理想取向（类似"天职取向"）的人对工作的积极感受程度最高，而工作取向者最低，这与西方的研究成果相似（风笑天，2011）。

于松海等研究显示，特殊教育教师以事业取向居多，天职取向的教师工作满意度最高，其次是事业取向，工作取向的教师满意度最低。回归分析进一步表明，工作价值取向的天职因子对工作满意度具有强烈的预测作用（于松海，2013）。

表 2.6 对以上内容进行了总结。

表 2.6　天职取向结果变量的研究

研究对象	研究者（年代）	天职取向的结果变量
在职员工	Dividson & Caddell（1994）	社会公平信念、工作安全感、工作满意度
	Wrzesniewski 等（1997）	幸福感、工作满意度、生活满意度
	Freed（2002）	工作满意度
	Mc Gree（2003）	工作热情
	Hall & Chandler（2005）	幸福感、工作满意度、职业承诺
	Dobrow（2007）	
	Oates（2007）	主观幸福感
	Peterson 等（2009）	工作热情、生活满意度、工作满意度
	赵敏和何云霞（2009）	工作满意度
	Bunderson 和 Thimpson（2009）	职业认同、职业重要性感知、工作意义感、组织责任感
	Boyd（2010）	职业倦怠

研究对象	研究者（年代）	天职取向的结果变量
在职员工	风笑天（2011）	工作的积极感受
	于松海（2013）	工作满意度
即将入职的学生	Duffy & Sedlacek（2007）	职业决策、职业自信和职业清晰度
	Dik & Steger（2008）	生活意义感、选择效能、总体幸福感
	Dik & Eldridge（2009）	工作期望、职业效能、工作激励
	Duffy，Dik & Sedlacek（2010）	生活满意度、宗教信仰、生活意义感
	French & Domene（2010）	工作激情、责任感

资料来源：笔者根据相关文献进行整理。

2.4.2 影响机制

除了对天职取向的结果变量进行研究以外，很多研究者还将研究重点放在天职取向的影响机制上即天职取向是如何影响这些结果变量的。

卡达德（Cardador）研究了天职取向与组织认同、离职倾向之间的关系。结果显示，在天职取向与组织认同、离职倾向的关系中，组织文化起到了调节作用，组织制度起到了中介作用（Cardador，2011）。

达夫针对大学生的研究表明，职业决策效能和工作希望在天职取向与学术满意度的关系中起中介作用。达夫等的研究还证明，在天职取向与工作满意的关系中，职业承诺起到了完全中介作用；在天职取向与组织承诺、离职意愿的关系中，职业承诺起到了部分中介作用（Duffy，2011）。

帕克针对韩国金融从业者研究了天职取向对易变性职业生涯的影响。结果显示，天职取向与易变性职业生涯显著正相关，在天职取向与易变性职业生涯的关系中，主观职业成功起到了部分中介作用。因此，帕克认为，持天职取向的人与其工作之间有更强的互惠关系，这更容易促进个体的易变性职业生涯管理（Park，2009）。

班德森和托马森以动物饲养员为研究对象的研究结果显示，天职取向与工作意义感、职业重要性感知、牺牲意愿及组织责任感显著正相关。职业认同与道德责任感在上述正相关关系中均起到了中介作用（Buhderson & Thompson，2009）。

2.4.3 小结

相比前因变量，天职取向结果变量的相关研究较为丰富，研究主要集中在工作满意度、生活满意度等积极结果上，研究结论也较为一致，即持天职取向者比持工作取向和事业取向者体验到更高水平的积极结果。但同时也发现几点不足，第一，对结果变量的研究过于单一，主要都是探讨满意度，对其他结果变量例如工作绩效、组织公民行为等较为忽视；第二，研究主要集中于员工个体层面，更多的是探讨天职取向对员工的影响，对组织的影响没有得到重视；第三，研究中样本的选择特别是国内的研究几乎只针对教师这一行业，降低了研究的代表性和结果的普适性。综上所述，本书认为在研究天职取向时应该拓展结果变量的选择，特别是要重视那些与组织关系密切的变量，例如，员工敬业度、工作绩效等；在对样本的选择上，也应该拓宽范围或者选择不同行业进行研究。

2.5 本章小结

通过对过往研究的回顾可以发现以下几点：

第一，学术界在对天职取向的概念界定上的认识比较统一，都认为天职取向是一种工作价值取向，是人们对自己工作价值与期望的主观定位，是从工作目的角度研究和诠释工作意义的概念。持天职取向的人有强烈的使命感，视工作为生命中不可或缺的一部分，工作给予他意义与满足。而在对天职取向测量上的认识就很多样化了，且目前已有的测量工具都有值得商榷的地方。

第二，在对天职取向的研究中，学者们更加关注天职取向与结果变量的关系。过往的研究中，研究对象主要为即将入职的学生和在职员工两类；所研究的结果变量主要为工作变量和生活变量两类。工作变量主要包括工作满意度、工作热情、职业认同、职业重要性感知、工作意义感、组织责任感和自觉性等；生活变量主要包括生活满意度、生活意义感和自尊感等。研究所得到的结果也趋于一致，即天职取向与积极情绪体验相关，进而引起积极的结果。员工根据对工作意义的认识，定位自己在工作中的身份，从而决定自己对待工作的态度及行为。这种对工作意义的认知对员工感知幸福有积极的影响作用。天职取向对员工态度、行为有影响，而员工的态度、行为又与积极产出相关。例如，持天职取向的人更愿意投入工作，更多地感受到工作带来的意义感，工作和生活满意度更高，更觉得幸福。而对过往研究的梳理可以得到一个天职取向的研究框架，如图 2.1 所示。

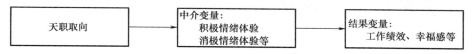

图 2.1　天职取向研究框架

　　根据社会认知理论，员工在工作中具有学习、自省以及自我调节能力。员工的天职取向会影响其行为，使其积极地投入工作或者消极地疏离工作以寻找工作以外的满足，从而产生不同水平的幸福感和工作绩效。

　　第三，根据前人研究结论，天职取向与工作满意度相关。工作满意度与员工敬业度相关，但工作满意度对工作绩效的预测作用不如员工敬业度对工作绩效的预测作用那样明确。本书想探究天职取向对工作绩效的影响，即员工对工作意义的认知程度不同是否会影响其工作结果，具体研究框架如图 2.2 所示。

图 2.2　本研究的研究框架

　　第四，天职取向的概念在西方已有大量研究，但是在国内的认知度还比较低。天职取向是知识型员工的一个重要工作价值取向，工作价值取向不是一个非此即彼的概念，而是一个结构性概念。工作取向、事业取向和天职取向常常并存于一个员工身上，在不同的时期、不同的情景下，三种取向的比重和结构会有所不同。本书研究的就是员工工作价值取向中的天职取向。

3 员工敬业度的研究现状及发展

3.1 员工敬业度的概念

3.1.1 敬业

在西方，受宗教的影响，职业被视为"上帝安排的任务"，而"工作敬业"则是为了对上帝负责而尊敬自己职业的行为。韦伯认为，敬业本质上是一种宗教信仰，是经济发展的动力，也是现代职业精神的基石。在韦氏词典中"敬业"的解释是：情感卷入或承诺，它是一种"上足发条"的状态。在生活中，"敬业"是指高度卷入、承诺、激情四射、热情洋溢、聚精会神和精力充沛的一种状态。在中国，"敬业"一词历史悠久，首次出现于《礼记·学记》的"敬业乐群"中。中国古代著名的思想家朱熹认为，"敬业者，专心致志以事其业也"。《现代汉语词典》对敬业的定义是：专心致力于学习或工作。而在生活中，提到"敬业"，人们更多地会想到忠诚、奉献、奋斗等带有中国文化背景意味的词。虽然国内外对于"敬业"都并不陌生，但在很长一段时间里，敬业没有被明确定义，也没有一个可以对"敬业"进行量化的可操作性工具。

3.1.2 敬业度

现实中敬业与企业绩效的关系紧密，所以迫切需要找到一个构面以使"敬业"可以被量化、被研究，由此"敬业度"一词出现了。"敬业度"最早出现在商业咨询界。虽然这个词的起源尚无从考证，但是，美国历史悠久和权威的民意调查机构盖洛普咨询公司（The Gallup Organization）在1990年首次使用了这个词。由此，对于"敬业度"的研究在商业咨询领域和学术领域逐渐展开并深入。

3.1.2.1 商业咨询领域

提升员工敬业度对企业的重要性，使我们不再奇怪为什么众多商业咨询公司都对敬业度进行了定义，并开发出各自专属的测量工具。

盖洛普咨询公司认为，员工敬业度是员工在情感上认同和投入其所做工作和所在组织的程度，是组织在给员工创造良好的环境和发挥其优势的基础上，使每个员工产生一种归属感和"主人翁责任感"。

　　翰威特咨询公司认为，员工敬业度是员工对公司和群体的感情及智力投入的程度，可以用来评价员工对自己公司投入的精力和热情，衡量员工是否乐意留在公司和努力为公司服务的程度，并从操作层面提出了敬业度作用的三个程度逐渐递增的层次。

　　韬睿咨询公司将员工敬业度定义为：员工帮助企业成功的意愿和能力的强弱程度，是员工愿意将能够自主决定的努力应用到工作中的程度，并认为员工敬业度可以分为两类：理性敬业和感性敬业。

　　虽然不同的咨询公司对敬业度的定义各不相同，但是它们的定义中都包含两层含义：组织承诺，特别是情感承诺（情感依附于组织）和留任承诺（渴望留在组织中）；角色外行为（促进组织有效发展的自主行为）。按照这种思路定义的员工敬业度概念包含了两种已有的心理构面，使得这些概念有种新瓶装老酒、换汤不换药的感觉。

　　3.1.2.2 学术研究领域

　　学术研究领域中对敬业度进行研究的学者众多，学者从不同的角度对敬业度进行了定义，如表 3.1 所示。

表 3.1　国内外敬业度定义

	提出者（年代）	定义
国外	Kahn（1990）	员工敬业度是员工将自己的能量投入工作角色中的程度
	Maslach 等（1999）	敬业度是以精力充沛、高度卷入和高效能为特征的工作状态，在概念和测量上与工作倦怠是一个连续体的两级，两者互不独立
	Rothbard（2001）	员工敬业度是一种由关注和投入两个因素组成的内心存在
	Britt 等（2001）	敬业度是个体对自己的工作绩效的强烈责任感和承诺意愿，并感到工作绩效的优劣与自身关系重大
	Schaufeli 等（2002）	员工敬业度是一种与工作相关的、积极的、富有成就感和完满的情绪与认知状态，具有精力充沛、热衷奉献和专心致志的特点
	Harter 等（2002）	员工敬业度反映了员工个体在工作中的卷入程度和满意程度以及对工作的热情
	Welbourne 等（2003）	员工在工作中的角色分别是工作执行者、团队成员者、工作努力者、职业驱动者和组织成员者。这五种工作角色中，员工敬业程度呈递增趋势
	Robinson 等（2004）	敬业是员工对组织和工作的一种积极的态度
	Wellins & Concelman（2004）	敬业是一种激励员工创造高绩效的看不见的力量，是承诺、忠诚和主人翁精神的混合
	Simon Hardaker 等（2005）	员工敬业度划分为两类，即理性敬业和感性敬业

	提出者（年代）	定义
国外	Saks（2006）	敬业是一种职业责任感，不是对某个公司或者某个人的敬业，而是一种职业的敬业，是承担某一责任或从事某一职业所表现出来的敬业精神
	Macey & Schneider（2008）	敬业度是一种为组织目标、高度卷入、高度承诺、激情四射、热情洋溢、奋斗拼搏和精力充沛的积极工作状态
国内	刘雪梅（2003）	敬业是员工在情感和知识方面对公司的一种承诺和投入，敬业的员工会自觉地努力工作，并通过自己一系列的积极行为为公司的发展带来正面影响
	曾晖等（2005）	敬业度是对待工作的一种持久、积极的情绪和动机唤醒状态
	谢文辉（2006）	敬业是一种职业责任感，不是对某个公司或者某个人的敬业，而是一种职业的敬业，是承担某一责任或从事某一职业所表现出来的敬业精神
	查淞城（2007）	敬业度是员工在工作中积极投入，以及伴随着工作投入而产生的完满的生理、认知和情绪状态
	冷媚（2007）	员工敬业度分为工作敬业度和组织敬业度
	方来坛、时勘等（2010）	员工敬业度是在工作角色表现中，员工把自我与工作角色相结合，并对工作、团队及组织本身的认同、承诺和投入的程度

在众多敬业度的定义中，最具代表性的有四个，这四个定义划分了敬业度研究的四个阶段，如表 3.2 所示。

表 3.2　敬业度研究四阶段

阶段	代表学者（年份）	对敬业度研究的主要贡献
一	Kahn（1990）	提出问题
二	Maslach 等（1999）	普遍关注
三	Schaufeli 等（2002）	趋于统一
四	Macey & Schneider（2008）	深入探讨

第一位对敬业度做出定义的学者是凯恩（Kahn），他认为，敬业度衔接着组织成员的自我角色和工作角色。员工敬业时，在生理上、认知上、情感上和精神上自我雇佣、自我表达并且产生工作角色绩效；员工不敬业时，会将自我脱离于工作角色之外，以回避创造工作角色绩效。这一定义的重要启示在于，员工对自己的能量是有支配权的，员工实际上是在自我雇佣，员工敬业与否是对自己能量的一种表达。员工是否敬业是指员工能

量与工作角色是否具有有效的链接，员工是否能将自己的能量更多地投入到工作角色中（Kahn，1990）。同时凯恩也认为，敬业度可以引起积极的产出，这种产出既可以是个人层面的（个人成长或者发展），也可以是组织层面的（绩效水平）。凯恩对员工敬业度定义的提出标志着学术领域里对敬业度的研究正式拉开帷幕。

马斯兰（Maslach）等把员工敬业度视为倦怠的对立。他认为，相比倦怠员工而言，敬业员工拥有精力充沛的感觉，他们视自己的工作为一种挑战而不是压力与要求。由此，敬业被认为是以精力充沛、高度卷入和有效性为特征的，这三个特征与倦怠的三个维度（精疲力竭、玩世不恭、缺乏效率）完全相反（Maslach & Leiter，1999）。依据这种观点，敬业度和倦怠被视为存在内在联系的并且可以使用同一工具进行测量。这一定义的出现引发了学者对员工敬业度问题的普遍关注。

以司考佛利（Schaufeli）等为代表的学者认为，敬业度是一个与倦怠负相关的、独立的、清晰的概念。他们把敬业度定义为："一种以活力、奉献和关注为特征的、积极的、充满意义感的、与工作相关的状态。"（Schaufeli 等，2002）。司考佛利在后续的研究中开发了后来被广泛认可和使用的敬业度测量量表，因此，这一定义逐渐统一了学术界对敬业度的认识，并且拓宽了对员工敬业度定量研究的广度和深度。

从上述一系列观点可以看出，凯恩对于敬业度定义的视角是"工作角色"；马斯兰等学者将敬业度视为倦怠的对立面；而商业咨询领域里的视角既不是"工作角色"也不是"工作表现"而是"组织"。目前，学术领域里敬业度的概念日趋统一，敬业度被认为是一个独立的概念并且包含三个层面的因素，分别是生理层面（活力）、情感层面（奉献）和认知层面（专注）。

2008 年，莫斯和斯内德（Macey & Schneider）尝试将商业咨询领域和学术领域的敬业度定义整合在一起，他们给出了一个更为宽泛的敬业度定义：一种为组织目标、高度卷入、承诺、激情四射、热情洋溢、奋斗拼搏和精力充沛的积极工作状态。对这一定义的理解包含三个内容：①特质敬业：从积极的视角认识生活和工作（勤勉的意识、正能量、积极主动的性格等）；②状态敬业：精力充沛、全神贯注的感觉（满意感、高度卷入、自己主宰自己命运的感觉等）；③行为敬业：角色外行为（组织公民行为、个体工作主动性、角色扩大等）。这一定义不仅试图整合不同领域中对同一概念的定义，而且将员工敬业度的研究推向了一个更高的层面（Macey

& Schneider，2008）。

3.1.3 辨析

3.1.3.1 员工敬业度与工作满意度

敬业度意味着行动（热情高涨、激动不已、欢欣鼓舞），而满意度意味着满意（满足、心态平和、平静、放松）。二者的理论基础、影响因素和对绩效的影响作用均不相同。员工敬业度的理论基础是社会交换理论、自我决定理论、资源保存理论等，工作满意度（work satisfaction）的理论基础是双因素理论、比较过程理论和逆反理论等。马明等通过实证研究发现敬业度和满意度的影响因素不同，多元回归分析表明工作满意度和员工敬业度存在四种组合（马明，2005）。另有研究证实敬业的员工在绩效上高于满意的员工（Rich 等，2010）。芦慧研究也发现，满意的员工不一定带来持续的高绩效，在敬业度和满意度上亦存在四种状态的组合：高满意度低敬业度，高满意度高敬业度，低满意度低敬业度，低满意度高敬业度（芦慧，2012）。

3.1.3.2 员工敬业度与组织承诺

组织承诺（organizational commitment）强调的是员工与组织的情感依附关系，员工敬业度强调的是员工在工作情境中的心理体验如何影响他们在工作中的自我表现。一般来说，敬业度高的员工具有较高的组织承诺水平，反之亦然。但是从目前缺乏安全感的工作环境看，组织承诺高的员工并不一定工作敬业。就业难度的增加、员工自身年龄的增加、员工可雇佣性偏低等都可能使得员工倾向于留在已有的企业中工作，而这种为了寻求工作稳定性而存在的高组织承诺并不能激发员工敬业。

3.1.3.3 员工敬业度与工作卷入

目前学术界中比较认可的工作卷入（job involvement）的概念是卡奴格（Kanungo）在1982年提出的，他认为，工作卷入是指个人对目前工作的一种心理认知或信念状态。员工敬业度除了认知层面以外，还包含情感和行为层面。对于敬业度与工作卷入的比较，梅尔（May）通过研究发现：工作卷入是一种认知上的判断，员工即使认知到工作可以满足自身的需求，但受生理和情感上的因素影响，也仍有可能不敬业。而敬业度高的员工往往更认同自己的工作，所以员工敬业度可被看成是工作卷入的前因变量（May，2004）。也有学者认为，工作卷入与敬业度中的奉献维度相似，二者都是对认知层面的理解（Schaufeli，2002）。

海尔伯格（Hallberg）研究发现，员工敬业度、工作卷入、组织承诺三因素模型明显优于单因素模型。员工敬业度与健康状况、生理疾病都存在显著负相关，组织承诺与健康状况存在显著相关，与生理疾病没有显著相关，工作卷入与健康状况、生理疾病都没有显著相关。这些结论的得出也从实证研究的角度证明了员工敬业度、工作卷入、组织承诺三个概念的不同（Hallberg，2006）。

3.1.3.4 员工敬业度与"流"

"流"（flow）是一种将个人精力完全投入某种活动上的感觉，并同时会有高度的兴奋及充实感，一般出现在游戏过程中。当出现在工作中时，能对员工个人和组织产生积极的影响。"流"是一种短暂的"高峰体验"，具有暂态性；而敬业度则具有时间上的长期性和稳定性。

3.1.3.5 员工敬业度与工作狂

尽管乍一看工作狂（workaholism）和敬业的员工有很多相似之处，但是它们背后隐含的动机却具有根本性的差别（Van Beek 等，2012）。从本质上讲，敬业的员工努力工作是因为工作对他们而言是一种挑战和乐趣，而工作狂拼命工作是受一种自己无法摆脱、无法自制的内在动力所驱使。前者的工作动力出自本心；而后者的工作动力是因为无法控制的冲动，是一种强迫驱动力。具体而言，就是工作狂将对实现自我价值和得到社会认可的追逐内化到自己的行为准则中而无法自拔。

3.1.4 小结

通过对敬业度概念的梳理可以发现，敬业度的概念经历了从百家争鸣到趋于统一的过程。笔者认为，员工敬业度是一种与工作相关的、积极的、富有成就感和完满的情绪与认知状态。它包含三个层面的因素，分别是生理层面、情感层面和认知层面。三个层面分别具有精力充沛、热衷奉献和专心致志的特点。员工敬业度不仅是员工努力工作的简单行为，还包括积极的态度、完满的情绪。简言之，它是主动、快乐地努力工作。

3.2 维度与测量

3.2.1 维度

无论是在商业咨询领域还是学术研究领域，对员工敬业度结构维度的研究均尚未形成完全统一的意见，如表 3.3 所示。

表 3.3　敬业度的结构维度

领域	维数	研究者	具体维度
商业咨询领域	二维	韬睿咨询公司	理性敬业、感性敬业
	三维	翰威特咨询公司	盛赞、留任、奋斗
	四维	盖洛普咨询公司	自信、忠诚、自豪、激情
学术领域	二维	兰格兰（Langelaan）	激活、快乐
		贡萨勒（Gonzalez-Roma）等	精力、认同
		萨克（Saks）	工作敬业度、组织敬业度
		冷媚	工作敬业度、组织敬业度
	三维	凯恩（Kahn）	生理投入、认知投入、情感投入
		马斯兰（Maslach）等	精力、工作投入、效能
		布瑞特（Britt）等	责任感、承诺、绩效影响知觉
		司考佛利（Schaufeli）等	活力、奉献、专注
		梅尔（May）等	生理、情感、认知
		莫斯、斯内德（Macey & Schneider）	特质敬业、状态敬业、行为敬业
		查淞城	工作投入、组织认同、工作价值感
	四维	司考佛利、贝克（Schaufeli & Bakker）	活力、奉献、专注、效能
		谢文辉	勤奋、敬业、忠诚、自信
		许立等	组织认同、工作态度、精神状态、责任效能
	六维	曾晖	任务聚焦、活力、主动参与、价值内化、效能感、积极坚持

3.2.1.1 商业咨询领域

　　盖洛普咨询公司将员工敬业度分为四个维度：自信、忠诚、自豪和激情。翰威特咨询公司提出了员工敬业度的三个维度：盛赞、留任和奋斗。其中盛赞是指员工是公司充满热情的拥护者，他们向同事、潜在的员工和客户盛赞自己所在的公司、同事，以及所从事的工作的优点和长处；留任是指员工非常渴望成为公司的一员，希望长久地待在公司，而不是把现有的工作作为临时的过渡；奋斗是指员工超越了最基本的要求，为客户、公司和同事提供出众的专业服务，并取得非凡的工作业绩。2003 年，韬睿咨询公司将员工敬业度划分为两个维度：理性敬业和感性敬业。其中理性敬业体现了指当员工认识和了解到工作能为个人带来金钱、职业技能或者个人发展等方面的利益时，能够进行自我激励和认知投入，愿意付出努力来帮助公司获得成功；感性敬业是指当员工珍视、热衷和认同自己所从事的工作时，会对公司进行更多的情感投入，并关注公司未来发展的问题。

3.2.1.2 学术领域

凯恩将员工敬业度分为三个维度：生理投入、认知投入和情感投入（Kahn，1990）。生理投入指员工在执行角色任务时能保持生理上的高度兴奋状态，能主动为工作奉献时间和精力；认知投入指员工能够保持认知上的高度活跃及唤醒状态，能清醒地意识到自己在特定工作情境中的角色和使命，并感觉到自己掌握了完成工作所需的机遇和资源；情绪投入指员工保持自己与同事的联系，对同事有信任感，以及对工作和职业发展产生意义感。马斯兰将员工敬业度和工作倦怠视为一个三维连续体的两极，并将工作倦怠的三个维度（枯竭、犬儒主义和低效率）的反向作为员工敬业度的三个维度——精力、工作投入和效能（Maslach，1999）。布瑞特（Britt）以责任三维模型（the triangular model of resposibility）为理论基础，将员工敬业度分为三个维度：责任感、承诺和绩效影响知觉（Britt，2001）。司考佛利将员工敬业度分为三个维度：活力、奉献和专注（Schaufeli，2002）。其中，活力是指，工作时以高水平的体力和智力恢复能力为特征，愿意为工作付出努力，即使遇到困难也坚忍不拔；奉献是指，高度卷入工作之中并以工作为傲，认为工作富于意义、充满挑战，并且在工作中感到热情洋溢、倍受鼓舞；专注是指，聚精会神地、全神贯注地并且快乐地工作，工作时感觉时光飞逝，沉浸于工作且难以自拔。司考佛利和贝克通过对倦怠和敬业度进行验证性因子分析认为，四维度是最优模型（Schaufeli & Bakker，2004）。四个维度分别是：活力、奉献、专注和效能，其中活力与奉献是核心维度。梅尔将敬业度分为生理、情感和认知三个维度（May，2004）。兰格兰（Langelaan）以情感的两个维度（激活、快乐）和个性的两个维度（神经质、外向）为基础（Langelaan，2006），其中，激活维度与神经质维度重叠、快乐维度与外向维度重叠，构建了一个激活维度（两极分别是精疲力竭和精力充沛）和快乐维度（两极分别是愤世嫉俗和奉献精神）的两维度模型来定义工作倦怠和员工敬业度。

贡萨勒（Gonzalez-Roma）将工作倦怠的核心维度（精疲力竭和犬儒主义）与敬业度的核心维度（精力充沛和奉献精神）重新划分，得到了"精力"和"认同"两个维度。其中精疲力竭和精力充沛被视为"精力"维度；而犬儒主义和奉献精神，被视为"认同"维度（Gonzalez-Roma，

2006）。萨克（Saks）认为，敬业度是以员工在组织中扮演的角色为基础的，可以分为工作敬业度和组织敬业度（Saks，2006）。莫斯和斯内德将敬业度分为三个维度：特质敬业、状态敬业和行为敬业（Macey & Schneider，2008）。谢文辉认为，敬业度包括四个维度：（对工作）勤奋、（对公司）敬业、（对老板）忠诚、（对自己）自信（谢文辉，2006）。

冷媚认为，员工敬业度分为工作敬业度和组织敬业度（冷媚，2007）。查淞城把敬业度分为三个维度：工作投入、组织认同和工作价值感。其中，工作投入指员工在工作中投入的时间、智力和精力的程度，以及在工作投入中员工的生理、认知和情绪的状态；组织认同指员工作为自己所在企业的一分子，产生强烈的认同感；工作价值感指员工在工作中体验到的成就感，感到自己的工作充满意义和价值，并能在工作中感到快乐（查淞城，2007）。曾晖将敬业度分为六个维度：任务聚焦、活力、主动参与、价值内化、效能感和积极坚持（曾晖，2009）。许立等认为，员工敬业度由组织认同、工作态度、精神状态、责任效能四个维度构成（许立等，2013）。

3.2.2 测量

商业咨询领域和学术研究领域分别采用不同的量表测量敬业度。在商业咨询领域，每一个拥有员工敬业度模型的咨询公司都开发了属于自己的敬业度测量调查问卷，在学术领域不同学者基于自己对敬业度的定义也开发了各自不同的量表。

3.2.2.1 商业咨询领域

（1）盖洛普工作场所调查（Gallup workplace audit，GWA）。员工敬业度可以通过填写简短的自评式问卷进行测量。在商业咨询领域使用最为广泛的调查问卷是盖洛普 Q^{12} 问卷（Gallup's Q^{12}）。GWA 是盖洛普公司经过 30 多年定性和定量研究而开发的心理测量工具，包含一个总体满意度问项和 12 个具体问项，用来测量一个单位的工作环境和员工敬业度。哈特（Harter）指出，GWA 的测量内容包括两个方面：一方面是测量态度（如自豪感、忠诚度、满意度）；另一方面是测量引发这些态度的行为因素，涵盖过程与结果。大量的定量研究结果显示，GWA 具有较高的效标效度、聚合效度和区分效度。哈特以 4 172 个商业单位为样本，测得 GWA 具有很高的内部一致性，对 Q^{12} 进行探索性因子分析的结果显示 Q^{12} 为单维结构（Harter，2002）。阿委瑞和麦凯（Avery & McKay）在研究员工敬业度时便使用了该测量工具，该工具有着可靠的内部一致性（coefficient α =0.88）

（Avery & McKay，2007）。GWA 已经对 112 个国家的 700 名员工进行了测量，结果显示其具有跨文化稳定性。但其也遭到一些学者的质疑，有学者认为，该问卷探求的是敬业度的前因变量而不是敬业度本身，该问卷测量的是感知到的工作资源，例如，角色明确（我知道我在单位中应当做什么），社会支持（工作当中我有最好的朋友），反馈（在过去半年的工作中，有人与我谈论过我的进步）。而正是基于这些测量信息，管理者得以提高员工工作资源的获得。所以有学者认为，该问卷被设计成了一种管理工具（Harter 等，2006）。鲁斯（Lucey）认为，GWA 测量的是员工与企业、客户的联结关系（Lucey，2005）；李锐认为，GWA 测量的是工作满意度（李锐，2007）。

（2）翰威特敬业度问卷。翰威特公司基于其对敬业度的定义，开发了敬业度问卷，以测量员工在盛赞、留任、奋斗三个维度上的状态。翰威特开发的敬业度问卷由 6 个问题构成。

3.2.2.2 学术研究领域

伴随着敬业度研究的不同阶段，敬业度测量工具的开发和研究也走向深入，在这个深入的过程中既有传承也有发展。

（1）梅尔敬业度调查表。凯恩最早提出员工敬业的三个层面：生理投入、认知投入和情感投入，但他没有开发可操作性测量工具。梅尔等在 2004 年根据凯恩的理论把生理、认知和情感作为员工敬业度的三个维度并编制了一个 24 项目的预试量表，但探索性因素分析的结果并未得出三个独立且稳定的维度。因此他们选择了其中的 13 个项目组成一个总体量表（α = 0.77）用于测量敬业度，这些项目较均匀地反映了生理投入（如：我在工作中投入大量精力）、认知投入（如：工作中我是如此专注以至于忘记了周遭的一切）及情绪投入（如：我一心扑在工作上）三方面的内容。梅尔的问卷主要倾向于测量员工个体层面的敬业度（May，2004）。

（2）马斯兰工作倦怠问卷（Maslach Burnout Inventory，MBI）。马斯兰和雷特（Maslach & Leiter）扩展了工作倦怠的概念，他们认为工作倦怠就是缺乏敬业，是员工在长期的工作压力下的一种心理反应，具体表现为枯竭、犬儒主义以及低效能。相应的，工作敬业被理解为工作倦怠的反面，并以精力充沛、高度卷入以及高效能为特征，和工作倦怠是同一连续体上的两极。由此，马斯兰等认为，对于敬业度的测量可以直接采用"马斯兰工作倦怠问卷"。MBI 是马斯兰和雷特开发的用于测量枯竭、犬儒主义、低效能三个倦怠维度的自陈式量表。通过对三个维度的反向计分，可以测得敬业度的精力、卷入和效能三个维度（Maslach & Leter，1996）。

（3）乌勒支敬业度量表（The Utrecht Work Engagement Scale，UWES）。司考佛利等继承了凯恩的理论，也结合了工作倦怠和积极心理学的研究成果。他们认为，敬业度与倦怠不是简单对立的关系。最初司考佛利把员工敬业度视为工作倦怠的对立面，并将它建立在幸福感的两个维度上，即快乐和激活的基础上。根据这个框架，工作倦怠是以低水平的快乐和激活为特征，而敬业度则是以高水平的快乐和激活为特征。随着研究的深入，司考佛利通过验证性因子分析认为，敬业和工作倦怠是两个相对独立的概念（Schaufeli，2002）。由此，他们提出敬业度是一个独立的概念，包含三个层面的因素，分别是生理层面（活力）、情感层面（奉献）和认知层面（专注），于是他们开发了乌勒支敬业度量表（Schaufeli 等，2002），该量表有 17 题。司考佛利等在 2003 年 11 月出版了《乌勒支敬业度量表使用手册（UWES Preliminary Manual）》，其中报告了一系列对该量表进行的心理学测量检验的数据，以帮助并指导后续研究者选择并使用乌勒支敬业度量表。UWES 是最常用的将敬业度作为一个独立的、清晰的心理状态来测量的工具。相关学者在欧洲、北美、非洲、亚洲以及澳大利亚都验证了该量表的有效性（Schaufeli & Bakker，2010），且三个子量表的内部一致性也得到了验证。同时 UWES 的测量结果具有比较高的跨时间的稳定性，时间跨度为三年的结果比较值在 0.82 ~ 0.86（Seppälä 等，2009）。司考佛利又开发了一个只有 9 道题的 UWES 简短版本，开发的目的有四个：一是尽可能缩短原来的 17 个项目；二是比较一维因素模型与三维因素模型的优越性；三是考察 UWES-9 心理测量特征；四是再次分析倦怠与投入的关系。通过研究发现，敬业度并非倦怠的对立面，二者只有两个维度相互对立（活力与奉献）。而第三个维度（专注）是不完全对立的。司考佛利等在 1999—2003 年通过大量的调查研究，涉及 10 个国家（澳大利亚、比利时、加拿大等），收集了 14 521 个不同职业被试的数据，采用结构方程模型检验了 UWES 的因素结构，研究结果证实 UWES-9 与 UWES-17 共享 80% 的变量，内部一致性系数比较高，其中只有 10% 的样本内部一致性系数小于 0.70；大约 23% 的内部一致性系数在 0.70~0.80；67% 的内部一致性系数大于 0.80。由此他们认为，UWES-9 问卷可以替代最初的 UWES-17 问卷，能够较好地评价敬业度（Schaufeli，2006）。

目前 UWES 已成为测量敬业度的成熟量表，被研究者广泛使用，在使用中也有学者认为，UWES 三个分量表相关性较高，容易因多重共线性而引起误差（Christian，2007）；司考佛利也认为，由于量表中敬业度的三个维度有较强的正相关性，因此，量表的整体得分也可被视为一个综合性指标应用于对敬业度的测量上。

总体来讲，UWES具有较高的信度、效度和跨文化稳定性，该量表已经逐步得到数据的支持并成为学术界的主流，已成为员工敬业度实证研究中应用最为广泛的测量工具。

3.2.3 小结

通过对敬业度维度与测量研究的梳理，可以发现对敬业度维度的认知还没有得到统一，但由于司考佛利等开发了简单且可靠的量表，使得他们的三维概念被广泛认可。本书基于对量表信度、效度的重视和对跨文化稳定性的要求，亦采用司考佛利等开发的乌勒支敬业度量表对敬业度进行测量。

3.3 前因变量研究

3.3.1 商业咨询领域

3.3.1.1 盖洛普咨询公司

商业咨询领域中，盖洛普咨询公司花了60年时间对企业成功要素的相互关系进行了深入研究，建立了描述员工个人表现与公司最终经营业绩的路径，即盖洛普路径，如图3.1所示。显然，一个公司的股票增长是依赖于公司的实际利润增长，而实际利润增长取决于营业额持续增长。多数企业只关注最上面的三个财务指标，但是当这些指标发生时，已经成为过去，故称为"后滞指标"；而其他前导指标正是产生后滞指标的根本原因。公司营业额的增长源于有一定忠实顾客群和愿意为他们服务的员工；高度敬业的员工又源于优秀经理的管理；优秀经理的选拔则归于公司的知人善用。从整个路径中可以看出，我们只有从"发现优势"到"忠实客户"的前导指标达到先进水平后，才能改进后三个阶段的关键业绩。盖洛普认为，要想把人管好，首先要把人说好，把人用对，给他创造环境，发挥他的优势，这是管人的根本。通过盖洛普路径和Q[12]问卷，我们不难看出，盖洛普认为工作环境、直接主管、高层管理团队和同事等是员工敬业度最重要的影响因素。

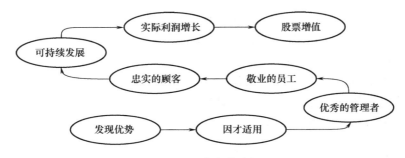

图 3.1   盖洛普路径

资料来源：Gallup. Employee Engagement:What's Your Engagement Ratio.

3.3.1.2 翰威特咨询公司

翰威特咨询公司通过对员工、企业及其行为方式的广泛调查，以及所积累的经验举出可能影响敬业度的因素，然后进行因子分析，剔除不显著的影响因素，最终浓缩出 6 个方面 17 个主要驱动因素，如图 3.2 所示。

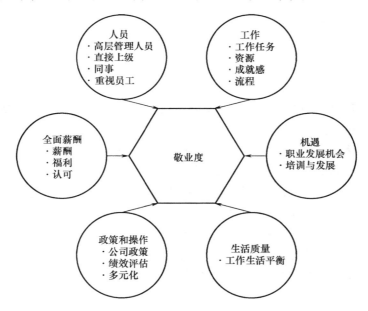

图 3.2   翰威特员工敬业度驱动因素

资料来源：翰威特咨询公司.企业绩效的指示灯：员工敬业度。

3.3.1.3 韬睿咨询公司

韬睿咨询公司通过研究得出的敬业度影响因素按重要程度排列：高层

对员工福利的关心、工作挑战性、决策权、客户关注、职业发展机会、公司具备一个好雇主的声誉、团队协作的工作氛围、完成工作所需的资源、对公司决策的工作投入和高层对未来发展的愿景等。

3.3.2 学术研究领域

学术领域中，众多学者对敬业度的影响因素进行了研究。这些研究主要是从两个角度进行的：一是"复合因素"角度；一是"单因素"角度。"复合因素"角度研究的重点是不同因素的共同作用对敬业度的影响，例如，个人—工作匹配等；"单因素"角度则是研究某一种因素对敬业度的影响，例如，组织支持感等。

3.3.2.1 "复合因素"的角度

站在"复合因素"的角度，行为科学认为，人只有在做他喜欢做的事情时，才会有最大的主观能动性。工作越是适合一个人的个体素质，就越可能发挥一个人的能力。换句话说，工作本身的特性与员工个人的特性越是匹配，员工越是会表现出敬业。科瑞思托夫（Kristof）强调组织和工作与个体特征之间复杂的交互匹配作用才是个体态度和行为的深层次影响因素（Kristof，1996）。这说明人格特质如果与工作特征高度的一致，也就是个人与工作相匹配，会持久而且对员工的敬业有着深层次的影响。员工的价值观与组织价值观的一致性，即个人—组织匹配也会影响到员工敬业度（Maslach & Leiter，2008）。马斯兰和雷特指出，价值观是员工工作的原始驱动力。价值观驱动着员工与其工作场所的关系，这种驱动力要大于时间和金钱的提供。因此，当员工的价值观与工作发生冲突时，其个人的价值观会与组织的价值观产生分歧，他们就会发现他们想做的事情和组织安排给他们的事情并不一致，这种价值观上的不一致进而产生了员工敬业度的下降。当员工的价值观与组织不相一致时，他们会对工作产生约束感，从而无法做到敬业（Maslach 等，2001）。除此之外，莫斯和斯内德指出，敬业可能是员工与工作条件之间完美的匹配产生出来的结果（Macey & Schneider，2008）。个人—工作匹配（P-J Fit，Person-Job Fit）也会影响员工敬业度，个人与工作的匹配程度越高，意味着个人对工作的适应能力越强和更轻的工作压力，从而促使员工更加敬业（Maslach 等，2001）。

国内学者也进行了相关的研究，张培峰通过对 5 家公司的 276 名员工进行实证研究后，提出组织价值观和价值观符合度对员工敬业度有显著影响，但两者对敬业度的作用路径并不一样，前者对敬业度中的"工作环境"

和"工作氛围"影响显著,而后者对敬业度中的"情感归属"影响显著。此外,个人特征对敬业度有一定的影响,但影响并不显著(2007)。杨晓刚的研究表明,员工工作价值观与组织价值观匹配对员工敬业度存在显著的预测作用(杨晓刚,2012)。谭小宏在对33家生产企业798名员工进行问卷调查后得出结论:个人与组织价值观匹配对员工的工作满意度、工作投入和组织支持感具有显著的正向预测作用,对员工的离职意向具有显著的负向预测作用(谭小宏,2012)。具体内容如表3.4所示。

表 3.4   敬业度的前因变量——"复合因素"视角

	学者(年代)	敬业度的前因变量
国外	Maslach 等(2001)	个人—工作匹配
	Macey & Schneider(2008)	个人与工作条件之间匹配 / 个人—工作匹配
	Maslach & Leiter(2008)	员工价值观与组织价值观的一致性 / 个人—组织匹配
国内	张培峰(2007)	员工价值观与组织价值观的一致性 / 个人—组织匹配
	杨晓刚(2010)	
	谭小宏(2012)	

资料来源:笔者根据相关文献进行整理。

3.3.2.2 "单因素"的角度

站在"单因素"的角度,已有研究一致显示个体因素和工作因素与敬业度相关(Christian 等,2011;Halbesleben,2010;Mauno 等,2010)。其中,个体因素是那些积极的自我评价,是指人们对自我控制能力的个人评价,这些评价与适应力相关,并且对人们所处的环境有影响(Hobfoll 等,2003)。工作因素是指工作中那些客观的、社会的或者组织的方面,它可以降低工作要求,减少与员工相关的生理、心理花费;促进实现工作目标;激励员工成长、学习和发展(Bakker & Demerouti,2008)。工作因素可以分为工作方面和组织方面。

(1)个体因素。

人口统计学变量。司考佛利和贝克的研究表明,敬业度与性别存在弱相关关系,男性敬业度略高于女性(Schaufeli & Bakker,2003)。司考佛利在分析了来自世界各地的 31 916 个数据后发现,敬业度的性别差异并不显著;敬业度与年龄正相关,相关系数介于 0.05 和 0.17 之间;经理、企业家和农民三种职业的敬业程度较高,而蓝领工人、警察和家庭护理员的敬业度较低（Schaufeli，2006）。罗宾逊（Robinson）对 14 个组织的 10 000 名员工进行了调查，结果显示员工敬业度随着员工年龄的增长而下降，但超过 60 岁后这一趋势会发生逆转，最高敬业度出现在 60 岁以上的员工组别中；同时，随着员工在组织中工作年资的增加，员工敬业度呈下降趋势。原因在于随着年龄与年资的增加，员工对工作和组织的熟悉度增加，而获取的信息、知识、技能逐渐衰减，导致意义感降低；但随着年龄的增长，工作对于员工的工具性作用会逐渐弱化，由于老年人具有更好的人格整合，故在 60 岁以后敬业度达到最高水平（Robinson，2004）。但司考佛利和贝克的研究结果显示，敬业度随着年龄的增长而提高（Schaufeli & Bakker，2003）。柯米对性别、年龄、婚姻状况、受教育程度和工作岗位等人口统计学变量与敬业度的关系进行了单因素方差分析，结果显示仅工作岗位与敬业度相关，只有当样本扩大到 500~1 000 人时，性别、年龄等人口统计学变量才显示出与敬业度的显著关系（Kim，2009）。罗宾逊研究发现，一些少数族裔员工与他们的白人同事相比敬业度更高，原因在于不同族裔对工作场所环境有不同的认知（Robinson，2004）。一项使用了具有荷兰国家代表性样本的研究显示：虽然员工性别上没有出现系统性差别，但是年长者比年轻者更加敬业。也有研究显示亚洲国家特别是日本的员工敬业度水平低于其他地区（Shimazu 等，2010）。

　　操芳对知识员工敬业度进行了实证研究。在对回收的调查问卷进行统计分析后发现，企业员工因其个人属性不同，敬业度有显著差异。如学历、工作性质、职位和工作年限在员工敬业度上有显著差异，性别、年龄在员工敬业度上无显著影响（操芳，2009）。孙洁对敬业度的实证研究得出学历对敬业度的个别维度有影响，年龄、职位对敬业度影响不显著的结论（孙洁，2009）。曾晖等研究发现，酒店员工敬业度具有一定的职业特点，如随教育程度、职位、服务年限的提高，敬业度逐渐提高。但也存在一些问题，如文化程度较高的中高层管理者以及服务年限过长时敬业度出现下降的波动（曾晖等，2009）。吴继红通过对某高校中层干部的调查研究发现，员工对绩效管理制度的了解程度，对绩效目标的接受程度和对绩效反馈效果的评价对他们的敬业度有影响（吴继红，2009）。杨红明研究发现，男性与女性在敬业度的投入维度上存在显著差异，即在工作投入的行为构面上存在差异，而认知构面无显著性差异（杨红明，2010）。杨红明和廖建桥通过对中国公务员敬业度的实证研究得出结论：员工敬业度由奉献和活力两个维度构成；男性公务员在活力水平上显著高于女性；年长、工龄较长、职务较高和学历较低的公务员奉献水平较高（杨红明和廖建桥，2011）。李若水通过研究发现，性别对员工敬业度有显著影响，女性员工的敬业度普遍高于男性员工；工作年限对员工敬业度有显著的影响，工作年限越长，员工的敬业度越高；员工的婚姻状况、年龄、职务、学历对员工敬业度并没有显著的影响（李若水，2011）。袁凌等对国有企业知识型员工的实证研究表明，年龄及教育水平对敬业度的不同维度存在显著影响（袁凌等，2012）。庄菁和屈植在将敬业度分为心理敬业度、行为敬业度、特质敬业度三个维度的基础上，对中小企业员工敬业度研究表明，性别与特质敬业度不相关，与心理敬业度和行为敬业度有负相关关系；学历与敬业度三个维度均呈负相关；职务级别与心理敬业度和特质敬业度正相关；工作年限只与行为敬业度呈正相关，与其余两项均无关（庄菁和屈植，2012）。

心理状态。凯恩认为，敬业度主要受到心理意义、心理安全和心理可获得性等三种关键心理状态的影响，员工工作中是否敬业取决于个体与角色相结合过程中是否产生这三种关键心理状态（Kahn，1990）。心理意义涉及个体对工作目标的价值及其与自己的理想或标准的关系的评价和判断；心理安全反映了个体对自己利用内外部资源以完成工作任务，并在此过程中表达真我而无须担心负性后果的一种信念；心理可获得性是指个体相信自己拥有必要的生理、认知和情绪资源以便执行特定的工作角色。梅尔以凯恩的观点为基础进行了一项实证研究，结果显示上述三种关键心理状态对个体的工作投入均具有显著的正面影响，其中尤以心理意义的影响最大，心理安全感则在工作丰富化及工作—角色匹配和敬业度之间起到部分中介作用，同时研究还发现自我知觉与敬业度也存在显著的正相关（May，2004）。布瑞克（Broeck）的独立样本 T 检验显示，女性三种先天心理需要的满足程度高于男性，而三种先天心理需要的满足与敬业度的活力维度正相关（Broeck，2008）。

个体特质。布瑞特的研究发现，人格坚韧性与个体的敬业度存在着显著的正相关（Britt，2001）。兰格兰以 572 名荷兰员工为样本，检验了个性和性格对员工敬业度及工作倦怠的影响，研究发现神经质、外倾性和灵活性均对敬业有显著的预测作用，低神经质、高外向性以及高灵活性的员工在工作中相对比较敬业（Langelaan，2006）。人的气质（包括兴奋强度、抑制强度和机动性三个维度）和敬业度呈正相关，而与工作倦怠呈负相关。海尔伯格从 A 型人格的角度研究发现，成就需要与敬业度正相关，易怒和急躁与敬业度负相关（Hallberg，2006）。大五人格（bigFive personality）

包括外倾性、情绪稳定性、随和性、责任心以及开放性（Barrick & Mount M K，1991），兰格兰选择了其中的两种人格（big two）研究其对于员工敬业度的影响：情绪稳定性和外倾性。情绪稳定性差的人在面对挫折时容易失控，表现出非常焦躁和不淡定；外倾性强的人能够以更加积极的态度入世，从而更好地适应社会（Langelaan 等，2006），员工的情绪稳定性越好、外倾性越强，员工敬业度就越高。凯米（Kim）以快餐行业的管理者和一线员工为样本，研究了人格的五个方面（外向性、随和性、责任心、情绪稳定性和经验开放性）对员工敬业度和职业倦怠的影响。他们发现在人格的五个方面中，情绪稳定性是影响工作倦怠的关键因素，责任心和情绪稳定性对敬业有显著的预测作用，而神经质与敬业度负相关，外倾性以及随和性和员工敬业度关系不大（Kim，2009）。

马斯兰提出了与敬业有关的三种个性特质——耐力、控制点和应对风格。耐力意味着对变化的开放性态度，是在即使很恶劣的环境中还能生存下来的能力（Maslach，2001）。控制点（Locus of Control，LOC）是由罗特（Rotter）提出的一种个性，包括内控型个性和外控型个性。内控型的人认为，自己可以控制自己的命运，自己可以对事情负责，不会受到厄运的影响，事情的成功需要自己的努力，遇到问题倾向于从自身来找原因；而外控型的人则认为自己无法控制自己的命运，自己的成败更多地受到外部运气的影响，当遇到问题时，外控型的人倾向于从外界来找原因（Rotter，1966）。研究表明在同样的挫折之下，内控型的人比外控型的人会表现得更加积极，从而控制点在挫折与表现之间起到了调节作用（Storms & Spector，1987；Fox & Spector，1999）。马斯兰指出，内控者相比外控者而言，会更加敬业。同时那些表现出更高敬业度水平的人往往对事情有主动处理的风格，他们表现得更加自信，更能清楚地表现出他们的需要（Maslach，2001）。有研究发现，个体在面对与工作相关的问题时所采取的应对策略对其敬业水平也具有显著的影响："积极应对"和"寻求情感支持"两种应对策略与活力、奉献和专注等敬业度维度均存在显著的正相关（张轶文和甘怡群，2005）。

个人如自我效能、乐观、基于组织的自尊以及觉察和调节情绪的能力等也都是敬业度的前因变量。克里斯丁（Christian）发现，自我效能感与敬业度的活力、奉献、专注维度都呈显著正相关关系，相关系数介于0.71~0.76（Christian，2007）。斯安托普罗（Xanthopoulou）探讨了三种个人资源（自我效能感、基于组织的自尊、乐观）对敬业度的预测作用，研究发现这三种个人资源影响了员工对工作资源的知觉，并在工作资源和敬业之间起到中介作用（Xanthopoulou，2009）。卡拉特普（Karatepe）则同时考查了工作资源（上级支持）和个人资源（自我效能和特质胜任力）对敬业度的影响，结果发现，特质胜任力对敬业度的活力、奉献两个维度均有良好的预测力，自我效能感则只对专注维度有预测作用，而拥有足够的上级支持及胜任力的员工则通常具有较高的自我效能感，并进而对敬业度产生影响（Karatepe，2009）。萨拉诺娃（Salanova）从集体层面探讨了网上交流型团体（e-group）和时间压力对集体敬业度、集体焦虑等变量的影响，以及集体效能感在其中所起的作用。结果发现，集体效能感与集体敬业度呈显著正相关，并且高集体效能感缓冲（buffer）了时间压力和网上交流方式对集体敬业度的负面影响（Salanova，2003）。还有一项研究考查了专业效能感在任务资源与敬业度关系中的作用，结果表明任务资源、专业效能感及工作敬业度之间存在上升螺旋关系，专业效能感对任务资源与敬业度的关系具有显著的中介作用，个体知觉到的可用于完成任务的资源越多，其专业效能感就越高，相应的，个体的活力和奉献水平也越高；专业效能感在工作敬业度与任务资源间也具有显著的中介作用，工作敬业度高的个体其成功完成任务的信念更强，这反过来又会促使个体对未来任务资源更积极的知觉（Llorens 等，2007）。

自尊是另外一个能够对敬业水平产生积极影响的因素。哲森（Janssen）研究发现，高自尊的人通常不容易感情枯竭和疲劳，很可能是自尊让个体以一种比较乐观的心态看待自己所处的情境（Janssen，1999）。基于组织的自尊（organization-based self-esteem，OBSE）指员工感受到的组织满足他们工作需要的程度，高度的基于组织的自尊会让员工感受到他们在组织中的价值，因此，基于组织的自尊是员工工作中的一种重要的基于组织的个人资源（organization-based personal resource）。玛诺（Mauno）的实证研究结果表明，基于组织的自尊与员工敬业度正相关（Mauno，2007）。

身份认同。身份认同（identity）包括："本质特性"（即你是工程师、教师还是管理者）、"社会性契约"（个体接受此种身份时，会期待某种形式的酬赏，如金钱、赞赏等）以及"道德的坚持"（一种被个体内化了的道德身份，具有督促作用）三方面的内容。布瑞特研究发现，如果个体身份认同的某些方面与其所在的职业领域相关，则即使在不利的工作条件下（如工作的指导方针不明确），个体也能保持高水平的工作敬业度；相反，如果个体的身份认同中没有任何一个方面与自己的职业相关，则不利的工作条件会显著降低其工作敬业度（Britt，2003）。

还有研究显示成就驱动、情绪智力等与工作敬业度正相关。另外，抗逆力较好的老年人护理员表现出较高的工作敬业度水平。

表 3.5 概括了部分学者的观点。

表 3.5　敬业度的前因变量——"单因素"视角中的个体因素

	因素类别	学者（年代）	敬业度的前因变量
个体因素	人口统计学变量	Schaufeli & Bakker（2003）	性别
		Robinson 等（2004）	种族
		Schaufeli（2006）	年龄
		Kim 等（2009）	性别、年龄、工作岗位
		Shimazu，Miyanaka，Schaufeli（2010）	国籍
		操芳（2009）	学历、工作性质、职位、工作年限
		曾晖等（2009）	教育程度、职位、服务年限
		杨红明（2010）	性别、年龄、工龄、职务、学历
		李若水（2011）	性别、工作年限
		袁凌、李健、郑丽芳（2012）	年龄、教育水平
		庄菁和屈植（2012）	性别、学历、职务、工作年限
个体因素	心理状态	May 等（2004）	三种关键心理状态
		Broeck（2008）	三种先天心理需要
	个体特质	Britt 等（2001）	人格坚韧性
		Maslach 等（2001）	耐力、控制点、应对风格
		Britt（2003）	个体身份认同
		Langelaan 等（2006）	神经质、外倾性、灵活性
		Hallberg（2006）	A 型人格
		Christian 等（2007）	自我效能感
		Mauno 等（2007）	自尊
		Kim 等（2009）	大五人格
		Xanthopoulou 等（2009）	自我效能感、基于组织的自尊、乐观
		Karatepe 等（2009）	自我效能和特质胜任力

资料来源：笔者根据相关文献进行整理。

（2）家庭因素。随着对敬业度研究的深入，已有学者将家庭因素纳入敬业度的研究范畴中来。柔斯巴德（Rothbard）的一项研究考察了个体对工作的投入与对家庭的投入相互影响的动态过程。他们发现对于女性而言，工作中的消极情感会显著降低其对家庭的关注程度，而家庭中的积极情感则有利于提高女性对工作的专注程度；对男性而言，工作中的积极情绪会增加其对家庭的关注（Rothbard，2001）。而基于情绪感染假说，贝克（Bakker）的研究发现，工作敬业度和倦怠在同为上班族的夫妻均存在着显著的交叉传递效应，并且这两个变量在传递效应的大小，以及在从丈夫到妻子或从妻子到丈夫的传递效果上并不存在显著差异（Bakker，2005）。汉克内（Hakanen）进行了一项包含家庭要求和家庭资源因素的纵向研究，但并未发现两个因素与工作敬业度具有显著相关关系（Hakanen等，2008）。

（3）工作因素。工作资源使得不同组织中的工作敬业度有所不同。这些重要的资源包括：员工发展的机会、绩效反馈、工作自主权、技术多样性、变革型领导和公正公平，以及来自同事和上级的组织支持等。

一项使用了具有荷兰国家代表性样本（该样本调查了 4 000 名员工）的研究显示，与从事缺乏技术和缺少自主性工作（蓝领工人、家政人员和零售人员等）的员工相比较，那些从事复杂的、专业的、具有高度控制力的工作（如企业家、管理者、农民、教师和艺术家等）其员工敬业度水平更高（Schaufeli，2002）。萨克选择工作特征、组织支持、上司支持、薪酬作为工作资源变量，对其与敬业度的关系进行了回归分析，结果显示工作特征、组织支持能够显著预测敬业度，而其他变量的预测作用则不显著（Saks，2006）。司考佛利选择反馈、社会支持、管理训练三种工作资源因素作为敬业度的前因变量，结构方程分析结果显示三者与敬业度中度正相关（Schaufeli，2004）。柔斯曼和朱伯特（Rothmann & Joubert）的研究显示，组织支持与敬业度的活力和奉献维度的正相关程度分别达到 0.33 和 0.54（Rothmann & Joubert，2007）。克里斯丁发现反馈和工作自主性都与活力和奉献维度具有较强的正相关关系（Christian，2007）。布瑞克基于先天心理需要理论研究发现，工作自主性、技能应用和积极反馈通过心理需要对敬业度的活力维度产生积极预测作用（Broeck，2008）。凯米的研究显示，就工作岗位而言，在活力、奉献、专注和效能四个维度上，经理、副经理等管理人员的敬业度显著高于非管理岗位员工（Kim，2009），这与司考佛利和贝克的研究结论一致，即专业人员、管理人员的敬业度显著高于警察、蓝领工人和家庭护理人员。罗宾逊的研究也支持这一结论。萨克选择程序公平和结果公平两个互动规则因素作为敬业度的前因变量，其研究结果显示仅程序公平与组织敬业度呈相关系数为 0.18 的显著正相关关系，而程序公平和结果公平对工作敬业度的作用不显著(Saks，2006)。其他研究还发现，工作资源的可得性、控制感、创新等都能激发员工更加投入工作。兰斯格和费甘（Laschinger & Finegan）发现，组织授权通过工作生涯的多个方面的中介作用对员工的敬业度产生影响（Laschinger & Finegan，2005）。驰敖（Cho）的研究检验了员工感知的结构授权对敬业度和工作倦怠的关系，结果显示，结构授权和员工敬业度的活力、奉献等维度有直接的关联（Cho，2006）。科瑞克（Greco）的研究发现，领导授权行为、员工授权感知两者通过结构授权这一中介变量对员工敬业度产生影响（Greco，2006）。

还有其他学者从员工所处的组织情境考察相关因素对敬业度的影响。萨拉诺娃考查了组织资源、服务氛围与员工敬业度之间的关系，结构方程模型的分析结果显示，组织资源和服务氛围对员工敬业度均有正向影响，并且组织资源通过服务氛围的中介作用影响员工敬业度（Salanova，2005）。卡斯卡特（Cathcart）考查了管理者的控制幅度和员工敬业度之间的关系，发现管理者的控制幅度越小，员工敬业度越高（Cathcart，2004）。褚泰和伯克利（Chughtai & Buckley）认为，地位信任（包括高管信任、中层管理者信任以及合作者信任）和特质信任能促进员工敬业度的提升，而员工敬业度的提升又反过来强化了地位信任和特质信任（Chughtai & Buckley，2008）。

此外，某些与工作相关的因素还需要通过一定的中介变量来对敬业度产生影响。梅尔的研究发现，心理状态变量对相关工作特征因素与工作投入之间的关系具有中介作用（May，2004）：工作丰富性和工作角色适配性、同事间的鼓励和上级支持、工作资源可获得性分别通过心理意义、心理安全、心理可获得性对工作敬业度产生正面影响，而遵守同事间的规范和参加外部活动则分别通过心理安全和心理可获得性对工作敬业度产生负面作用。

柔斯曼和朱伯特的研究显示，工作负荷与敬业度的奉献维度呈相关系数为 −0.2 的显著负相关关系（Rothmann & Joubert，2007）。克里斯丁研究发现，工作中的体力要求因素与敬业度的活力和奉献维度显著负相关，而脑力要求因素与活力和奉献维度显著正相关，这是因为后者满足了个体的胜任需要，并且脑力劳动对员工具有挑战性，容易使其产生意义感(Christian，2007)。另外，有一些工作要求如工作职责、工作量、认知要求和任务完成时间的紧迫程度等被称为工作挑战，这是因为它们虽然也会让人感到紧张、压力，但是它们同时会引发员工的求知欲、竞争和对工作的细致认真。这些工作挑战被证明与敬业度有一定的相关性（Crawford 等，2010）。

在解释敬业度的作用机理时，常被使用的是工作要求—工作资源模型（JD-R Model）（Bakker & Demerouti，2008）。根据工作要求—工作资源模型，当员工面对高工作要求时，工作和个人资源的作用是非常重要的，它们能够使员工得到工作的潜在动力。有些工作被称为"激活性工作"（active jobs），这种工作使员工有强烈的动机去学习以提高工作所需的技能。相关研究已发现，在高工作要求的情境下，如高工作负荷、与顾客之间的高情感互动的情境下，工作资源如专业技能的易变性和来自同事的认可与欣赏等都是对工作敬业度最具预测性的因素。

国内学者也对工作因素进行了相关研究。有部分学者从组织的角度进行研究。

如王大悟认为，员工的敬业度与经理层有重要关系（王大悟，2004）。

张轶文等认为，支持、公平感、人际消耗和冲突影响敬业度（张轶文等，2005）。

李金波等以 361 名企事业员工为被试，采用问卷法和结构方程建模分析方法探讨了组织公平、角色压力、组织支持感和组织承诺对工作投入的影响及其途径。结果表明角色压力、组织公平与组织支持感均对工作投入和组织承诺有较好的预测效力。经检验，组织公平和组织支持感对工作投入产生显著的间接影响，组织承诺则主要表现为直接影响；而角色压力对于工作投入既有直接影响，又存在间接影响（李金波等，2006）。

陈方英认为，激励与约束机制相结合能提升员工敬业度，以员工利益为核心的激励机制能够诱使代理人从自己的利益出发，选择对委托人最有利的行动，激发员工的积极行为，有效提高员工的敬业度；而约束机制则有利于规避代理人活动过程中所出现的偷懒等消极性行为，把代理问题（代理成本）降到最低限度，增加员工的敬业度（陈方英，2007）。

刘宇通过对重庆市五家中小民营企业的 200 名基层员工进行实证研究后认为，影响敬业度的关键性因素有五个，分别是薪酬福利、企业文化、职业发展机会、人际关系、领导和管理。这与马明等人的研究结论有较大差异（刘宇，2007）。

吕翠的研究发现，员工敬业度在年龄、婚姻状况、性别和企业性质等不同人口特征变量上存在差异。组织支持感及其前因变量都与员工敬业度正相关，并且可以有效地预测员工敬业度；组织支持感在其前因变量与员工敬业度的关系中具有较强的中介作用（吕翠，2009）。

孙利平等研究发现，下属的公平感是德行领导与下属敬业度的部分中介变量（孙利平，2010）。

赵光利研究表明，组织支持感和心理资本都与员工敬业度显著正相关，并且可以有效地预测员工敬业度；心理资本在组织支持感与员工敬业度的关系中具有较强的中介作用（赵光利，2011）。

陈安奇研究表明，在整体上金融行业新员工组织认同感与员工敬业度呈显著正相关；在维度方面，情感性组织认同感和评价性组织认同感都与员工敬业度的两个维度呈显著正相关，而认知性组织认同感与工作敬业度呈显著正相关。通过回归分析得出，金融行业新员工组织认同感整体及三个维度对员工敬业度有显著预测作用，从重要程度看，分别是情感性组织认同感、评价性组织认同感、认知性组织认同感（陈安奇，2012）。

曹科岩等研究发现，人力资源管理实践正向影响组织支持感、员工敬业度；组织支持感正向影响员工敬业度；组织支持感在人力资源管理实践与员工敬业度的关系中起完全中介作用（曹科岩，2012）。

孙卫敏等研究发现，组织支持感及其前因变量和员工敬业度正相关，并且能有效预测员工敬业度。在三个前因变量中，上级支持与员工敬业度的相关性最强；其次是组织报酬及工作条件、程序公平；组织支持感在前因变量与员工敬业度之间起中介效应（孙卫敏等，2012）。

马志强等研究发现，长三角地区企业员工的主管承诺包含五个维度：对主管的奉献、对主管的额外努力、对主管的依附、认同主管和内化主管的价值观。这一地区企业员工的敬业度包含六个维度，分别是任务聚焦、活力、主动参与、价值内化、效能感和积极坚持。同时，研究也得出企业员工主管承诺的五个因子对员工敬业度的六个因子有不同程度的显著影响，如主管承诺因子中对员工敬业度中任务聚焦维度有显著正影响的因子依次为：对主管的额外努力、认同主管和对主管的依附（马志强等，2012）。

储成祥等研究发现，变革型领导行为与员工敬业度各维度存在显著的预测作用；组织支持感的支持认同和组织尊重与员工敬业度之间存在正相关关系，并且能有效地预测员工敬业度；组织支持感是变革型领导行为和员工敬业度的中介变量（储成祥等，2012）。

卢纪华等研究发现，组织支持感与知识型员工敬业度正相关；组织承诺与知识型员工敬业度正相关；组织支持感对知识型员工敬业度的影响比组织承诺对知识型员工敬业度的影响大（卢纪华等，2013）。

姚春序等以魅力型领导和认同感理论为基础，对来自国内多家企业的252名员工样本进行数据分析，结果发现，下属组织认同和领导认同作为认同感的双维构面，在魅力型领导对下属工作投入的影响过程中具有中介作用。其中，组织认同在此过程中具有部分中介作用，而领导认同则发挥完全中介作用，而且组织认同和领导认同在此过程中同时存在，互不排斥（姚春序等，2013）。

在国内针对工作因素的研究中，有部分学者是同时站在工作和组织两个角度上进行研究的。

曾晖和韩经纶认为，在获知敬业度现状之后，管理者需要根据不同组织的不同特征或同一组织不同阶段的发展特征甄别驱动敬业度的影响因素，并认为驱动敬业度的影响因素包括企业文化、领导、人际关系、发展机会、全面薪酬、工作内容、生活质量、组织动力及组织系统的协同性等要素（曾晖和韩经纶，2005）。

马明等在对国有饭店调查研究后认为，职业发展、领导水平、工作本身和管理制度对敬业度存在显著影响，而工作生活环境、人际关系、薪酬福利、信息沟通和参与管理对敬业度不存在显著影响。中国人力资源开发网2005年8月的在线调查表明，影响员工敬业度的因素由高到低分别是个人的职业发展机会和空间、直接上级管理水平、公司的认可度、福利待遇、个人的职业化程度和工作的挑战性等（马明等，2005）。

冷媚将员工敬业度分为两个维度，工作敬业度与组织敬业度。研究表明这两个维度既相关又显著不同，员工工作敬业度水平明显高于组织敬业度水平；工作特点、工作认可与价值感主要影响工作敬业度；公平感、组织支持、组织管理程序主要影响组织敬业度；内部关系对工作敬业度和组织敬业度均有影响（冷媚，2007）。

宋仁秀通过对饭店行业的员工进行实证并经过探索性因子分析和验证性因子分析后指出，影响饭店行业员工敬业度的因素有8个，分别是工作挑战性、工作内容与性质、人际关系、薪酬福利、员工授权、工作负荷、企业文化和职业发展（宋仁秀，2008）。

张琳琳研究发现，国有企业员工工作敬业度在婚姻状况上差异显著；相关分析和判别分析表明，内—外倾向性、神经质、精神质可以有效区分高敬业度组和低敬业度组；工作—家庭冲突在工作敬业度上存在差异。高敬业度组在家庭侵扰工作上的得分显著低于低敬业度组；工作敬业度各维度均与工作环境特征密切相关，工作自主度、领导支持、同事支持对工作敬业度有预测作用（张琳琳，2008）。

刘善仕和罗江萍从工作特点、工作认可和价值感、公平感、组织管理程序、内部关系和组织价值与目标六个方面对敬业度三个维度的影响进行研究，结果表明公平感对理性敬业影响最大；工作特点越不明确的员工理性敬业度越高；组织目标和价值的清晰传递对于处于战略转型期的员工敬业度有积极作用；组织管理程序对敬业度的影响并不明显（刘善仕和罗江萍，2009）。

许燕研究表明，IT业员工敬业度及其各维度在不同的婚姻状况和管理层级上存在差异。工作吸引、组织支持、领导支持、人际关系四个影响因素与IT业员工敬业度及其各维度间均呈显著正相关关系，并且不同因素对敬业度的预测作用不同。其中，工作吸引对员工敬业度的预测作用最大，其次分别为组织支持、人际关系、领导支持；组织支持对组织敬业度的预测效果最好，其次分别为工作吸引、领导支持、人际关系；四个因素中只有工作吸引和人际关系对工作敬业度有显著预测作用，且工作吸引的预测效果更好（许燕，2010）。

杨红明和廖建桥通过对中国公务员的实证研究，采用逐步多元回归分析验证了工作重要性、工作反馈对敬业度各维度及总体均有促进作用；工作自主促进奉献维度和总体敬业度；技能多样性对敬业度无显著性影响；上级支持促进整体敬业度；同事支持促进奉献（杨红明和廖建桥，2011）。

袁凌等通过对国企知识型员工的实证研究，表明工作特征、工作认可和价值感、公平感、组织管理程序对敬业度的不同维度存在显著影响（袁凌等，2012）。

表3.6概括了部分学者的观点。

表3.6　敬业度的前因变量——"单因素"视角中的工作因素

		学者（年代）	敬业度的前因变量
工作因素	国外	Schaufeli & Bakker（2004）	工作特征、反馈、社会支持、管理训练
		Cathcart 等（2004）	管理者的控制幅度
		Laschinger & Finegan（2005）	组织授权
		Salanova 等（2005）	组织资源、服务氛围
		Saks（2006）	工作特征、组织支持
		Cho 等（2006）	结构授权

续表

		学者（年代）	敬业度的前因变量
工作因素	国外	Greco 等（2006）	领导授权行为、员工授权感知
		Rothmann & Joubert（2007）	组织支持、工作负荷
		Christian（2007）	反馈、工作自主性、工作要求（体力、脑力）
		Broeck et al.（2008）	工作自主性、技能应用和积极反馈
		Chughtai & Buckley（2008）	地位信任、特质信任
		Crawford et al.（2010）	工作挑战
	国内	张轶文等（2005）	支持、公平感、人际消耗和冲突
		曾晖和韩经纶（2005）	企业文化、领导、人际关系、发展机会、全面薪酬、工作内容、生活质量、组织动力及组织系统的协同性等
		马明等（2005）	职业发展、领导水平、工作本身和管理制度
		李金波等（2006）	角色压力、组织公平与组织支持感
		陈方英（2007）	激励约束机制
		刘宇（2007）	薪酬福利、企业文化、职业发展机会、人际关系、领导和管理
		宋仁秀（2008）	工作挑战性、工作内容与性质、人际关系、薪酬福利、员工授权、工作负荷、企业文化和职业发展
		张琳琳（2008）	工作自主度、领导支持、同事支持
		刘善仕等（2009）	工作特点、工作认可和价值感、公平感、组织管理程序、内部关系和组织价值与目标
		孙卫敏和吕翠（2012）	组织支持感及其前因变量
		孙利平等（2010）	德行领导、下属的公平感
		许燕（2010）	工作吸引、组织支持、领导支持、人际关系
		杨红明（2010）	工作重要性、工作反馈、工作自主、技能多样性、上级支持、同事支持
		赵光利（2011）	组织支持感、心理资本
工作因素	国内	陈安奇（2012）	组织认同感
		曹科岩等（2012）	人力资源管理实践、组织支持感
		马志强等（2012）	企业员工主管承诺
		储成祥等（2012）	变革型领导行为、组织支持感、组织尊重

续表

		学者（年代）	敬业度的前因变量
工作因素	国内	袁凌等（2012）	工作特征、工作认可和价值感、公平感、组织管理程序
		卢纪华等（2013）	组织支持感、组织承诺
		姚春序等（2013）	魅力型领导

资料来源：笔者根据相关文献进行整理。

3.3.3 小结

通过对前因变量相关研究的梳理，可以看到对敬业度前因变量的研究比较丰富，特别是在工作因素上的研究很全面。相对于工作因素，个体因素方面的研究比较少，而且已有研究多集中在自我效能、应对策略等因素上。

3.4 结果变量研究

现有研究已发现，敬业度的结果变量有积极的工作态度、员工身心健康、角色外行为和工作绩效等。与不敬业的员工相比，敬业的员工对组织有更高的承诺，他们很少缺勤，也表现出不愿意离开组织。与此同时，敬业的员工常处于积极的情绪中，他们享受着自身生理与心理上健康幸福的感觉，在这一点上他们与工作狂的感受截然不同。更重要的是，敬业的员工展现出一种发自内心的积极性和一种强烈的学习动机。简而言之，敬业的员工想要也能够"一直走在前进的路上"。敬业度的结果变量研究主要在两个层面上：个体层面和组织层面。个体层面又可以分为两个方面：员工的态度和行为、员工的身心健康和幸福感。

3.4.1 组织层面

翰威特咨询公司调查发现，员工敬业度得分在前 60% 的企业，五年平均的整体股东利润（TSR）会多出 24% 以上。盖洛普咨询公司的研究也表明，员工敬业度可以令世界级组织的每股收益（Earnings Per Share，EPS）高出一般组织 3.9 倍，除此之外，员工敬业度还可以为组织带来若干指标的大幅改善，包括缺勤率、离职率、能量损耗、安全事故率、产品品质、顾客忠诚度、生产率以及利润率。

哈特进行的一项覆盖了 36 家企业的大约 8 000 个工作小组的研究显示，敬业度水平与工作小组绩效（如客户满意度、客户忠诚度、利润、生产率、离职意愿和工作安全）正相关。这表明敬业的员工的的确确提高了组织的竞争优势，并且员工敬业度与工作小组绩效因素的相关高于总体满意度与工作小组绩效因素的相关（Harter，2002）。萨拉诺娃的研究发现，在工作团体层面，组织资源（包括培训、自主性、技术等方面）和敬业度对服务气氛均具有显著的预测作用，敬业度对组织资源与服务气氛的关系具有完全的中介作用（Salanova，2005）。斯安托普罗认为，员工敬业度可以对组织的财务绩效产生积极影响（Xanthopoulou，2009）。

3.4.2 个体层面

敬业的员工拥有更高的绩效（Rich 等，2010；Halbesleben，2010）。例如，顾客发现敬业的员工提供更高质量的服务。与不敬业的员工相比，敬业的员工在工作中出错更少，也更少出现工伤和事故，他们在工作方式上展现出创新的一面，并且在工作绩效方面受到上级领导更高的评价。

3.4.2.1 员工的态度与行为

司考佛利等发现，敬业度与离职倾向具有负相关关系（Schaufeli & Bakker，2004）。贝克和德莫柔蒂的研究发现，员工敬业度对员工的角色外绩效有着积极的影响（Bakker & Demerouti，2008）。萨拉诺娃以 645 名西班牙员工和 477 名荷兰员工为样本，利用结构方程模型验证了敬业度对组织承诺的积极预测作用，同时发现敬业度也是工作资源与组织承诺的中介变量（Salanova，2006）。克里斯丁的研究结果显示，敬业度的奉献维度较活力维度与组织承诺有更强的正相关关系，而活力维度较奉献维度与员工心理健康有更强的正相关关系（Christian，2007）。萨拉诺娃和司考佛利的研究结果显示，员工敬业度的活力和奉献维度对前摄行为有积极的预测作用（Salanova & Schaufeli，2008）。

3.4.2.2 员工的身心健康与幸福感

布瑞特采用士兵样本进行了三项研究，探讨了敬业度在压力源与职业紧张关系中的作用，研究结果显示，敬业度在压力源与紧张之间起着一种缓冲器（buffer）的作用（Britt，2001；2003；2005）。另一个针对企业领导的研究发现，敬业度高的领导在生活中总是伴随着高涨的积极情绪。另外，高敬业度也能使个体维持良好的身体状态，敬业度高的员工较少患病，其心理与生理健康水平更高。敬业还可以帮助员工个人发挥潜能，实现人生价值并获得幸福体验。敬业度高的员工认同企业的目标、流程、架构和管理，并将自己的个人目标与组织目标结合起来，自觉主动地全身心投入目标的实现过程中，在这个过程中发挥自己的最大潜能，获得幸福感（Demerouti，2001）；还能在完成角色任务的过程中学到丰富的知识，积累丰富的经验，从而提高工作的满意度和对组织情感、认知和行动上的承诺（Kahn，1992）。

　　国内研究者也对敬业度的结果变量进行了研究。邵娟通过对 170 名高科技企业的中层管理者进行实证研究后发现，高科技企业中层管理者的敬业度对其工作绩效不但有显著的直接正向影响，而且还能通过中层管理者自我效能的中介作用对绩效发挥间接影响（邵娟，2007）。曾晖和赵黎明通过对酒店行业的 402 名一线服务人员进行实证研究后认为，酒店行业一线服务人员的敬业度和其工作绩效呈显著正相关关系（曾晖和赵黎明，2009）。张同健等的研究结果表明，员工敬业度和员工绩效呈正相关关系（张同健，2009）。曾晖等研究发现敬业度与绩效关系密切，工作中的精力充沛感会让员工有效地处理与工作有关的问题，而且对员工的幸福感有积极的影响（曾晖等，2009）。方来坛等研究发现，员工敬业度、整体工作绩效、任务绩效、关系绩效和工作满意度之间显著正相关。工作绩效在员工敬业度与工作满意度的关系中起完全中介作用。员工敬业度通过影响工作绩效进而影响员工的工作满意度（方来坛等，2011）。孙健敏等的研究结果表明，敬业度对时间冲突和行为冲突都具有显著的负向预测作用，组织支持感在敬业度与行为冲突的关系中起调节作用（孙健敏等，2011）。

3.4.3 小结

　　通过对结果变量相关研究的梳理发现，研究者对结果变量的研究是在组织和个体两个层面展开的，其中，个体层面关注员工的态度、行为和员工的身心健康，且研究结论较为一致。本书拟以工作绩效作为敬业度的结果变量进行研究。

3.5 敬业度作为中介变量

　　目前，国内外越来越多的研究开始考察敬业度与其前因变量和后果变量之间的关系，即敬业度能够中介其前因变量与结果变量的关系。

　　索内塔（Sonnentag）的研究表明，员工敬业度与前瞻行为如个体主动地采取行动、追求学习目标等存在显著的正相关，并且对恢复与前瞻行为的关系具有显著的中介作用，自我感觉在业余时间得到了充分恢复的个体在之后的工作日会表现出更高的员工敬业度，而这种高水平的员工敬业度进而会促进个体的前瞻行为（Sonnentag，2003）。

司考佛利和贝克研究发现员工敬业度部分地对前因变量和结果变量起中介作用（Schaufeli & Bakker，2004）。

萨克的研究发现，当工作敬业度和组织敬业度被控制后，由敬业度的前因变量引起的各种结果变量的变化程度会被明显削弱，特别是与结果变量中的组织承诺、离职意愿和指向个人的组织公民行为的关系会削弱到不显著的程度。可见，工作敬业度和组织敬业度部分地中介着前因变量和结果变量的关系（Saks，2006）。

萨拉诺娃的研究发现，敬业度是工作资源与组织承诺的中介变量（Salanova，2006）。

克依苏（Koyuncu）以 286 名土耳其银行员工为样本对敬业度的前因和结果进行了研究，发现员工敬业度可以预测个体的工作结果，如工作满意度、离职意愿以及正性心理效能，敬业度在职业生涯经历和这些结果之间起到中介作用（Koyuncu，2006）。

驰敖的研究则认为，员工感知的结构授权影响敬业度，而敬业度与员工的组织承诺有直接的关联，敬业度在结构授权和组织承诺间扮演了中介的角色（Cho，2006）。

瑞查德森（Richardsen）认为，员工敬业度对警察（Poliu offiyr）的组织承诺及自我效能感有积极影响，敬业度在个体特征、工作要求、工作资源和组织承诺、自我效能之间起着部分中介作用（Richardsen，2006）。

霍苑渊为了研究敬业度和工作特征、员工绩效的内在关系，对浙江省万向集团在东部地区和中西部地区的各分公司的 154 名生产车间一线员工进行了长时间的跟踪调查，调查研究表明，敬业度是员工绩效的重要影响因素，它对员工的任务绩效和组织公民行为都有显著的正向影响。此外，敬业度还是工作特征和工作绩效的中介变量（霍苑渊，2008）。

黄志坚以组织认同、工作敬业度、工作价值感作为敬业度的三个维度进行研究，研究发现敬业度在全面报酬与绩效之间能发挥中介作用（黄志坚，2010）。

刘淑静等通过实证研究发现，员工敬业度对知识共享意愿具有显著的正向影响作用；互惠性偏好对员工敬业度有显著的正向影响作用；员工敬业度在互惠性偏好与知识共享意愿的关系中起到部分中介作用（刘淑静，2012）。

　　李伟和梅继霞研究发现，内在动机对员工绩效和员工敬业度具有显著的正向预测作用，员工敬业度在内在动机对员工绩效的影响活动中具有部分中介作用（李伟和梅继霞，2012）。

　　范素平的研究表明，组织支持感与工作绩效表现出显著正相关；组织支持感与敬业度显著正相关；敬业度与工作绩效正相关；敬业度在组织支持感与工作绩效间起中介作用（范素平，2012）。

3.6 理论模型与作用机理

3.6.1 理论基础

　　目前，角色理论、资源保存理论、自我决定理论、匹配理论、自我调节理论、社会交换理论、拓展建构理论和社会认知理论均被用来解释敬业度。

3.6.1.1 角色理论

　　角色理论是关于人的态度与行为怎样为其在社会中的角色地位及角色期望所影响的社会心理学理论。"角色"一词来源于戏剧，原指规定演员行为的脚本。社会心理学家看到这个概念有助于理解人的社会行为和个性，便引入社会心理学中。角色理论从角色的观点出发，分析和研究一个人的社会行为活动。角色理论主要包括角色的认知、角色的学习和角色的期待。角色期待就是组织中的每个人在组织中总是占有一定的职位。对于占有这个职位的人，人们对他总是赋予一定的期望，而人们对他所应具有的行为期望就称为角色的期待。凯恩基于社会学的角色理论，探讨了员工的自我与工作角色的结合问题，并首次提出了"敬业度"概念（Kahn，1990）。

3.6.1.2 资源保存理论

　　资源保存理论认为，人们试图获取、保留、保护和积累资源，资源可能是由个体重视的个人性格、条件或精力组成，当资源受到威胁时，人们会感到压力。以资源保存理论为基础，司考佛利等将敬业度纳入 JD-R 模型中，学者开始就不同资源对敬业度的影响展开深入的研究（Xanthopoulou 等，2009）。由资源保存理论可知，资源的获得将激发员工的敬业度从而提高绩效。可以说资源保存理论从资源的角度解释了什么会影响员工的敬业度。

3.6.1.3 自我决定理论

自我决定理论认为，人是积极的有机体，具有先天的心理成长和发展的潜能，自我决定就是个体在充分认识个人需要和环境信息的基础上对行动所做的自由选择。自我决定理论认为，社会环境可以通过支持自主、胜任、归属三种基本心理需要的满足来增强人类的内部动机，进而使个体的潜力得到发挥。自我决定理论从人类自身需要的视角解释了为什么资源会影响员工敬业度。

3.6.1.4 自我调节理论

自我调节理论是由观察学习理论中的自我强化概念衍生出来的。自我调节包括自我观察、自我判断和自我反应三个基本过程。自我调节理论反映了人的认知和情感对行为的多种影响，为员工情感与工作敬业度间存在联系提供了理论基础。自我调节理论从情感的角度解释了什么会影响员工的敬业度。

3.6.1.5 社会交换理论

社会交换理论主张，从人与社会互动的角度对人类的行为进行解释。该理论认为，人类的行为是出于对交换的考虑，在相互依赖的互惠行为中，双方都有义务付出。就员工敬业度而言，员工对组织持积极的态度，愿意为组织的目标提高绩效，同时组织也有义务从资源上维持并促进员工的"敬业"。社会交换理论为这种双向关系提供了理论基础。JD-R 模型中的敬业度可以视为是在社会交换理论下的经济和社会情感性资源的交换，当员工从组织得到更多的资源时，他们感觉有义务以更高的敬业度回报组织；但当他们未能从组织中获得足够的资源，他们就会从工作角色中回撤自我，处于不敬业的状态。可以说社会交换理论解释了敬业为什么出现以及为什么员工会改变他们的敬业程度。

3.6.1.6 拓展建构理论

佛瑞德（Fredrickson）提出的拓展建构理论认为，积极情绪体验具有两大核心功能：拓展功能与建构功能，它们不但促进个体的幸福且均有利于个体的成长和发展，具有长期的适应价值。其中拓展功能是指积极情绪能拓展个体即时的思维—行动范畴，包括拓展个体注意、认知、行动等的范围；建构功能是指积极情绪能构建个体持久的资源（Fredrickson，2001）。拓展建构理论为敬业度与积极产出的关系提供了理论基础，该理论解释了为什么员工敬业会引发积极产出（幸福、健康、高工作绩效等）。

3.6.1.7 社会认知理论

美国心理学家班杜拉（Bandura）提出了阐释人类心理机能的社会认知理论。社会认知理论重要的理论基础是三元交互决定论的人性假设。三元交互决定论认为，行为、人的内部因素和环境三者彼此是相互联系、相互决定的。社会认知理论认为，人们不只是由外部事件塑造的有反应性的机体，而且还是自我组织的、积极进取的、自我调节的和自我反思的。换句话说，人类是具有自我反思和自我调节能力的，人类不仅是环境的消极反映者，而且还是环境的积极塑造者。社会认知理论为员工能够改变自身敬业度提供了理论基础，解释了为什么不同特质的人表现出的敬业度不同。

3.6.2 理论模型

3.6.2.1 工作要求—工作资源模型

工作要求—工作资源模型产生于职业健康、工作应激、工作倦怠研究领域，在工作要求—控制模型和努力—报酬非均衡模型的基础上发展而成。德莫柔蒂首先提出了 JD-R 模型，认为每种职业都包含着独特的与工作压力相关的因素，这些因素可以归为工作要求与工作资源两个维度；工作要求过高时将导致失望、焦虑、倦怠等消极情绪；工作资源缺乏将直接导致不敬业。这两种消极的情感体验将削弱工作绩效、工作满意度等积极的产出变量（Demerouti，2001），如图 3.3 所示。

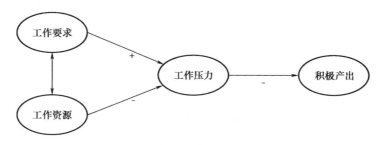

图 3.3　德莫罗提出的 JD-R 模型

司考佛利和贝克将反映员工自我与工作角色结合程度的敬业度概念引入 JD-R 模型，从而完善了德莫柔蒂等人提出的模型，如图 3.4 所示，其理论认为，工作资源对敬业度产生积极作用，但并未指出工作要求对敬业度的影响（Schaufeli & Bakker，2004）。

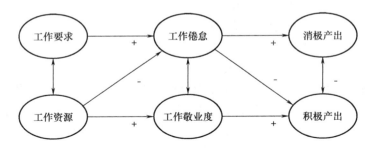

图3.4　司考佛利和贝克完善的JD-R模型

斯安托普罗研究发现，个体资源与工作资源具有交互作用，且个体资源可以独立地作为敬业度的前因变量（以虚线表示），那些乐观、具有高效能、高恢复能力和高自尊的员工能够更好地调动他们的工作资源，在工作中也表现得更加敬业（Xanthopoulou，2007）。基于研究中的各种新发现，斯安托普罗等将个体资源纳入JD-R模型之中，如图3.5所示。

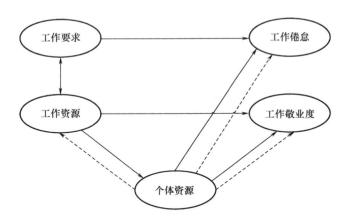

图3.5　斯安托普罗等提出的JD-R模型

贝克和德莫柔蒂对JD-R模型进行了全面的总结与整合，提出了更加完备的JD-R模型，在此模型中，工作资源和个体资源既可以各自独立地影响敬业度，也可以组合地影响敬业度；当工作要求较高时，工作资源与个体资源对敬业度的积极影响将会增强；敬业度对工作绩效有积极的影响作用；高敬业度所产生的高绩效能促使员工获得更多的资源，而这些资

源将进一步激发员工敬业度，由此形成良性螺旋式上升的循环（Bakker &
Demerouti，2008），如图 3.6 所示。

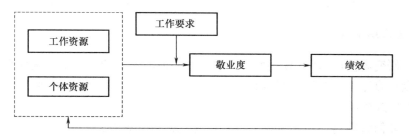

图 3.6 贝克和德莫柔蒂提出的完备的 JD–R 模型

3.6.2.2 个体—工作匹配模型

起初，匹配理论是用来研究组织环境、预测个体结果的，例如，个人—
工作匹配理论认为，组织中的个体层面和组织层面因素的匹配程度会对个
体的态度绩效产生影响。受这一理论的影响，马斯兰将研究重心从工作倦
怠过程中的个体扩展到情景因素上，并提出了个体—工作匹配模型（Job-
Person Fit model，J-P Fit Model），认为个人与工作的匹配程度决定了员
工工作的情绪、情感状态（Maslach，2001）。他们从工作的六个因素（工
作负荷、自主性、报酬、社区和社会支持、公平感、价值观）考察工作和
个体的匹配程度对个人工作状态的影响，个体在六个方面越是匹配，敬业
度就越高；越是不匹配，越有可能产生工作倦怠。此外，员工敬业度与工
作倦怠是个体—工作匹配与结果变量的中介变量，如图 3.7 所示。匹配理
论从不同因素共同作用的视角解释了为什么员工敬业度会受到影响。

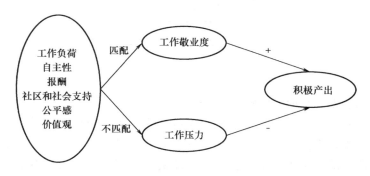

图 3.7 匹配理论对敬业度的解释

无论是工作要求—工作资源模型还是个体—工作匹配模型都只是启发性的、描述性的框架而不是理论性的、解释性的框架（Schaufeli & Taris，2012）。因此，需要其他的理论模型解释敬业度背后的作用机理。

3.6.3 作用机理

研究者使用 JD-R 模型解释"敬业度的前因变量和结果变量是什么"，但没有真正说清前因变量与结果变量之间的作用机理，以及敬业度在这一过程中起到的作用。

如何解释这些作用机理，学术界有几种研究观点：

3.6.3.1 关键心理状态模型

关键心理状态模型的理论基础是角色理论（Role Theory）。受角色理论启发，凯恩认为，"敬业"取决于员工自我和角色结合的程度，而二者的结合程度又取决于在结合过程中产生的三种关键心理状态感知：意义感、安全感和可获取感。在工作中，员工根据对工作资源的不同认知而产生不同程度的关键心理状态，进而调整自身自我与角色的结合程度并表现出不同程度的敬业状态（Kahn，1999）。凯恩的理论模型如图 3.8 所示。

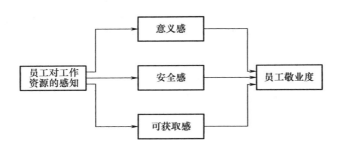

图 3.8　凯恩的关键心理状态理论模型

3.6.3.2 先天心理需要模型

先天心理需要模型是基于自我决定理论中的先天心理需要理论而构建的。自我决定理论认为，社会环境可以通过支持自主、胜任、归属三种基本心理需要的满足来增强人类的内部动机，进而使个体的潜力得到发挥，创造积极的工作产出。

布瑞克构建了员工敬业度的先天生理需要模型：工作资源提高心理需要的满足程度，工作要求降低心理需要的满足程度，员工根据心理需要的满足程度将精力、认知和情感投入工作的程度（Broeck，2008）。布瑞克的研究模型如图 3.9 所示。

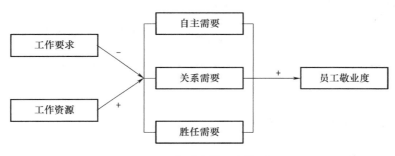

图 3.9　布瑞克的研究模型

3.6.4 小结

（1）基于资源保存理论和社会交换理论，工作要求—工作资源模型（JD-R 模型）解释了敬业度的前因变量和结果变量；JD-R 模型也经历了不断丰富的变化过程；JD-R 模型是目前敬业度研究中广泛使用的模型。

（2）在解释前因变量对敬业度影响的作用机理时，学者提出了基于不同理论基础的关键心理状态模型和先天心理需要模型。在解释敬业度对积极结果变量影响的作用机理时，目前，只有拓展建构理论得到应用，这方面的研究有待加强。

（3）有关敬业度前后作用机理的研究使得 JD-R 模型在理论上更加科学，本书拟基于 JD-R 模型对过往比较疏忽的个人资源对敬业度及其积极产出相关性进行研究。

表 3.7 对已有理论基础及理论模型进行了总结。

表 3.7 敬业度研究理论基础及理论模型

理论模型	理论基础	解释问题
工作要求—工作资源模型	资源保存理论	敬业度的前因变量和结果变量是什么
	社会交换理论	
关键心理状态模型	角色理论	前因变量对敬业度影响的作用机理是什么
先天心理需要模型	自我决定理论	
—	拓展建构理论	敬业度对积极结果变量影响的作用机理是什么

3.7 员工敬业度的提升

3.7.1 商业咨询领域

韬睿公司提出了员工敬业度提升模型（见图 3.10）。他们认为在增强员工敬业度的因素方面，除了员工自身心理因素之外，企业以及企业的管理人员在激发和增强员工投入度上所具备的能力和创造的条件也是至关重要的。员工的心理因素容易改变，但有效的外部激励会对员工心理因素产生正面的影响。如果企业的管理人员能够和员工进行有效的沟通，解答员工心中的六个重要问题，并且采取相应的管理措施，那么员工的敬业程度就会得到有效的提升。

3.7.2 学术研究领域

学术领域里，学者也迫切希望将敬业度相关研究结果应用到实践中去，从而找到提升敬业度的方法以帮助企业提升员工敬业度。

3.7.2.1 人力资源管理战略

组织可使用一系列人力资源管理战略提升员工敬业度（Schaufeli & Salanova，2010）。例如，通过使用工作资源的激励作用优化工作设计进而提升员工敬业度。工作轮换或变换工作也可以提高敬业度水平，因为这些做法可以让员工感受到工作的挑战性，增强员工的工作动机并进一步促进员工的学习和职业发展。

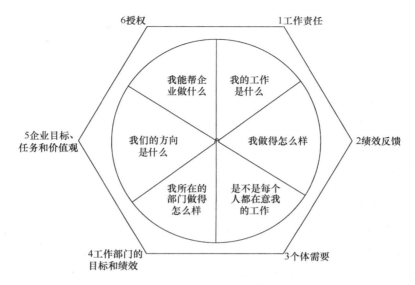

图 3.10 韬睿公司员工敬业度提升模型

3.7.2.2 领导

基于工作敬业度具有"感染力"的特性（Bakker 等，2006），领导也是提升敬业度的一个重要因素。变革性领导关注员工需求，给人以明确的愿景和激励作用，鼓励员工接受知识性挑战，以有效提高员工敬业度。另外，管理者应该更多地关注员工的优势而不是他们的劣势。

3.7.2.3 高效能

组织中旨在提升敬业度的培训项目应该关注如何建立高效能信念。高水平的自我效能可在工作中建立起一种相互促进、螺旋上升的激励力量。它能够提升工作敬业度和工作绩效水平，反过来，这些提升又巩固和加强了高效能信念的建立（Salanova 等，2010）。就某种程度而言，员工的发展是可以贯穿于其职业生涯全过程的，员工的敬业度水平也可以一直保持在一个较高的水平上。员工职业生涯的规划与发展问题，最终要归结到如何确保员工个人与职业的持续发展，以提升员工的可雇佣性问题上。

3.7.2.4 工作技巧

如果需要，敬业的员工会积极地调整他们的工作环境。这种改变可以通过很多方式获得，例如，调整工作的内容和设计；选择特定的工作任务；商定不同的工作内容；确定不同工作的意义等。这种员工积极调整工作的过程被称为"工作技巧"（Wrzesniewski & Dutton，2001）。有研究显示，高敬业度员工很愿意将"工作技巧"作为一种增强工作效率的策略（Bakker，2011）。对"工作技巧"的运用使得员工提高了他们个体与工作的契合度，使他们感觉到工作的更多意义。这些会进一步提升他们的工作敬业度。

3.8 本章小结

通过对敬业度相关文献的梳理，可以发现：

（1）敬业度的研究是人力资源管理和组织行为学研究中的一个热点，其概念、维度、测量的相关研究经历了逐渐趋于统一的过程。其中，司考佛利和他的团队对敬业度的研究最为深入，司考佛利等开发的乌勒支敬业度量表因其信度、效度以及跨文化稳定性较高而在学术界得到广泛的认可和使用，也正因为如此，司考佛利的员工敬业度概念也成为学术界的主流观点。

（2）学术界几乎一直基于 JD-R 模型来研究员工敬业度，该模型基于资源保存理论和社会交换理论描述了敬业度的前因变量和结果变量，且随着学者研究的深入，该模型也在不断丰富的过程中。在解释员工敬业度的作用机理时，学者提出了关键心理状态模型、先天心理需要模型及拓展建构理论。但是值得指出的是，在敬业度对结果变量的作用机理研究方面理论支持仍旧很单薄，有待后续研究的充实。

（3）国内外学者对员工敬业度的前因变量和结果变量进行了一系列的研究。我们在看到这些较为丰富的研究成果的同时，也发现了一些研究空白。首先，在对敬业度的前因变量的研究中，过往研究特别是国内研究比较倾向于对工作因素的探讨而忽略了对个体因素的研究。然而在目前这种多变的、不稳定的工作环境中，员工个体特质对员工行为的影响显得更为重要。其次，基于 JD-R 模型及已有研究，可以看出单纯研究员工敬业度的前因变量或结果变量已不能较为全面地展现敬业度的作用，而同时考虑敬业度前后两因素的关系将成为未来研究的主流。

基于对员工敬业度文献的梳理，笔者认为，员工敬业度是一种与工作相关的、积极的、富有成就感和完满的情绪与认知的状态，其具有精力充沛、热衷奉献和专心致志的特点。本书对员工敬业度的测量将基于乌勒支量表；本书的研究视角将放在员工敬业度的个体因素类前因变量上；本书将研究天职取向、员工敬业度及工作绩效之间的关系，探究员工敬业度在天职取向与工作绩效之间的作用。

4 工作绩效的研究现状及发展

工作绩效（job performance）是对于特定目标达成程度的一种衡量，可以分为个人工作层面、团队工作层面和组织工作层面。不同研究层面中的工作绩效在定义、结构、测量上均存在差别。本书主要关注的是员工个体层面的工作绩效。

4.1 工作绩效的概念

不同学者对于工作绩效的概念界定持不同观点，目前的代表性观点有三类：工作绩效结果观、工作绩效行为观、工作绩效行为—结果观。

4.1.1 工作绩效结果观

站在工作绩效结果观的视角，工作绩效是指员工在特定岗位、特定时间内输出的产物。工作绩效就是结果，结果、成果、产出、成就是同义词。国内外持"工作绩效结果观"的学者对工作绩效概念的界定如表 4.1 所示。

表 4.1　工作绩效的概念（工作绩效结果观视角）

概念提出者	概念
Bernardin & Beatty （1984）	工作绩效是指员工在特定岗位、特定时间内输出的产物
杨杰、方俐洛和凌文铨（2002）	工作绩效是个体或组织在特定的时间内，以某种形式实现的结果
杨蓉（2002）	工作绩效是指员工为了实现目标而采取各种行为的结果，该结果客观存在且可以辨认
李宝元（2002）	工作绩效是指员工在生产效率，生产质量和服务质量等方面的表现和成绩
彭剑锋（2003）	工作绩效反映的是员工从事某一工作的成绩和结果

20 世纪 60 年代，工作绩效结果观开始受到学者的质疑，将工作绩效

视为结果是否合适的问题引起了大家的讨论。在实践中，对于管理者或者知识工作者而言，工作是难以量化的，因此工作绩效结果观就显得不够科学；另外，员工在完成工作目标时，为了克服不同的困难所投入的时间、精力各不相同，有的工作可能与直接实现工作目标的相关性并不太大但却对组织有益，这时如果单纯看结果会造成评价中的不公平；同时单纯视绩效为结果容易引起短视行为，让员工急功近利。

4.1.2 工作绩效行为观

站在工作绩效行为观的视角，工作绩效被视为是可以被观察到的"行为"。而对于这种"行为"，学者的观点分为两派，一派认为这种行为是指那些与组织的产出、结果和目标直接相关的行为；另一派则认为在对绩效进行评估时，无论员工的行为与产出、结果和目标是否直接相关，都应予以考核，例如，组织公民行为、亲社会行为、角色外行为等。国内外持"工作绩效行为观"的学者对工作绩效概念的界定如表 4.2 所示。

表 4.2　工作绩效的概念（工作绩效行为观视角）

概念提出者	概念
Murphy（1989）	工作绩效是指员工所做的与组织目标相关的一套行为
Campbell（1990）	工作绩效是指员工控制的行为而非结果，它是由一组与目标相关的行为组成的
Borman & Motowidlo（1997）	工作绩效是与组织目标相关的行为结构体，具有多维度性、可评估性、间断性
Rotundo & Sackett（2002）	工作绩效是指员工做出对组织目标有贡献的行为
张德（2004）	工作绩效是指员工所做的有利于组织目标实现的行为，该行为可评估、可观测

虽然持工作绩效行为观的学者在工作绩效的概念界定上尚未达成统一，但是对工作绩效研究的深入为后续研究奠定了良好的基础。

4.1.3 工作绩效行为—结果观

站在工作绩效行为—结果观的视角，工作绩效被认为既包含了结果，又包含了实现这些结果的过程。国内外持工作绩效行为—结果观的学者对工作绩效概念的界定如表 4.3 所示。

表 4.3　工作绩效的概念（工作绩效行为—结果观视角）

概念提出者	概念
Michael & Angela（1998）	工作绩效是指行为加结果
Paul & Jane（2004）	工作绩效是员工完成任务的行为、结果和态度之和
饶征和孙波（2002）	工作绩效是方式、行为和结果的总和
韩翼（2007）	工作绩效是一个多维结构，是行为与结果的综合体

　　从实际意义上讲，将绩效界定为"行为与结果"的混合体是很有意义的，它不仅很好地解释了实际现象，而且一个宽松的界定往往使绩效更容易被大家所接受，这对绩效评估与管理是至关重要的。

　　工作绩效的概念界定经历了不同阶段，从单一看重结果到行为再到综合考量结果和行为。虽然定义众多，但是学者都认为工作绩效是一个多维度的概念。

4.2 维度

4.2.1 综述

　　尽管学者均认为，工作绩效是一个多维度的概念，但是在维度的具体划分上并未达成统一。国内外工作绩效维度划分汇总如表 4.4 所示。

表 4.4　工作绩效维度划分汇总表

提出者（年代）	维数	具体维度
Katz & Kahn（1978）	3	参与并留任在组织中、角色内绩效、创新与自发性行为
Campbell（1990）	8	工作特有的任务精熟度、通用的任务精熟度、书面与口头交流熟练程度、努力、遵守纪律、为团体和同事提供便利、监督与领导、管理
Borman & Motowidlo（1993）	2	任务绩效与关系绩效
Motowidlo & Van Scotter（1996）	2	任务绩效和关系绩效（人际促进和献身精神）
Welboume 和 Johnson（1998）	5	工作要求角色的任务绩效、基于组织角色的组织公民行为、基于团队角色的团队行为、基于职业角色的技能、学习和培训、基于创新角色的创新绩效

续表

提出者（年代）	维数	具体维度
孙健敏等（2002）	3	任务绩效、人际绩效、个体特质绩效
王广新（2005）	3	战略绩效、任务绩效、关系绩效
温志毅（2005）	4	任务绩效、努力绩效、人际绩效、适应性绩效
韩翼等（2007）	4	任务绩效、关系绩效、学习绩效、创新绩效
冯明等（2007）	3	任务绩效、关系绩效、适应性绩效
杨洁（2010）	3	任务绩效、人际便利、工作奉献

通过对已有文献的梳理可以看出，对于工作绩效维度划分的研究是一个不断深入和细化的过程，普遍被接受的划分是任务绩效和关系绩效，本书将采用这一划分，即工作绩效包含任务绩效和关系绩效。

4.2.2 任务绩效与关系绩效

在工作绩效维度划分的研究上，将其划分为任务绩效和关系绩效具有深刻意义，这一划分对后来的研究产生了巨大的影响。

4.2.2.1 基础

1964 年，卡特和凯恩（Katz & Kahn）提出了组织公民的概念，随后他们又提出了类似公民绩效的概念。1977 年，奥甘（Organ）指出，工作绩效应包括公民行为。1993 年，史密斯（Smith）基于奥甘的理论提出了组织公民行为的概念。1986 年，布瑞弗和摩托维多（Brief & Motowidlo）提出了亲社会组织行为的概念并认为其应包括自律行为、遵从行为、帮助行为和反生产性行为等四个方面，同年乔治和布瑞弗（George & Brief）提出了组织奉献的概念，并认为其包括保护组织、为组织提供积极建议、帮助同事、自我发展和传播友善等行为。公民绩效、组织公民行为、亲社会组织行为和组织奉献等概念的提出，为工作绩效的二维划分奠定了基础。

4.2.2.2 提出

1993 年，伯曼和摩托维多（Borman & Motowidlo）在以美国空军技师为样本的实证研究基础上，以公民绩效、组织公民行为、亲社会组织行为和组织奉献等概念为基础，首次提出将工作绩效分为任务绩效和关系绩效。其中，任务绩效是指在组织中与特定工作有关的行为或组织明确规定的行为，具体包括将原材料直接转化成产品或服务的行为，以及为确保组织有效运行而提供的各种辅助服务行为；关系绩效是指自发性或自愿性行为，例如，组织公民行为、亲社会组织行为、组织奉献精神或与本岗位职责要求无关的行为等。

任务绩效和关系绩效既是相互独立的，又是相互联系的。任务绩效是指工作任务的完成情况，即在职务说明书中所规定的绩效，是员工通过直接的生产和服务对组织目标完成做出的贡献，是传统绩效评价的主要成分。关系绩效是指一种有助于完成组织工作的心理和社会关系行为，它主要测量组织成员在工作职责以外具备的某些品质特征。为了检验工作绩效的二维结构，康威（Conway）采用验证性因素分析法对任务绩效和关系绩效的效度进行了分析，结果显示二者是绩效的独立组成成分。同时，也应看到任务绩效与关系绩效的联系，首先，关系绩效对任务绩效的完成起到了重要的支持作用，特别是在注重团队合作的组织中，关系绩效更是为提升整个组织的有效运行起到了重要的支持作用。其次，任务绩效和关系绩效都有助于提高组织的整体效率和运行效率。

4.2.2.3 实证研究

伯曼和摩托维多的研究显示，当主管评价下属的工作绩效时，任务绩效和关系绩效几乎是同等重要的（Borman & Motowidlo，1997）；斯考特和摩托维多分析关系绩效时将其分为两个维度：人际促进和献身精神（Van Scotter & Motowidlo，1996）；康威的研究发现，关系绩效对工作绩效的贡献超过了任务绩效对工作绩效的贡献（Conway，1999）；摩托维多的研究发现，个人的能力能很好地预测任务绩效，个性能很好地预测关系绩效（Motowidlo，1997）；王辉、李晓轩和罗胜强的研究表明，任务绩效和关系绩效的构成不同。在后续研究中，研究者还在不断扩充着工作绩效的内涵（王辉等，2003）。1997年，奥沃茨（Allworth）等人首次提出适应性绩效的概念并证实了适应性绩效独立存在于任务绩效和关系绩效之外。兰顿和莫恩（London & Mone）在对工作绩效的研究中加入了学习绩效（London & Mone，1999）；哲森和万伯仁（Janssen & Van Yperen）在研究中证实工作绩效还应该包括创新绩效（Janssen & Van Yperen，2004）。

工作绩效维度的研究过程是一个不断深入的过程，这种深入主要体现在对非任务绩效的研究上。目前，被广泛接受的工作绩效维度划分是二维结构即任务绩效和关系绩效，本书也将采取这种划分方式。

4.3 测量

学者根据各自对于工作绩效结构的认识设计了测量量表，如表4.5所示。

表4.5　工作绩效结构测量统计表

量表测量内容	量表开发者（时间）
任务绩效	Williams & Anderson（1991）
	Borman & Motowidlo（1992）
	Campbell（1986）
	温志毅（2005）
	韩翼和廖建桥（2007）
关系绩效	Borman & Motowidlo（1992）
	Scotter & Motowidlo（1996）
	温志毅（2005）
	韩翼和廖建桥（2007）
组织公民行为	Williams & Anderson（1991）
学习绩效	London & Mone（2004）
	韩翼和廖建桥（2007）
创新绩效	Janssen & Van Yperen（2004）
	韩翼和廖建桥（2007）

在测量任务绩效时被学者广泛使用的量表是威廉和安德森（Williams & Anderson）提出的，由7个测量项目组成的量表，该量表由员工的直接领导给予评价，采用7点李克特计分方式。本书中对任务绩效的测量采用威廉和安德森的任务绩效量表（Williams & Anderson，1991）。在测量关系绩效时得到广泛使用的是斯考特和摩托维多开发的包含了两个维度共15个题项的量表（Scotter & Motowidlo，1996）。其中，人际促进维度量表包括7个题项；献身精神维度量表包括8个题项。本书对关系绩效的测量也使用此量表。

4.4 员工敬业度与工作绩效的关系

工作绩效是管理学研究中的一个重要的结果变量。从理论上讲，员工敬业度与工作绩效具有正相关关系，即员工敬业度越高，员工的工作绩效越高。

首次提出员工敬业度概念的学者凯恩的研究结果显示，员工敬业度对员工的工作绩效有直接和显著的影响，且这种影响要大于员工满意度和工作卷入对工作绩效的影响（Kahn，1990）。凯恩的这种观点得到了胡一（Huy，1999）以及瑞佛利和沃利安（Rafaeli & Worline，2001）研究的支持。

萨克在实证研究中发现，工作敬业度与工作满意感存在显著相关，组织敬业度与组织承诺、离职倾向、组织公民行为存在显著相关（Saks，2006）。

在贝克和德莫柔蒂构建的理论模型中，员工敬业度对员工的角色外绩效有着积极的影响（Bakker & Demerouti，2008）。

国内学者也对员工敬业度与工作绩效的关系进行了研究。

邵娟通过对170名高科技企业的中层管理者进行实证研究后，提出高科技企业中层管理者的敬业度对其工作绩效不但有显著的直接正向影响，而且还能通过中层管理者自我效能的中介作用对绩效发挥间接影响；当中层管理者对工作有更多的认知并在工作过程中投入更多的情感时，他将有更大的信心和更坚定的信念在其所在的部门里塑造敬业的工作团队，敬业的工作团队必然会有很高的团队绩效（邵娟，2007）。

霍苑渊的研究表明，员工敬业度对员工的工作绩效具有重要的影响，对员工的任务绩效和组织公民行为都有显著的正向影响（霍苑渊，2008）。

曾晖和赵黎明通过对酒店行业的402名一线服务人员进行实证研究后认为，酒店行业一线服务人员的敬业度和其工作绩效呈显著正相关关系。他们的研究表明，员工的敬业度高意味着其对公司的忠诚度高；敬业的员工数量越多，公司的员工流失则越低，公司用于招聘、培训新员工的费用就越少；员工的敬业度高同时意味着其在公司需要时能积极主动地在工作上付出额外的个人努力，为公司的发展做出更大贡献。此外，员工的敬业度高还意味着员工在服务顾客时更加热情、认真和有耐心（曾晖和赵黎明，2009）。

张同健等采用问卷调查的方式，对浙江和江苏两省的300名民营企业高层管理者进行实证研究，以探讨雇主互惠性、员工敬业度和员工绩效的关系，研究结果表明，雇主互惠性（包括互惠性动机和互惠性行为）和员工敬业度呈正相关关系；员工敬业度和员工绩效呈正相关关系；雇主互惠性在员工敬业度和员工绩效之间发挥中介作用（张同健等，2009）。

曾晖等研究发现，敬业度与绩效关系密切。工作中的精力充沛感会让员工有效地处理与工作有关的要求，而且对员工的幸福感有积极的影响（曾晖等，2009）。

方来坛等研究发现，员工敬业度、整体工作绩效、任务绩效、关系绩效和工作满意度显著正相关。工作绩效在员工敬业度与工作满意度的关系中起完全中介作用。员工敬业度通过影响工作绩效，进而影响员工的工作满意度（方来坛等，2011）。

郭涛研究发现，高校教师敬业度与工作绩效具有中等相关关系（郭涛，2012）。

也有相关研究持不同观点，萨拉诺娃的研究结果显示，员工敬业不能直接预测员工的工作绩效，需要借助中介变量"服务气氛"才能对工作绩效产生正向的影响（Salanova，2005）。

随着员工敬业度的重要性在实践领域和理论领域逐渐被认识，员工敬业度与工作绩效的关系也逐渐成为研究的热点。过往的研究基于不同的研究对象对二者的关系进行了一定的研究，结论也比较一致，均认为员工敬业度对工作绩效有积极的影响。

4.5 本章小结

通过对工作绩效文献的回顾与梳理，我们可以得到以下认识。

（1）工作绩效是管理学研究中重要的结果变量，对其概念的界定经历了不同的发展阶段，虽然在概念上尚未达到统一，但是学者们均认为其是一个多维概念。

（2）对工作绩效维度的划分经历了不断深入的过程，从最初的单一维度到任务绩效和关联绩效的二维结构，再到后来的不断丰富。其中，影响最为广泛的是伯曼和摩托维多提出的二维结构。

（3）已有员工敬业度与工作绩效的关系研究结论较为一致，均认为员工敬业度对工作绩效具有积极的预测作用。

本书对工作绩效的定义主要使用伯曼和摩托维多对工作绩效的定义和分类，即基于工作绩效的二元结构理论，关注员工的任务绩效和关系绩效，其中，关系绩效又分为人际促进和献身精神两个维度。

5 研究假设与理论模型

5.1 研究假设的提出

本书拟研究天职取向与任务绩效、人际促进和献身精神的关系，并引入员工敬业度作为中介变量，构建天职取向影响工作绩效的理论模型。在构建模型中各变量间关系时，主要以社会认知理论和社会交换理论作为理论基础。

社会认知理论认为，人们不只是由外部事件塑造的有反应性的机体，而且还是自我组织的、积极进取的、自我调节的和自我反思的。换句话说，人类是具有自我反思和自我调节能力的，人类不仅是环境的消极反映者，而且还是环境的积极塑造者。

社会交换理论主张从人与社会互动的角度对人类的行为进行解释。该理论认为，人类的行为出于对交换的考虑，在相互依赖的互惠行为中，双方都有义务付出。就员工敬业度而言，员工对组织持积极的态度，对工作付出敬业的行为，愿意为组织的目标提高绩效，同时组织也有义务从资源上维持并促进员工的"敬业"。基于社会认知理论，员工在工作中具有学习、自省和自我调节的能力。员工的天职取向会影响员工的行为从而产生不同水平的工作绩效。基于社会交换理论，持天职取向的员工会与组织形成情感交换关系，将追寻人生意义与为组织做贡献内化至行为中，从而产生较高的绩效。

5.1.1 天职取向与工作绩效的关系

天职取向与工作绩效的关系属于个体特质与工作绩效关系的范畴。现有天职取向对工作变量的研究多集中于工作满意度、职业认同等。真正对于天职取向与工作绩效关系的实证研究凤毛麟角，已有相关研究多集中在天职取向与员工工作满意度的关系上。例如，戴维森和卡戴尔（Dividson & Caddell，1994）、海奥和森德勒（Hall & Chandler，2005）以及窦布（Dobrow，2007）的研究都发现持天职取向的人拥有更高水平的工作满意度。瑞兹尼维斯奇的研究表明，天职取向对工作满意度的影响非常显著（Wrzesniewski，

1997）。弗瑞德（Freed）的研究表明，不同工作价值取向者，其工作满意度也不同，满意度从低到高依次为工作取向、事业取向和天职取向（Freed，2002）。彼得森研究发现，天职取向与生活满意度中度正相关，与工作满意度高度正相关（Peterson，2009）。中国学者赵敏和何云霞的研究发现，持天职取向的教师工作满意度最高（赵敏和何云霞，2010）。于松海等的研究也显示，持天职取向的特殊教育教师工作满意度最高（于松海等，2013）。本书基于社会认知理论和社会交换理论，认为天职取向程度高的员工会积极主动地在工作中寻找人生的意义，而这些有利于形成高水平的工作绩效。结合实际更进一步认为，天职取向程度高的员工工作是为了追求工作的意义和人生的价值，工作的动机更大程度上来自自身内部，这种员工在工作上更加自觉、主动、积极，无形中将实现自我价值和为企业贡献力量合二为一，认真的态度将导致认真的行为进而取得高水平的任务绩效；同时由于天职取向具有亲社会性，因此天职取向程度高的员工更加愿意付出组织公民行为，例如，人际促进和献身精神。因此本书提出如下假设:

假设 1： 天职取向对任务绩效有影响，员工天职取向越强，其任务绩效水平越高。

假设 2： 天职取向对人际促进有影响，员工天职取向越强，其人际促进水平越高。

假设 3： 天职取向对献身精神有影响，员工天职取向越强，其献身精神水平越高。

5.1.2 天职取向与员工敬业度的关系

本书中员工敬业度是指一种与工作相关的、积极的、富有成就感和完满的情绪与认知状态，具有精力充沛、奉献精神和专心致志的特点。由于天职取向和员工敬业度在组织行为学中都是较新的概念，所以已有的研究中关注天职取向与员工敬业度关系的很少。赛柔研究发现，持天职取向的教师在工作中更有可能做出个人牺牲，也愿意将业余时间投入工作（Serow，1994）。麦克格雷指出，天职取向者对工作有一种热情，能从内心深处感受到真实的自我（McGree，2003）。费驰和窦米的研究表明，持天职取向的人更具有工作激情与责任感（French & Domene，2010）。根据已有研究不难看出，持天职取向的员工更可能经历积极的情绪体验。而且从已有研究还可知道，研究者对于天职取向与工作满意度关系研究的结论较为一致，都认为二者存在正相关关系。而就已有的工作满意度与员工敬业度关系的研究可知，二者是两个独立概念，虽然敬业度高的员工通常均具有较高的工作满意度，但是工作满意度高的员工不一定具有较高的敬业度。鉴于上述理论，探讨天职取向与员工敬业度的关系有其理论价值和研究必要性。本书基于社会认知理论和社会交换理论，认为天职取向程度高的员工会更多地在工作中经历积极、完满的情绪体验，敬业度的水平也更高。因此本书提出如下假设：

假设 4：天职取向对员工敬业度有影响，员工天职取向越强，其敬业度水平越高。

5.1.3 员工敬业度与工作绩效的关系

对于员工敬业度与工作绩效关系的研究成果比较丰富。贝克和德莫柔蒂的研究发现，员工敬业度对员工的角色外绩效有着积极的影响（Bakker & Demerouti，2008）。邵娟通过对 170 名高科技企业的中层管理者进行实证研究后提出，高科技企业中层管理者的敬业度对其工作绩效不但有显著的直接正向影响，而且还能通过中层管理者自我效能的中介作用对绩效发挥间接影响（邵娟，2007）。曾晖和赵黎明通过对酒店行业的 402 名一线服务人员进行实证研究后认为，酒店行业一线服务人员的敬业度和其工作绩效呈显著正相关关系（曾晖和赵黎明，2009）。张同健等的研究结果表明，员工敬业度和员工绩效呈正相关关系（张同健等，2009）。方来坛等研究发现，员工敬业度、整体工作绩效、任务绩效、关系绩效和工作满意度呈显著正相关；工作绩效在员工敬业度与工作满意度的关系中起完全中介作用；员工敬业度通过影响工作绩效，进而影响员工的工作满意度（方来坛，2011）。从已有研究不难看出，虽然尚无针对知识型员工这一特定的研究对象进行的相关研究，但是研究者的研究所得结论较为一致，都认为员工敬业度与工作绩效呈现正相关关系。结合知识型员工工作的实际，有以下推论：①敬业的员工常常经历积极的情绪（幸福、愉悦和热情洋溢等），这些积极的情绪可以激发人们思考和行动，从而习得更多的新知识与新技术，而这些新知识、新技术又可以促进员工高工作绩效的获得；②敬业的员工身心更健康，这意味着他们缺勤少，更能集中精力于工作之上从而拥有更高的生产效率；③敬业使人思想开明且更愿意接受不同意见，这有利于对信息的整合与处理，同时敬业也能让人处在一种"时刻准备好"的状态中，这种状态作用于个体的积极性中，可以使员工产生更高的绩效。因此本书提出如下假设：

假设 5：员工敬业度对任务绩效有影响，员工敬业度水平越高，其任务绩效水平越高。

假设 6：员工敬业度对人际促进有影响，员工敬业度水平越高，其人际促进水平越高。

假设 7：员工敬业度对献身精神有影响，员工敬业度水平越高，其献身精神水平越高。

5.1.4 员工敬业度的中介作用

天职取向是一个人对待工作目的的认知，工作绩效是一个人工作的结果，引入员工敬业度作为中介变量就是想探究认知与结果的作用机制，即认知是如何最终转化为结果的。过往的研究中也有很多研究者将员工敬业度作为中介变量，即同时考察敬业度与其前因变量和后果变量的关系。萨克的研究发现，当工作敬业度和组织敬业度被控制后，由敬业度的前因变量引起的各种结果变量的变化程度会被明显削弱，特别是与结果变量中的组织承诺、离职意愿和指向个人的组织公民行为的关系会削弱到不显著的程度（Saks，2006）。克依苏的研究发现，员工敬业度可以预测个体的工作结果，如工作满意度、离职意愿以及正性心理效能，敬业度在职业生涯经历和这些结果之间起到中介作用（Koyuncu，2006）。驰敖的研究发现，员工敬业度在结构授权和组织承诺间扮演着中介的角色（Cho，2006）。霍苑渊的研究发现，员工敬业度是工作特征和工作绩效之间的中介变量（霍苑渊，2008）。李伟和梅继霞研究发现，工作投入在内在动机对员工绩效的影响活动中具有部分中介作用（李伟和梅继霞，2012）。范素平研究表明，员工敬业度在组织支持感与工作绩效间起中介作用（范素平，2012）。以上研究均表明，员工敬业度在前因变量与结果变量之间具有中介作用，有助于我们更深一步地认识其前因变量和结果变量的关系。因此本书提出如下假设：

假设 8：员工敬业度在天职取向与任务绩效之间具有中介作用。

假设 9：员工敬业度在天职取向与人际促进之间具有中介作用。

假设 10：员工敬业度在天职取向与献身精神之间具有中介作用。

5.1.5 研究假设汇总

本书在文献综述和理论分析的基础上，结合实际提出了需要检验的假设，共 10 个，如表 5.1 所示。

表 5.1　研究假设汇总

研究假设
假设 1：天职取向对任务绩效有影响，员工天职取向越强，其任务绩效水平越高
假设 2：天职取向对人际促进有影响，员工天职取向越强，其人际促进水平越高
假设 3：天职取向对献身精神有影响，员工天职取向越强，其献身精神水平越高
假设 4：天职取向对员工敬业度有影响，员工天职取向越强，其敬业度水平越高
假设 5：员工敬业度对任务绩效有影响，员工敬业度水平越高，其任务绩效水平越高
假设 6：员工敬业度对人际促进有影响，员工敬业度水平越高，其人际促进水平越高
假设 7：员工敬业度对献身精神有影响，员工敬业度水平越高，其献身精神水平越高
假设 8：员工敬业度在天职取向与任务绩效之间具有中介作用
假设 9：员工敬业度在天职取向与人际促进之间具有中介作用
假设 10：员工敬业度在天职取向与献身精神之间具有中介作用

5.2 理论模型的构建

　　基于社会认知理论和社会交换理论，受 JD-R 研究框架的启发，构建了本书的理论模型，试图探讨天职取向与工作绩效的关系，并对二者的影响机制一并进行研究，如图 5.1 所示。

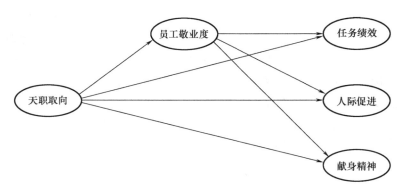

图 5.1　本书的理论模型

5.3 本章小结

本章首先对社会认知理论和社会交换理论进行了阐述，为本书中提出的假设提供了理论基础；其次，阐述了天职取向与工作绩效、天职取向与员工敬业度、员工敬业度与工作绩效的关系，以及员工敬业度的中介作用，在梳理了以往研究结论的基础上提出了相应的研究假设；最后，构建了理论模型。

6 研究设计与预调查

6.1 预调查目的

本书预调查的研究目的是在对国内外文献资料研究的基础上，对研究中变量进行定义并形成初始问卷，然后对初始问卷进行项目分析、信度、效度检验，并根据相关分析结果对初始问卷进行修订，最终形成正式调查问卷。

6.2 预调查内容

本书预调查的主要内容有三个方面。

首先，形成初始问卷，具体步骤为：①阐明本书初始问卷设计的原则；②在大量文献调研的基础上，提出中国文化背景下相关研究变量的构想，并结合成熟问卷，通过"翻译—回译"技术编制初始问卷；③请相关领域专家对初始问卷进行分析，对每个构面的测量题项进行分析、讨论，根据分析结果对初始问卷进行修订；④明确文中设计变量的定义并形成最终进行预调查所需的初始问卷。

其次，进行预调查的数据收集和分析，具体步骤是：①设计预调查数据收集方法，设计中考虑避免共同方法变异（Commom Method Variance，CMV）问题；②向被试者了解问卷是否存在理解障碍、歧义以及调查方式是否被接受等问题；③运用统计工具 SPSS 对预调查数据进行分析，主要分析内容为数据分布、题项鉴别力分析、初始问卷的信度、效度，依据分析结果对初始问卷进行修订。

最后，在前面对初始问卷修订的基础上，对问卷进行最终排版，形成正式问卷，为后续正式调查做好准备。

6.3 问卷设计的原则与过程

6.3.1 问卷设计的原则

6.3.1.1 问卷基本内容

在设计问卷时首先要明确问卷的基本内容，根据问卷设计的要求，问卷应该包括：①问卷的总标题，即对调查主题的高度概括。②问卷说明，即以信函形式对调查的目的、意义及有关事项进行说明。③问卷填写要求，即以文字和符号对要做答的题目提出要求。④问卷调查主题内容，即由若干问题和答案来表达研究者想要了解的基本内容，这是问卷中最重要的部分。⑤被试者基本情况。⑥必要说明，在问卷的最后用简短的语言对被试的合作表示真诚地感谢。

6.3.1.2 问卷设计基本原则

针对问卷设计时的基本原则，很多学者都提出了为保证问卷的可靠而应在问卷设计时注意的事项，本书归纳如下：①沿用成熟量表时要确认量表的适用性和可行性；②翻译西方量表时要确保翻译质量，并做前期测试；③设计问题应该简单、清晰、明确，问卷不宜过长；④避免使用双重意义的词句、诱导性的词句以及需要依赖记忆方可回答的问题；⑤封闭式问卷结构要注意答案的完备性和互斥性；⑥要考虑被试者是否愿意回答以及是否能够回答。

6.3.1.3 对共同方法变异的规避

在管理学研究领域，研究者常通过让被试者填写自陈式（self-report）量表收集数据并加以分析。这些收集的数据中常包含研究框架中的自变量和因变量，而且在数据的收集过程中常以单一试卷向同一被试者进行收集，这种做法会使得研究中出现共同方法变异问题。共同方法变异会不当地膨胀或减弱变量间的关系，致使统计上的显著性增高或降低，影响对假设的检验，从而可能犯第一类型错误（type I error）或第二类型错误（type II error）。避免共同方法变异问题主要通过事先预防和事后检测补救两种方法，而二者相比之下又以事先预防处理的方式较佳。

由于本书中预填答的问卷均为自陈式量表，且题型极为一致，皆为李克特5分量表（Likert 5-level scale），所以很可能出现共同方法变异的问题。因此，在问卷设计阶段对规避共同方法变异加以考虑。本书在预调查阶段拟用以下方法避免共同方法变异的出现。

（1）避免同源偏差（single source bias）。同源偏差是指被试者在填写问卷的过程中，可能因为信息的类化，致使答案的结果呈现构面间的相关性膨胀（inflation），即共同方法变异所导致的偏差（Avolio 等，1991）。本书中避免共同方法变异的具体做法为使用数据来源隔离法，即将数据区分成不同的收集来源，回收之后依据研究目的加以配对组成一份完整问卷。

（2）避免社会称许性反应偏差（social desirability response bias）。在任何一个社会，都有被公众认可的道德标准和行为准则。若问卷中的问题触及了这些标准和准则，被试者很可能会启动自我保护或自我服务的动机，使其从社会期望值的角度回答问题，而不展露自己的真实想法，这就是社会期望反应偏差。保胡斯（Paulhus）认为，为了满足社会期望而扭曲的答案趋向有两种表现形式。其一是真实然而被夸大了的正面的自我表达，其二是印象管理（impression management）即有意识地改变自己的意见或行为去取悦他人（Paulhus，1991）。研究中我们不希望出现社会称许性反应偏差，因为这会使得某些题项得到符合社会期望而非被试者真实情况的答案。保胡斯研究指出，在非匿名条件下印象管理分数显著高于匿名条件下的分数（Paulhus，1984）。因此，本书中避免社会称许性反应偏差的具体做法是，被试者均匿名填写问卷并在问卷说明部分强调对结果的保密性。

6.3.2 问卷设计的过程

本书问卷设计主要包括文献回顾、翻译—回译、修订题项和简单测试四个部分。

6.3.2.1 文献回顾

通过文献回顾，梳理不同学者对同一构面的研究结果，主要包括研究视角、定义内涵、测量方法等；对过往研究结果进行评价与分析；明确本书研究中所涉及构面的定义。

6.3.2.2 翻译—回译

在文献回顾的基础上，选择被研究者广泛接受的成熟经典量表并进行翻译，为克服语言上的局限性，尽量保证翻译的准确性，采用了被广泛接受的回译法（back translation），回译即用两组不同的研究人员分别翻译同一个量表（Brislin，1980）。具体做法为现有作者及一名人力资源管理专业博士生将量表英译中，然后由另一位相关翻译专家将量表再中译英，最后所有翻译人员共同研究在双重翻译中产生的差异并进行修订，从而形成初始问卷。

6.3.2.3 修订题项

与两位人力资源管理领域里的专家一同对初始问卷进行分析，合并意义重复的题项；删除表述不清、恐有歧义以及不符合中国文化背景的题项；再次明确定义与测量题项之间的同一关系。然后请一位心理学专家对修订后的初始问卷进行测评，最后经反复斟酌、推敲形成预调查问卷。

6.3.2.4 简单测试

在预调查之前，请五位知识型员工进行简单测试，主要目的是进行预调查前的最后一次问卷把关，重点观测预调查问卷是否存在理解上的困难或者歧义。

6.4 变量的定义及其测量

在对本书中研究的相关变量进行定义之前，先对名称进行统一。管理科学就是用抽象的构面、以理论的形式把管理现象表示出来。构面是一种概念，也是一种变量，它是抽象的、潜在的、不可直接观察的。由于构面是不可观察的，所以我们需要使用可以观察的变量对构面进行测量，这些可观察的变量便称为指标。构面可以分为单维构面（unidimensional construct）和多维构面（multidimensional construct）。指标则根据对构面的不同表示方法分为构成型指标（formative indicator）和反映型指标（reflective indicator）。

在研究中，研究者会对同一概念在不同领域里使用不同的称谓。当探讨理论和模型时，研究者习惯使用构面和指标；当分析测量工具时，研究者习惯使用变量和题项；在使用结构方程模型进行分析时，研究者习惯使用潜变量和观察变量。本章主要探讨变量的定义和测量，所以统一使用变量、题项的称谓。

6.4.1 天职取向的定义及测量

本书将天职取向定义为一种工作价值取向，持天职取向的人认为，工作是其人生不可分割的一部分，工作的目的是为了获得深刻的意义感，天职取向是一个人内在激励和职业成功的源泉。可以从三个方面进一步理解天职取向的定义：第一，天职取向是人们对工作价值与期望的主观定位；

第二，天职取向具有意义性；第三，天职取向具有激励作用。这里要进一步明确的是天职取向是人们的主观想法，是一种对待工作的态度，意义感是其本质特征。而工作中展现的激情、投入等是天职取向的积极结果，它们并不属于天职取向的定义范畴。

通过第二章中对天职取向文献综述的梳理、研究与分析，本书认为，天职取向是单维构面，其本质特征就是意义感。在对天职取向的测量上，瑞兹尼维斯奇编制的天职取向量表因简单易行而得到最广泛的应用，且后续很多研究者自行编制的天职取向量表中的测量题项也多来自此量表。此量表虽得到广泛认可，但是经过文献研究发现，除了因素分析以外，瑞兹尼维斯奇等未对量表进行任何心理测量学的验证。另一份被认为比较完整的天职取向量表为窦布的 CQ12 问卷，窦布通过对 1 275 名参与者七年的纵向跟踪，开发了含有 12 个题项的天职取向量表并进行了严格的心理测量学检验，但是有必要指出，该量表在开发时借鉴了工作投入、敬业度等量表的题项，量表的题项中不仅体现了对天职取向的测量，还涵盖了对天职取向结果的测量。

在选取量表时有两个基本原则是不可忽视的，第一，量表的成熟度。成熟的量表在被反复使用中可体现其对所代表的构面的贴切测量（效度），以及相关构面的稳定性和准确性（信度）。第二，量表的适用性（applicability）。这种适用性包括三个方面：①概念上的适用性：是否准确测量了研究者想要测量的构面；②文化上的适用性：是否为被试广泛理解和接受；③样本上的适用性：是否适用于研究中的被试群体。

按照上述原则，经过严格的翻译、回译、专家讨论和修订题项，最终确定预调查中使用的天职取向量表如表 6.1 所示。

表 6.1　天职取向量表

变量	操作性定义	题项内容	参考依据
天职取向	一种工作价值取向，持天职取向的人工作的目的是为了获得深刻的意义感。	QX1：我热爱我的工作	Dobrow（2010）Wrzesniewski 等（1997）
		QX2：我的工作带给我巨大的个人满足感	
		QX3：我觉得我从事的工作是命中注定的	
		QX4：如果我没有投身于我的工作，那么我将失去很多存在的意义	
		QX5：我的工作让世界更美好	

天职取向是单维构面，天职取向量表包含5道题目；题目编码用"取向"的拼音首字母加上数字代表，分别为 QX1 至 QX5；量表为李克特自评式量表，采用五点记分，"1 为非常不符合、2 为比较不符合、3 为有点儿符合、4 为比较符合、5 为非常符合"；量表中五个题项均以陈述句形式出现，要求被试者根据个人实际情况，按照五点记分原则，对每一个题项进行单项选择。

6.4.2 员工敬业度的定义及测量

本书将员工敬业度定义为一种与工作相关的、积极的、富有成就感和完满的情绪与认知状态，包含三个层面的因素，分别是生理层面、情感层面和认知层面。三个层面分别具有精力充沛、奉献精神和专心致志的特点。可以从三个方面进一步理解此定义：第一，员工敬业度是与工作相关的，探讨的是工作领域的问题；第二，员工敬业度是一种积极的情绪体验；第三，员工敬业度是一个三维概念。

在对员工敬业度的测量上，司考佛利开发的简单且可靠的量表乌勒支得到广泛认可与使用，该量表在信度、效度以及跨文化稳定性上都得到了验证。值得一提的是乌勒支量表有三个版本，分别是乌勒支 –17、乌勒支 –9 和乌勒支 –S。其中，乌勒支 –S 是用于测量学生学习敬业度的，所以在这里不再赘述。乌勒支 –9 是乌勒支 –17 的简化版（short version），司考佛利在 2003 年 11 月出版的乌勒支敬业度量表使用手册（UWES Preliminary Manual）中，报告了一系列对该量表进行的心理学测量检验的数据，以帮助并指导后续研究者选择并使用乌勒支敬业度量表。特别要指出的是，该检验数据是通过对跨国跨行业的样本分析得出的，具有很高的参考价值。

本书在对员工敬业度量表的选择上也充分参考了手册中的数据。由于乌勒支敬业度量表已经是很成熟的量表，所以在使用时的主要问题并不是是否使用，而是使用哪一个版本。本书在选取时参考了如下数据：首先，在乌勒支敬业度量表使用手册中，研究人员首先对乌勒支 –17 和乌勒支 –9 分别进行了内部一致性检验，得出的数据是乌勒支 –17 的内部一致性为 0.93（N=12 161）；乌勒支 –9 的内部一致性为 0.90（N=12 631），说明两个版本的量表的内部一致性都非常好。其次，通过验证性因子分析判断因子结构，数据显示对于乌勒支 –17 而言，三因子结构要优于单因子结构；

而对于乌勒支 –9 而言，三因子结构和单因子结构一样好。而同结构下相比乌勒支 –9 的模型拟合度要优于乌勒支 –17，基于此证明乌勒支 –9 具有更好的效度。最后，检验内部相关性，数据显示无论是乌勒支 –17 还是乌勒支 –9 都存在很高的内部相关性，相对活力—奉献、奉献—专注、活力—专注三个相关，乌勒支 –17 分别为 0.93，0.85，0.86；乌勒支 –9 分别为 0.96，0.84，0.79。这也同克里斯丁等人的研究结论一致。同一构面中不同维度的高度相关性会在数据分析过程中引起严重的多元共线性问题，从而使研究结果出现误差。所以在分析数据时比较科学的选择应该是乌勒支 –9 单因子结构。

　　手册中，司考佛利等研究人员就数据分析得出的比较结果做出如下总结：①使用乌勒支对员工敬业度进行测量时，既可以将员工敬业度视为单维构面也可以将其视为三维构面；②考虑到员工敬业度作为一个整体进行测量时的内部一致性也很高，而若以三个维度进行测量时维度间超高的相关性，选择单维模型更加合适。最后，司考佛利等研究人员做出了如下指导意见：①尽管从心理测量的角度看员工敬业度由三个维度组成，但由于三个维度存在高度相关，考虑到数据分析的需要，应该将员工敬业度测量的分数视为一个整体。②当一个研究的关注焦点是员工敬业度的不同维度时，可以使用三维量表；而当研究者仅对敬业度这一概念而不是敬业度的组成感兴趣时，应该在研究中将敬业度视为一个整体，而此时更建议使用乌勒支 –9。③由于乌勒支三维度的超高相关性，不要将三维度同时代入多元回归分析中以免引起多元共线性问题，如若要进行多元回归分析，建议将员工敬业度视为单维构面。

　　基于上述分析，本书选择使用乌勒支 –9，经过严格的翻译、回译、专家讨论和修订题项，最终确定预调查中使用的员工敬业度量表如表 6.2 所示。

表 6.2　员工敬业度量表

变量	操作性定义	维度	题项内容	参考依据
员工敬业度	一种与工作相关的、积极的、富有成就感和完满的情绪与认知状态	活力	JY1：工作时我感到很兴奋	Schaufeli 等（2003）
			JY2：工作时我精力充沛	
			JY3：早上一起床我就想去工作	

续表

变量	操作性定义	维度	题项内容	参考依据
员工敬业度	一种与工作相关的、积极的、富有成就感和完满的情绪与认知状态	奉献	JY4：我对我的工作充满热情	Schaufeli 等（2003）
			JY5：我的工作激励着我	
			JY6：工作时我充满自豪感	
		专注	JY7：高强度工作时我感到很快乐	
			JY8：我沉浸在我的工作中	
			JY9：工作时我达到忘我的境界	

理论上员工敬业度是三维构面，三个维度分别是活力、奉献、专注；员工敬业度量表共包含 9 道题目；题目编码用"敬业"的拼音首字母加上数字代表，分别为 JY1 至 JY9；量表为李克特自评式量表，采用五点记分，分别表示"1 非常不符合、2 比较不符合、3 有点儿符合、4 比较符合、5 非常符合"；量表中九个题项均以陈述句形式出现，要求被试根据个人实际情况按照五点记分原则，对每一个题项进行单项选择。

6.4.3 工作绩效的定义及测量

本书对工作绩效的测量分为任务绩效和关系绩效两个部分，而关系绩效作为角色外行为分为人际促进（interpersonal facilitation）和献身精神（job dedication）。任务绩效是指在组织中与特定作业有关的行为或者组织明确规定的行为。关系绩效是指自发性或自愿性行为（Borman & Motowidlo，1993），由人际促进和献身精神组成。具体而言，人际促进是指有利于实现组织目标的促进人际关系的行为；献身精神是指员工的自律行为（Motowidlo & Van Scotter，1996）。

本书中任务绩效和关系绩效均采取他评（由员工的直接领导给予评价）方式，其中对任务绩效的测量采取威廉和安德森提出的任务绩效量表，该量表由 7 个测量题项组成（Williams & Anderson，1991）。关系绩效的测量则采用斯考特和摩托维多提出的量表，其中人际促进包括 7 个测量题项，献身精神包括 8 个测量题项（Van Scotter & Motowidlo，1996）。本书经过严格的翻译、回译，最终确定预调查中使用的工作绩效量表如表 6.3 所示。

表 6.3　工作绩效量表

变量	分类	操作性定义	维度	题项内容	参考依据
工作绩效	任务绩效	组织中与特定作业有关的行为或者组织明确规定的行为	任务绩效	RWJX1：该员工充分完成被安排的工作任务	Williams & Anderson（1991）
				RWJX2：该员工履行工作说明书中的职责	
				RWJX3：该员工按照领导期望的方式完成工作任务	
				RWJX4：该员工按照正式绩效考核的要求完成工作任务	
				RWJX5：该员工做一些能够直接影响自己绩效考核的工作	
				RWJX6：该员工忽视一些必须要做的事情	
				RWJX7：该员工不能履行必要的工作职责	
	关系绩效	人际促进：有利于实现组织目标的促进人际关系的行为	人际促进	GLCJ1：该员工能够在同事取得成功时对他们予以称赞	James R Van Scotter & Stephan J.Motowidlo（1996）
				GLCJ2：当同事遇到私人困难时，该员工给予他们支持或鼓励	
				GLCJ3：当某一做法可能会影响到同事时，事先该员工会告知他们	
				GLCJ4：该员工只谈论那些对同事或团体有益的事情	
				GLCJ5：该员工会鼓励他人克服人际障碍而友好相处	
				GLCJ6：该员工公平地对待他人	
				GLCJ7：该员工主动地帮助他人	
		献身精神：员工的自律行为	献身精神	GLFX1：该员工会利用休息时间工作以保证任务按时完成	
				GLFX2：该员工关注工作中重要的细节问题	
				GLFX3：该员工工作上格外努力	
				GLFX4：该员工要求承担具有挑战性的工作	
				GLFX5：该员工工作上自律自制	
				GLFX6：该员工主动解决工作中的问题	
				GLFX7：该员工坚持克服困难完成工作任务	
				GLFX8：该员工主动热情地完成困难的工作	

6.4.4 控制变量

因变量的变化受到很多因素的影响，除了自变量外，其他因素对因变量的影响在很大程度上会影响研究的结论。因此在实证研究的过程中，有必要对这些并非研究重点但又会对因变量产生影响的因素加以控制。

本书对个体层面和组织层面的一些变量进行了控制。其中个体层面的控制变量有：性别、年龄、学历、工作年限、职务和雇佣关系类型。

（1）性别：分为女性和男性。

（2）年龄：衡量被试者的实际年龄，分为 30 岁及以下、31~35 岁、36~40 岁、41~45 岁、46~50 岁和 50 岁以上。

（3）学历：衡量被试者的最高学历，分为大学专科以下、大学专科、大学本科、硕士和博士。

（4）工作年限：衡量被试者的工作年限，分为 5 年以下、5~10 年、11~15 年、16~20 年和 20 年以上。

（5）职务：衡量被试者的职务，分为普通员工、基层管理者、中层管理者和高层管理者。

（6）雇佣关系类型：衡量被试者与所处单位的雇佣关系，分为固定工 / 长期雇佣、合同工、劳务派遣工、非全日制用工和其他。

本书还选择了组织层面的控制变量即所在企业性质，分为国有企业、民营企业、外资 / 合资企业、机关事业单位和其他。

6.5 预调查数据收集

6.5.1 预调查对象及单位

本书的研究对象为北京地区的知识型员工，由于范围比较广，所以为保证对象的准确性，在样本的选择上主要为各类企事业单位中的技术人员和研发人员等。预调查阶段的样本分别来自五家企事业单位，具体名称及企业性质如表 6.4 所示。

表 6.4　预调查样本企业来源

编号	单位名称	单位性质	发放样本数量
1	中国空间技术研究院	国有企业	40
2	宝马（中国）汽车贸易有限公司	外资企业	50

续表

编号	单位名称	单位性质	发放样本数量
3	易美济公关关系公司（荷兰）	外资企业	50
4	北京新东方科技教育集团	民营企业	40
5	首都经济贸易大学	事业单位	20

6.5.2 预调查样本量的确定

路易斯（Lois Oksenberg）等针对预调查的研究提出了以下原则：①预调查中样本量越多越好，但是在 25~75 份就已符合预调查要求；②预调查中的被试一定要符合研究的要求。本书遵循了上述原则，并为保证有效问卷数量和预调查的有效性，在研究的预调查阶段发放了 200 份问卷。

6.5.3 预调查数据收集步骤

本书预调查中对数据的收集全部采用纸质问卷，所有问卷均由笔者亲自发放并回收，具体步骤如下：

（1）联系预调查企业人力资源管理部门或相关部门领导并对研究项目进行简要介绍，寻求协助。

（2）在获得企业同意后，由笔者将纸质问卷亲自送至相关领导处并进行填写指导。

（3）由相关领导负责将问卷发放并回收。

（4）一周后，笔者亲自将填写完毕的问卷收回并对填写者发放礼物以示感谢。

特别需要指出的是，为预先避免共同方法变异引起偏误，本书中收集的数据是配对性质的，即员工负责填写天职取向量表和员工敬业度量表部分，员工的工作绩效量表则由该员工直属领导进行填写。这种做法可以保证对数据来源进行隔离从而有效避免同源偏差的出现，但这种做法也为数据收集增加了难度。为保证数据收集后配对的正确性，本书对问卷填写进行了设计，并且在每套问卷中均附加了一份问卷填写说明，还在问卷填写指导中进行重点讲解。具体填写设计步骤如下：

（1）问卷及填写指导说明最终发放至员工直属领导处，每套问卷包括两类：A 卷（5 份）和 B 卷（5 份），A 卷由领导填写，内容为领导直接下属的工作绩效量表；B 卷由员工填写，内容为员工自身情况、天职取向量表和员工敬业度量表等，且每份问卷均已标记编号，分别为 A–1，A–2，A–3，A–4，A–5 和 B–1，B–2，B–3，B–4，B–5。

（2）领导预先选择 1~5 名直接下属并对下属进行编号对应（例如，张三是员工 1；李四是员工 2；以此类推）。

（3）领导针对每位所选下属的工作绩效填写相应的 A 卷（例如，张三是员工 1，则领导根据张三的工作绩效填写 A–1 卷；李四是员工 2，则领导根据李四的工作绩效填写 A–2 卷；以此类推）。

（4）领导将 B 卷发放给相对应的直接下属进行填写（例如，张三是员工 1，则张三根据自身实际情况填写 B–1 卷；李四是员工 2，则李四根据自身实际情况填写 B–2 卷；以此类推）。

（5）员工填写完毕后，领导回收问卷，并将全部 A 卷、B 卷一起放入同一信封中。

在整个填写过程中，问卷全部采用匿名方式填写，问卷上只有编号而不出现任何标识填写者身份的内容。为不给领导增加负担，数据配对处理由笔者进行。

6.6 预调查数据分析方法

在预调查中，使用 SPSS21.0 对问卷数据进行分析。主要的分析方法包括描述性统计分析、项目分析、信度分析和探索性因子分析。

6.6.1 描述性统计分析

通过进行描述性统计分析可以对数据有一个整体的概括性把握，进行描述性统计分析的目的在于对数据的输入正确性进行评估，同时对连续性变量数据质量进行初步评估。不同变量的描述性统计分析不尽相同。

6.6.1.1 类别型变量描述性统计分析

对于类别型变量，通过 SPSS 中描述统计的频率分析，可以得到相关变量数据的频率表，通过对该表中数字的解读可以对数据做如下分析：

（1）合计：通过该数值可以判断数据中是否存在缺失值。

（2）极小值、极大值：通过该数值可以初步判断数据录入时是否存在错误。

6.6.1.2 连续型变量描述性统计分析

对于连续型变量，通过 SPSS 中描述统计分析，可以得到相关变量数据的描述统计量表，通过对该表中数字的解读可以对数据做如下分析：

（1）个数（N）：通过该数值可以判断数据中是否存在缺失值，若与样本数不一致，便是有缺失值。

（2）极小值、极大值：通过该数值可以初步判断数据录入时是否存在错误。本书中除个人情况部分其余所有题项的调查尺度都为 1~5，如果出现其他值便是存在录入错误。

（3）均值：通过该数值可以判断数据是否过于集中在极大值或极小值上，若均值接近 5 或者 1，表示题目不够分散。

（4）标准差：通过该数值可以判断数据是否过于集中，若标准差很小表示题目所有填答一致，说明题目没有鉴别力。判断标准为权距与标准差的比值应该小于等于 5，若大于等于 6 则表示标准差太小。

（5）偏度、峰度：偏度和峰度是作为检验数据是否符合正态分布的指标，比较严格保守的判别标准是若偏度的绝对值在 1 以内且峰度的绝对值在 7 以内（Leech 等，2005），可认为数据符合正态分布，但是此时的正态分布是指单变量正态，数据是否符合多变量正态要进一步使用其他方法检验。

6.6.2 项目分析

项目分析又称题项鉴别力分析或者区分度检验，主要目的在于求出问卷中每一个题项的决断值（critical ratio，CR），以便将未达到显著水平的题项删除，以提高问卷的效度。

项目分析以构面为单位进行，具体步骤为：①求出量表总分；②将量表按照总分进行升序排列；③找出高低分组 27 分位数及 73 分位数的分数；④将临界值区分为高分组及低分组；⑤通过"独立样本 T 检验"检验两组题项的差异；⑥删除检验未达显著水平的题项。

对项目分析的进一步解释说明有两点：

（1）项目分析主要是把题项分为高分群与低分群，以 27 分位数及 73 分位数作为高低分群的区分标准，是因为克里（Kelley）的研究发现，在资料符合正态分布下，将资料分成 27 及 73 分位数其平均数差异最为明显（Kelley，1939）。

（2）项目分析的判别标准：若题项的 CR 值达到显著水平，表示该题项有较好的鉴别力，即能够将不同被试区别开来。若题项的 CR 值未达到显著水平，表示该题项鉴别力不好，即被试在此题项上的填答趋于一致，则此题项应予以删除。

6.6.3 信度分析

通常，我们会从信度和效度两方面评价一个量表质量的高低。其中，信度反映的是测量工具测量所得到结果的可靠性与稳定性。信度检验的方法有很多，其中，克朗巴赫系数（Cronbach's α）是针对李克特式量表开发的，且克朗巴赫系数是管理学领域中检验信度的一种常用方法。克朗巴赫系数是内部一致性的一种重要检验方法，因此克朗巴赫系数表示内部一致性。本书中也使用这一方法进行信度检验。一般而言，当克朗巴赫系数大于 0.7 时表示量表具有良好的信度（Hinkin，1998），若量表的克朗巴赫系数在 0.6 以下则意味着量表需要重新修订（吴明隆，2010）。在判断是否删除题项时除了考虑克朗巴赫系数的大小外，还应该参考题项的总相关系数（corrected-item total correlation，CITC），通常题项总相关系数要大于 0.5（Hair 等，2009），若题项总相关系数小于 0.5，可考虑删除该题项，此时的一个辅助原则是删除该题项后量表的克朗巴赫系数变大。

6.6.4 探索性因子分析

效度是指测量的正确性，即量表是否能够测量到其所要测量的潜在概念。其中，建构效度是指量表能够测量理论概念或特质的程度。建构效度由收敛效度和区别效度组成。在研究中，通过因子分析可以检验量表的建构效度。本书预调查阶段使用探索性因子分析方法来检验量表的建构效度。

探索性因子分析（exploratory factor analysis，EFA）用于找出量表潜在的结构，确定一组题项的背后蕴藏着多少个潜变量，并对所抽取的各因子进行定义（罗伯特，2010）。

探索性因子分析的步骤：

（1）题项的总相关系数分析，主要目的在于检验量表中题项的可靠程度，判别标准为总相关系数要大于 0.5。

（2）判别题项之间是否适合进行因子分析，根据凯瑟尔（Kaiser）的观点，可通过样本足够度测量（Kaiser–Meyer–Olkin measure of sampling adequacy，KMO）指标值进行判断，判断参考项有两个：第一，足够度测量，足够度测量大于 0.9 表示非常适合做探索性因子分析，足够度测量在 0.8~0.9 表示比较适合做探索性因子分析，足够度测量在 0.7~0.8 表示适合做探索性因子分析，足够度测量在 0.6~0.7 表示不太适合做探索性因子分析，足够度测量在 0.5~0.6 表示做探索性因子分析非常勉强，足够度测量在 0.5 以下表示不适合做探索性因子分析（Kaiser，1974）；第二，巴特莱特（Bartlett's）球体检验统计值的显著性概率水平，当巴特莱特球体检验的 χ^2 小于等于显著性水平时，表示题项间存在共同因子，适合进行探索性因子分析（马庆国，2002）。

（3）进行因子分析，具体做法为以主成分分析法抽取共同因子，选取特征值大于 1.0 的共同因子，以最大方差法进行共同因子正交旋转处理，观察旋转之后的公因子输出结果（旋转后公共因子数、解释的总方差、因子载荷、交叉载荷等）并以此判别题项之间的区别效度。判别标准：第一，题项与理论设想一致；第二，题项因子载荷大于 0.5；第三，题项交叉载荷低于 0.4；第四，方差累计贡献率达到 60% 表示共同因子是可靠的，若在 50% 以上表示因子分析结果可接受（吴明隆，2010）。不满足上述标准的题项应予以删除。

（4）进行信度检验，在删除质量不好的题项后需要进行信度检验。若量表包含多个维度，则除了提供总量表的信度系数以外，还应该提供各维度的信度系数。评判标准：内部一致性信度系数要大于 0.7。

6.7 预调查数据分析

2013 年 7—8 月进行了小样本预调查。预调查样本分别来自五家企事业单位。预调查全部使用纸质问卷，共发放问卷 200 份，回收问卷 161 份，问卷回收率 80.5%；在回收问卷中剔除缺失值过多及填写不认真的问卷 19 份，剩余有效问卷 142 份，问卷有效率 88%。

问卷剔除的原则：①每一部分或者全部题项填答相同；②题项或者个人信息部分有缺失值；③题项填答呈现规律变化的（如 12345 循环）；④数据无法配对（如员工填答但直接领导未填答）。

6.7.1 预调查样本数据分析

预调查回收的 142 份有效问卷的样本基本信息如表 6.5 所示。在 142 个样本中有 58 位女性，84 位男性；被试者年龄集中在 40 岁以下，占总样本的 92.3%；被试者学历以大学本科、硕士为多，两类样本分别占总样本数的 41.5% 和 42.3%，结果也符合知识型员工的客观情况；被试者的工作年限集中在 15 年以下，占总样本数的 90.1%；被试者职务以普通员工为主，没有高层管理者；被试的雇佣关系中以固定工和合同工占多数，合计比例为 81%；企业性质以外资企业居多，其他类别则比较分散。

表 6.5　预调查样本频率分布表（样本数 =142）

变量	类别	频率	百分比	有效百分比	累积百分比
性别	女	58	40.8	40.8	40.8
	男	84	59.2	59.2	100.0
	合计	142	100.0	100.0	—
年龄（岁）	<31	68	47.9	47.9	47.9
	31~35	48	33.8	33.8	81.7
	36~40	15	10.6	10.6	92.3
	41~45	6	4.2	4.2	96.5
	46~50	3	2.1	2.1	98.6
	>50	2	1.4	1.4	100.0
	合计	142	100.0	100.0	—
学历	大学专科以下	5	3.5	3.5	3.5
	大学专科	11	7.7	7.7	11.3
	大学本科	59	41.5	41.5	52.8
	硕士	60	42.3	42.3	95.1
	博士	7	4.9	4.9	100.0
	合计	142	100.0	100.0	—
工作年限	<5	67	47.2	47.2	47.2
	5~10	30	21.1	21.1	68.3
	11~15	31	21.8	21.8	90.1
	16~20	7	4.9	4.9	95.1

变量	类别	频率	百分比	有效百分比	累积百分比
工作年限	>20	7	4.9	4.9	100.0
	合计	142	100.0	100.0	—
职务	普通员工	117	82.4	82.4	82.4
	基层管理者	19	13.4	13.4	95.8
	中层管理者	6	4.2	4.2	100.0
	高层管理者	0	0	0	100.0
	合计	142	100.0	100.0	—
雇佣关系	固定工/长期雇佣	58	40.8	40.8	40.8
	合同工	57	40.1	40.1	81.0
	劳务派遣工	9	6.3	6.3	87.3
	非全日制用工	17	12.0	12.0	99.3
	其他	1	0.7	0.7	100.0
	合计	142	100.0	100.0	—
企业性质	国有企业	24	16.9	16.9	16.9
	民营企业	26	18.3	18.3	35.2
	外资企业	69	48.6	48.6	83.8
	机关事业单位	23	16.2	16.2	100.0
	合计	142	100.0	100.0	—

6.7.2 天职取向量表数据分析

6.7.2.1 天职取向量表描述性统计

问卷中天职取向题项的均值、标准差、最小值、最大值、偏度及峰度等描述统计量如表 6.6 所示。

表 6.6　天职取向题项评价值描述性统计量（样本数 =142）

观察变量	个数	极小值	极大值	均值	标准差	偏度	峰度
QX1	142	1	5	2.711	1.115	0.188	−0.494
QX2	142	1	5	2.979	1.120	0.134	−0.589
QX3	142	1	5	2.894	0.965	0.166	−0.603
QX4	142	1	5	2.915	0.978	−0.059	0.000
QX5	142	1	5	2.676	1.095	0.280	−0.234

　　表中结果显示：①天职取向量表各题项的数据个数均为 142，与样本数一致，表明在该题项的填答上无缺失值；②各题项的极小值与极大值均为 1 和 5，可以初步判定无数据录入错误；③各题项均值均在 2~3，表明数据分布较好，没有过分集中；④五个题项权距与标准差的比值［（极大值 − 极小值）/ 标准差］分别为 3.59，3.57，4.15，4.09 和 3.65，均小于 5，表明题项均具有鉴别力；⑤各题项偏度的绝对值均小于 1；峰度的绝对值均小于 7，表明数据符合单变量正态分布。

6.7.2.2 天职取向量表项目分析

　　按照 6.6.2 中的步骤对天职取向量表进行项目分析，题项总分计算并排序后，高低分组分别以 27 分位数（11）和 73 分位数（16.39）进行划分，分组后检验高分组与低分组在题项上的差异，相关检验结果如表 6.7 所示。

表 6.7　天职取向题项评价值独立样本 t 检验

观察变量	均值方程的 t 检验			
	t	自由度	显著性（双尾）	均值差值
QX1	−14.571	77	0.000	−2.358
QX2	−14.480	77	0.000	−2.152
QX3	−10.202	77	0.000	−1.666
QX4	−11.763	77	0.000	−1.844
QX5	−11.788	77	0.000	−2.148

　　表 6.7 中的结果显示：天职取向量表中各题项的 CR 值均达到显著水平，

表示量表中各题项均具有较好的鉴别力,应予以保留。

6.7.2.3 天职取向量表信度分析

依据6.6.3中的说明,本书采用克朗巴赫系数检验天职取向量表的信度,并在判别是否删除题项时参考题项总相关系数的大小。天职取向量表信度分析的相关结果如表6.8所示。

表 6.8　天职取向量表信度分析

构面	克朗巴赫系数	题项	校正的项总计相关性	项已删除的克朗巴赫系数
天职取向	0.853	QX1	0.765	0.794
		QX2	0.638	0.830
		QX3	0.496	0.862
		QX4	0.678	0.820
		QX5	0.757	0.797

由表6.8可以看出,天职取向量表含有5个题项,其克朗巴赫系数为0.853,大于0.7;但是题项QX3的题项总相关系数为0.496,小于0.5,且删除QX3后能够增加天职取向量表的信度,所以对量表进行修订,删除QX3。

删除QX3后,经过再一次信度分析,结果显示修订后的天职取向量表含有4个题项,其克朗巴赫系数为0.862,大于0.7;且各题项的题项总相关系数均大于0.5,表明修订后天职取向量表信度良好,相关结果如表6.9所示。

表 6.9　天职取向量表信度分析(修订后)

构面	克朗巴赫系数	题项	校正的项总计相关性	项已删除的克朗巴赫系数
天职取向	0.862	QX1	0.760	0.803
		QX2	0.634	0.856
		QX4	0.690	0.833
		QX5	0.763	0.801

6.7.2.4 天职取向量表探索性因子分析

按照6.6.4中的步骤对天职取向量表进行因子分析。

首先进行了足够度测量检验和巴特莱特球形检验以判断是否适合进行探索性因子分析。表 6.10 中结果显示足够度测量值为 0.740，大于 0.7，适合进行因子分析；巴特莱特球形检验的卡方值为 284.470（自由度为 6），达到显著水平，代表母群体的相关矩阵间有共同因子存在，也说明适合进行因子分析。

表 6.10　天职取向量表的足够度测量和巴特莱特检验

取样足够度的测量		0.740
巴特莱特球形度检验	近似卡方	284.470
	自由度	6
	显著性	0.000

以主成分分析法抽取共同因子，选取特征值大于 1.0 的共同因子，再以最大方差法进行共同因子正交旋转处理。表 6.11 中结果显示天职取向量表中的四个题项组成单因子结构，方差累计贡献率为 70.999%，大于60%，表示量表中共同因子是可靠的。量表中各题项与理论设想一致；各题项因子载荷良好，均大于 0.5；题项均无严重交叉载荷问题，说明天职取向量表结构良好。

表 6.11　天职取向量表解释的总方差

成分	初始特征值			提取平方和载入		
	合计	方差的 %	累积 %	合计	方差的 %	累积 %
1	2.840	70.999	70.999	2.840	70.999	70.999
2	0.518	12.943	83.942	—	—	—
3	0.446	11.142	95.084	—	—	—
4	0.197	4.916	100.000	—	—	—

提取方法：主成分分析。

6.7.3 员工敬业度量表数据分析

6.7.3.1 员工敬业度量表描述性统计

问卷中员工敬业度题项的均值、标准差、最小值、最大值、偏度及峰度等描述统计量如表 6.12 所示。

表 6.12 员工敬业度题项评价值描述性统计量（样本数 =142）

观察变量	个数	极小值	极大值	均值	标准差	偏度	峰度
JY1	142	1	5	3.41	1.026	−0.129	−0.715
JY2	142	1	5	3.44	1.014	−0.279	−0.156
JY3	142	1	5	3.41	1.005	−0.341	−0.173
JY4	142	1	5	3.51	1.002	−0.342	−0.161
JY5	142	1	5	3.46	1.083	−0.349	−0.426
JY6	142	1	5	3.41	1.012	−0.226	−0.347
JY7	142	1	5	3.01	1.206	0.036	−0.836
JY8	142	1	5	3.39	1.031	−0.224	−0.483
JY9	142	1	5	3.06	1.106	−0.031	−0.619

表 6.12 显示：①员工敬业度量表中各题项的数据个数均为 142，与样本数一致，表明在该题项的填答上无缺失值；②各题项的极小值与极大值均为 1 和 5，可以初步判定无数据录入错误；③各题项均值均在 3~4，表明数据分布较好，没有过分集中；④9 个题项权距与标准差的比值 [（极大值 – 极小值）/ 标准差] 分别为 4.87，4.93，4.96，4.99，4.62，4.94，4.15，4.85，4.52，均小于 5，表明题项均具有鉴别力；⑤各题项偏度的绝对值均小于 1；峰度的绝对值均小于 7，表明数据符合单变量正态分布。

6.7.3.2 员工敬业度量表项目分析

按照 6.6.2 中的步骤对员工敬业度量表进行项目分析，计算题项总分并排序后，高低分组分别以 27 分位数（25.61）和 73 分位数（35）进行划分，分组后检验高分组与低分组在题项上的差异，相关检验结果如表 6.13 所示。

表 6.13 员工敬业度题项评价值独立样本 t 检验

观察变量	均值方程的 t 检验			
	t	自由度	显著性（双尾）	均值差值
JY1	−13.664	75	0.000	−2.066
JY2	−11.601	75	0.000	−1.909

续表

观察变量	均值方程的 t 检验			
	t	自由度	显著性（双尾）	均值差值
JY3	−13.351	75	0.000	−2.043
JY4	−12.543	75	0.000	−2.064
JY5	−15.950	75	0.000	−2.379
JY6	−12.811	75	0.000	−2.093
JY7	−13.651	75	0.000	−2.516
JY8	−13.317	75	0.000	−2.067
JY9	−14.690	75	0.000	−2.336

表 6.13 显示：员工敬业度量表中各题项的 CR 值均达到显著水平，表示量表中各题项均具有较好的鉴别力，应予以保留。

6.7.3.3 员工敬业度量表信度分析

依据 6.6.3 中的说明，本书采用克朗巴赫系数检验员工敬业度量表的信度，并在判别是否删除题项时参考题项总相关系数的大小。员工敬业度量表信度分析的相关结果如表 6.14 所示。

表 6.14　员工敬业度量表信度分析

构面	克朗巴赫系数	题项	校正的项总计相关性	项已删除的克朗巴赫系数值
员工敬业度	0.947	JY1	0.808	0.939
		JY2	0.760	0.942
		JY3	0.778	0.941
		JY4	0.845	0.938
		JY5	0.841	0.938
		JY6	0.784	0.941
		JY7	0.730	0.945
		JY8	0.774	0.941
		JY9	0.810	0.939

由表 6.14 可以看出，员工敬业度量表含有 9 个题项，其克朗巴赫系数为 0.947，大于 0.7；且各题项的总相关系数均大于 0.5，表明员工敬业度量表信度良好。

6.7.3.4 员工敬业度量表探索性因子分析

按照 6.6.4 中的步骤对员工敬业度量表进行因子分析，相关结果在表 6.15 和表 6.16 中列出。

表 6.15　员工敬业度量表的足够度测量和巴特莱特检验

取样足够度的足够度测量		0.920
巴特莱特的球形度检验	近似卡方	1 124.738
	自由度	36
	显著性	0.000

表 6.16　员工敬业度量表解释的总方差

成分	初始特征值			提取平方和载入		
	合计	方差的 %	累积 %	合计	方差的 %	累积 %
1	6.347	70.521	70.521	6.347	70.521	70.521
2	0.771	8.568	79.089	—	—	—
3	0.493	5.474	84.563	—	—	—
4	0.382	4.247	88.810	—	—	—
5	0.258	2.865	91.675	—	—	—
6	0.235	2.612	94.286	—	—	—
7	0.196	2.176	96.462	—	—	—
8	0.174	1.937	98.399	—	—	—
9	0.144	1.601	100.000	—	—	—

提取方法：主成分分析。

首先进行了足够度测量检验和巴特莱特球形检验以判断是否适合进行探索性因子分析。表 6.15 显示：足够度测量值为 0.920，大于 0.7，适合进行因子分析；巴特莱特球形检验的卡方值为 1 124.738（自由度为 36），达到显著水平，代表母群体的相关矩阵间有共同因子存在，也说明适合进行因子分析。

以主成分分析法抽取共同因子，选取特征值大于 1.0 的共同因子，再以最大方差法进行共同因子正交旋转处理。表 6.16 显示：员工敬业度量表中的九个题项组成单因子结构，方差累计贡献率为 70.521%，大于 60%，表明量表中共同因子是可靠的。量表中各题项与理论设想一致，各题项因子载荷良好，均大于 0.5；题项均无严重交叉载荷问题，说明员工敬业度量表结构良好。

6.7.4 工作绩效量表数据分析

6.7.4.1 工作绩效量表描述性统计

问卷中工作绩效量表题项的均值、标准差、极小值、极大值、偏度及峰度等描述统计量如表 6.17 所示。

表 6.17　工作绩效题项评价值描述性统计量汇总表（样本数 =142）

观察变量	个数	极小值	极大值	均值	标准差	偏度	峰度
RWJX1	142	1	5	4.08	0.949	−1.130	1.205
RWJX2	142	1	5	4.17	0.883	−1.154	1.484
RWJX3	142	1	5	3.99	0.926	−0.963	1.015
RWJX4	142	1	5	4.04	0.874	−0.987	1.223
RWJX5	142	1	5	3.92	0.971	−1.007	0.936
RWJX6	142	1	5	3.56	1.206	−0.730	−0.311
RWJX7	142	1	5	4.00	1.299	−1.181	0.172
GLCJ1	142	1	5	3.94	0.889	−0.870	0.845
GLCJ2	142	1	5	4.06	0.944	−0.935	0.559
GLCJ3	142	1	5	3.84	0.935	−0.726	0.247
GLCJ4	142	1	5	3.71	1.008	−0.531	−0.429
GLCJ5	142	1	5	3.79	0.921	−0.504	0.011
GLCJ6	142	1	5	3.94	0.893	−0.784	0.644
GLCJ7	142	1	5	3.96	0.988	−0.764	0.000
GLFX1	142	1	5	3.87	1.084	−0.760	−0.174
GLFX2	142	1	5	3.93	0.965	−0.674	−0.023

观察变量	个数	极小值	极大值	均值	标准差	偏度	峰度
GLFX3	142	1	5	3.85	1.033	−0.779	0.271
GLFX4	142	1	5	3.60	1.155	−0.566	−0.476
GLFX5	142	1	5	4.01	0.989	−0.920	0.280
GLFX6	142	1	5	3.88	0.993	−0.594	−0.274
GLFX7	142	1	5	3.90	1.047	−0.815	0.109
GLFX8	142	1	5	3.83	1.098	−0.735	−0.042

表 6.17 显示：①工作绩效量表各题项的数据个数均为 142，与样本数一致，表明在该题项的填答上无缺失值；②各题项的极小值与极大值均为 1 和 5，可以初步判定无数据录入错误；③各题项均值均未接近 1 或者 5，表明数据分布较好，没有过分集中；④22 个题项权距与标准差的比值［（极大值 − 极小值）/标准差］均小于 5，表明题项均具有鉴别力；⑤各题项偏度的绝对值均小于 1；峰度的绝对值均小于 7，表明数据符合单变量正态分布。

6.7.4.2 工作绩效量表项目分析

按照 6.6.2 中的步骤对工作绩效量表进行项目分析，计算题项总分并排序后，任务绩效量表中高低分组分别以 27 分位数（25）和 73 分位数（31）划分；关系绩效中人际促进量表中高低分组分别以 27 分位数（24.61）和 73 分位数（31）划分；关系绩效中献身精神量表中高低分组分别以 27 分位数（25.61）和 73 分位数（37）划分，各量表分组后分别检验高分组与低分组在题项上的差异，相关检验结果见表 6.18 至表 6.20。

表 6.18　任务绩效题项评价值独立样本 t 检验

观察变量	均值方程的 t 检验			
	t	自由度	显著性（双尾）	均值差值
RWJX1	−12.642	83	0.000	−1.852
RWJX2	−12.626	83	0.000	−1.712
RWJX3	−11.098	83	0.000	−1.700
RWJX4	−11.529	83	0.000	−1.644

观察变量	均值方程的 t 检验			
	t	自由度	显著性（双尾）	均值差值
RWJX5	−6.450	83	0.000	−1.285
RWJX6	−7.253	83	0.000	−1.490
RWJX7	−11.563	83	0.000	−1.953

表 6.18 显示：任务绩效量表中各题项的 CR 值均达到显著水平，表明量表中各题项均具有较好的鉴别力，应予以保留。

表 6.19　人际促进题项评价值独立样本 t 检验

观察变量	均值方程的 t 检验			
	t	自由度	显著性（双尾）	均值差值
GLCJ1	−13.850	75	0.000	−1.951
GLCJ2	−16.199	75	0.000	−2.081
GLCJ3	−12.890	75	0.000	−1.982
GLCJ4	−14.258	75	0.000	−2.165
GLCJ5	−17.755	75	0.000	−2.137
GLCJ6	−13.354	75	0.000	−1.872
GLCJ7	−17.201	75	0.000	−2.185

表 6.19 显示：人际促进量表中各题项的 CR 值均达到显著水平，表明量表中各题项均具有较好的鉴别力，应予以保留。

表 6.20　献身精神题项评价值独立样本 t 检验

观察变量	均值方程的 t 检验			
	t	自由度	显著性（双尾）	均值差值
GLFX1	−16.030	75	0.000	−2.264
GLFX2	−12.974	75	0.000	−1.951
GLFX3	−16.422	75	0.000	−2.317

续表

观察变量	均值方程的 t 检验			
	t	自由度	显著性（双尾）	均值差值
GLFX4	−13.847	75	0.000	−2.377
GLFX5	−14.893	75	0.000	−2.133
GLFX6	−23.007	75	0.000	−2.343
GLFX7	−16.197	75	0.000	−2.316
GLFX8	−17.127	75	0.000	−2.395

表 6.20 显示：献身精神量表中各题项的 CR 值均达到显著水平，表明量表中各题项均具有较好的鉴别力，应予以保留。

6.7.4.3 工作绩效量表信度分析

依据 6.6.3 中的说明，本书采用克朗巴赫系数检验量表信度，且当量表包含多个维度时（如关系绩效），除了提供总量表的信度系数以外，还提供了各维度量表的信度系数。本书检验了任务绩效量表、人际促进量表、献身精神量表和关系绩效量表的信度，并在判别是否删除题项时参考题项总相关系数的大小。

由表 6.21 可以看出，任务绩效量表含有 7 个题项，其克朗巴赫系数为 0.811，大于 0.7；但是题项 RWJX6 和 RWJX7 总相关系数分别为 0.254 和 0.350，均小于 0.5，且删除 RWJX6 和 RWJX7 后均能够增加任务绩效量表的信度，所以对量表进行修订，逐一删除 RWJX6 和 RWJX7。

表 6.21　任务绩效量表信度分析

构面	克朗巴赫系数	题项	校正的项总计相关性	项已删除的克朗巴赫系数值
任务绩效	0.811	RWJX1	0.784	0.747
		RWJX2	0.780	0.752
		RWJX3	0.720	0.759
		RWJX4	0.743	0.758
		RWJX5	0.465	0.800
		RWJX6	0.254	0.845
		RWJX7	0.350	0.833

删除 RWJX6 和 RWJX7 后，经过再一次信度分析，如表 6.22 显示修订后的任务绩效量表含有 5 个题项，其克朗巴赫系数为 0.933，大于 0.7；且各题项的总相关系数均大于 0.5，表明修订后任务绩效量表信度良好。

表 6.22　任务绩效量表信度分析（修订后）

构面	克朗巴赫系数	题项	校正的项总计相关性	项已删除的克朗巴赫系数值
任务绩效	0.933	RWJX1	0.909	0.900
		RWJX2	0.878	0.908
		RWJX3	0.840	0.914
		RWJX4	0.871	0.909
		RWJX5	0.636	0.954

由表 6.23 可以看出，人际促进量表的克朗巴赫系数为 0.955，大于 0.7；且各题项的总相关系数均大于 0.5，表明人际促进量表信度良好。

表 6.23　人际促进量表信度分析

构面	克朗巴赫系数	题项	校正的项总计相关性	项已删除的克朗巴赫系数值
人际促进	0.955	GLCJ1	0.847	0.948
		GLCJ2	0.869	0.946
		GLCJ3	0.846	0.948
		GLCJ4	0.811	0.951
		GLCJ5	0.878	0.945
		GLCJ6	0.813	0.950
		GLCJ7	0.855	0.947

由表 6.24 可以看出，献身精神量表的克朗巴赫系数为 0.959，大于 0.7；且各题项的总相关系数均大于 0.5，表明献身精神量表信度良好。

表 6.24　献身精神量表信度分析

构面	克朗巴赫系数	题项	校正的项总计相关性	项已删除的克朗巴赫系数值
献身精神	0.959	GLFX1	0.814	0.955

构面	克朗巴赫系数	题项	校正的项总计相关性	项已删除的克朗巴赫系数值
		GLFX2	0.792	0.956
		GLFX3	0.879	0.951
		GLFX4	0.784	0.957
		GLFX5	0.821	0.954
		GLFX6	0.908	0.949
		GLFX7	0.891	0.950
		GLFX8	0.863	0.952

由表 6.25 可以看出，关系绩效量表的克朗巴赫系数为 0.959，大于 0.7；且各题项的总相关系数均大于 0.5，表明关系绩效量表信度良好。

表 6.25　关系绩效量表信度分析

构面	克朗巴赫系数	题项	校正的项总计相关性	项已删除的克朗巴赫系数值
关系绩效	0.972	GLCJ1	0.835	0.970
		GLCJ2	0.867	0.969
		GLCJ3	0.835	0.970
		GLCJ4	0.760	0.971
		GLCJ5	0.840	0.970
		GLCJ6	0.776	0.971
		GLCJ7	0.831	0.970
		GLFX1	0.807	0.970
		GLFX2	0.815	0.970
		GLFX3	0.853	0.969
		GLFX4	0.762	0.971
		GLFX5	0.828	0.970
		GLFX6	0.891	0.969
		GLFX7	0.861	0.969
		GLFX8	0.828	0.970

6.7.4.4 工作绩效量表探索性因子分析

按照 6.6.4 中的步骤对工作绩效量表进行因子分析,相关结果在表 6.26、表 6.27 和表 6.28 中列出。

首先进行了足够度测量检验和巴特莱特球形检验以判断是否适合进行探索性因子分析。表 6.26 中结果显示足够度测量值为 0.958,大于 0.7,适合进行因子分析;巴特莱特球形检验的卡方值为 3 318.980,自由度为190,达到显著水平,代表母群体的相关矩阵间有共同因子存在,说明适合进行因子分析。

表 6.26   工作绩效量表的足够度测量和巴特莱特检验

取样足够度的足够度测量		0.958
巴特莱特球形度检验	近似卡方	3 318.980
	自由度	190
	显著性	0.000

以主成分分析法抽取共同因子,选取特征值大于 1.0 的共同因子,再以最大方差法进行共同因子正交旋转处理。表 6.27 显示:工作绩效量表中20 个题项组成三因子结构,方差累计贡献率为 80.005%,大于 60%,表示量表中共同因子是可靠的。

表 6.27   工作绩效量表解释的总方差

成分	初始特征值			提取平方和载入			旋转平方和载入		
	合计	方差的 %	累积 %	合计	方差的 %	累积 %	合计	方差的 %	累积 %
1	14.060	70.298	70.298	14.060	70.298	70.298	6.006	30.031	30.031
2	1.156	5.779	76.077	1.156	5.779	76.077	5.052	25.258	55.289
3	0.786	3.928	80.005	0.786	3.928	80.005	4.943	24.717	80.005
4	0.514	2.568	82.574	—	—	—	—	—	—
5	0.457	2.286	84.860	—	—	—	—	—	—
6	0.377	1.883	86.743	—	—	—	—	—	—
7	0.359	1.795	88.538	—	—	—	—	—	—
8	0.307	1.537	90.074	—	—	—	—	—	—

成分	初始特征值			提取平方和载入			旋转平方和载入		
	合计	方差的 %	累积 %	合计	方差的 %	累积 %	合计	方差的 %	累积 %
9	0.277	1.383	91.457	—	—	—	—	—	—
10	0.252	1.261	92.718	—	—	—	—	—	—
11	0.242	1.210	93.928	—	—	—	—	—	—
12	0.216	1.082	95.010	—	—	—	—	—	—
13	0.198	0.990	96.000	—	—	—	—	—	—
14	0.166	0.828	96.827	—	—	—	—	—	—
15	0.154	0.770	97.598	—	—	—	—	—	—
16	0.136	0.682	98.280	—	—	—	—	—	—
17	0.102	0.511	98.791	—	—	—	—	—	—
18	0.098	0.492	99.283	—	—	—	—	—	—
19	0.080	0.402	99.685	—	—	—	—	—	—
20	0.063	0.315	100.000	—	—	—	—	—	—

提取方法：主成分分析。

表 6.28 显示：工作绩效量表中各题项因子载荷良好，均大于 0.5；题项均无严重交叉载荷问题；但题项 GLFX2 和 GLFX5 与理论设想不一致，二者本应属于献身精神维度，但因子分析显示 GLFX2 归属人际促进维度，而 GLFX5 归属任务绩效维度，因此应将二者予以删除以修订工作绩效量表。修订后再一次进行因子分析，分析结果如表 6.29、表 6.30 和表 6.31所示。

表 6.28　工作绩效的探索性因子分析结果

变量	成分		
	因子 1	因子 2	因子 3
GLCJ4	0.816	—	—
GLCJ5	0.811	—	—

续表

变量	成分		
	因子 1	因子 2	因子 3
GLCJ6	0.789	—	—
GLCJ7	0.735	—	—
GLCJ1	0.710	—	—
GLCJ3	0.704	—	—
GLCJ2	0.682	—	—
GLFX2	0.519	—	—
RWJX2	—	0.817	—
RWJX1	—	0.806	—
RWJX3	—	0.698	—
RWJX5	—	0.687	—
RWJX4	—	0.666	—
GLFX5	—	0.581	—
GLFX4	—	—	0.761
GLFX3	—	—	0.751
GLFX8	—	—	0.746
GLFX7	—	—	0.731
GLFX6	—	—	0.689
GLFX1	—	—	0.571

提取方法：主成分分析法。

旋转法：具有 Kaiser 标准化的正交旋转法；旋转在 6 次迭代后收敛。

表 6.29 显示：足够度测量值为 0.956，大于 0.7，适合进行因子分析；巴特莱特球形检验的卡方值为 2 950.042，自由度为 153，达到显著水平，代表母群体的相关矩阵间有共同因子存在，也说明适合进行因子分析。表 6.30 显示：修订后的工作绩效量表中的 18 个题项组成三因子结构，方差

累计贡献率为 80.893%，大于 60%，表示量表中共同因子是可靠的。表 6.31 显示：修订后的工作绩效量表中各题项因子载荷良好，均大于 0.5；题项均无严重交叉载荷问题；且题项与理论设想一致，说明修订后的工作绩效量表结构良好。

表 6.29　工作绩效量表的足够度测量和巴特莱特检验（修订后）

取样足够度的测量		0.956
巴特莱特球形度检验	近似卡方	2 950.042
	自由度	153
	显著性	0.000

表 6.30　工作绩效量表解释的总方差（修订后）

成分	初始特征值			提取平方和载入			旋转平方和载入		
	合计	方差的 %	累积 %	合计	方差的 %	累积 %	合计	方差的 %	累积 %
1	12.633	70.183	70.183	12.633	70.183	70.183	5.579	30.993	30.993
2	1.144	6.356	76.539	1.144	6.356	76.539	4.496	24.978	55.971
3	0.784	4.354	80.893	0.784	4.354	80.893	4.486	24.922	80.893
4	0.495	2.752	83.645	—	—	—	—	—	—
5	0.385	2.139	85.785	—	—	—	—	—	—
6	0.355	1.973	87.757	—	—	—	—	—	—
7	0.348	1.934	89.691	—	—	—	—	—	—
8	0.305	1.692	91.383	—	—	—	—	—	—
9	0.248	1.379	92.762	—	—	—	—	—	—
10	0.244	1.357	94.119	—	—	—	—	—	—
11	0.207	1.148	95.267	—	—	—	—	—	—
12	0.184	1.020	96.287	—	—	—	—	—	—
13	0.157	0.874	97.161	—	—	—	—	—	—
14	0.144	0.802	97.963	—	—	—	—	—	—

续表

成分	初始特征值			提取平方和载入			旋转平方和载入		
	合计	方差的 %	累积 %	合计	方差的 %	累积 %	合计	方差的 %	累积 %
15	0.111	0.616	98.579	—	—	—	—	—	—
16	0.101	0.561	99.141	—	—	—	—	—	—
17	0.085	0.470	99.611	—	—	—	—	—	—
18	0.070	0.389	100.000	—	—	—	—	—	—

提取方法：主成分分析。

表 6.31　工作绩效的探索性因子分析结果（修订后）

变量	成分		
	1	2	3
GLCJ4	0.818	—	—
GLCJ5	0.811	—	—
GLCJ6	0.791	—	—
GLCJ7	0.739	—	—
GLCJ1	0.712	—	—
GLCJ3	0.704	—	—
GLCJ2	0.686	—	—
GLFX4	—	0.766	—
GLFX3	—	0.751	—
GLFX8	—	0.747	—
GLFX7	—	0.733	—
GLFX6	—	0.689	—
GLFX1	—	0.565	—
RWJX2	—	—	0.810
RWJX1	—	—	0.802

变量	成分		
	1	2	3
RWJX5	—	—	0.700
RWJX3	—	—	0.690
RWJX4	—	—	0.666

提取方法：主成分分析法。

旋转法：具有 Kaiser 标准化的正交旋转法；旋转在 6 次迭代后收敛。

在对工作绩效量表进行修订后，要再次进行信度检验以测量修订后量表的内部一致性。由于 GLFX2 和 GLFX5 同属于献身精神量表，所以对献身精神量表及关系绩效量表进行再一次信度检验，结果如表 6.32 和表 6.33 所示。

由表 6.32 可以看出，修订后的献身精神量表含有 6 个题项，其克朗巴赫系数为 0.951，大于 0.7；且各题项的总相关系数均大于 0.5，表明该量表信度良好。

表 6.32　献身精神量表信度分析（修订后）

构面	克朗巴赫系数	题项	校正的项总计相关性	项已删除的克朗巴赫系数值
献身精神	0.951	GLFX1	0.782	0.950
		GLFX3	0.875	0.940
		GLFX4	0.787	0.950
		GLFX6	0.906	0.937
		GLFX7	0.895	0.937
		GLFX8	0.870	0.940

由表 6.33 可以看出，修订后的关系绩效量表含有 13 个题项，其克朗巴赫系数为 0.968，大于 0.7；且各题项的总相关系数均大于 0.5，表明该量表信度良好。

表 6.33　关系绩效量表信度分析（修订后）

构面	克朗巴赫系数	题项	校正的项总计相关性	项已删除的克朗巴赫系数值
关系绩效	0.968	GLCJ1	0.837	0.965
		GLCJ2	0.868	0.964
		GLCJ3	0.829	0.965
		GLCJ4	0.760	0.967
		GLCJ5	0.843	0.965
		GLCJ6	0.779	0.966
关系绩效	0.968	GLCJ7	0.836	0.965
		GLFX1	0.792	0.966
		GLFX3	0.848	0.965
关系绩效	0.968	GLFX4	0.760	0.967
		GLFX6	0.888	0.964
		GLFX7	0.859	0.964
		GLFX8	0.825	0.965

6.8 本章小结

　　本章在对国内外文献资料研究的基础上，对研究中变量进行定义并形成初始问卷，通过预调查对初始问卷进行项目分析、信度、效度检验，并根据相关分析结果对初始问卷进行修订以形成最终正式调查问卷，具体内容总结如下：

　　第一，对天职取向量表进行了项目分析、信度分析和探索性因子分析。项目分析表明天职取向量表中各题项的 CR 值均达到显著水平，量表中各题项均具有较好的鉴别力。通过分析发现，题项 QX3（我觉得我从事我的工作是命中注定的）的题项总相关系数小于 0.5 且删除后克朗巴赫系数值增加，因此予以删除。删除后得到具有 4 个题项的天职取向量表。经过信度分析，量表内部一致性系数达到 0.862，具有较好的信度；经过因子分析，各题项的因子载荷均大于 0.5，具有较好的效度。以上验证表明天职取向量表具有较好的心理学测量特征。

第二，对员工敬业度量表进行了项目分析、信度分析和探索性因子分析。项目分析表明，员工敬业度量表中各题项的 CR 值均达到显著水平，量表中各题项均具有较好的鉴别力。经过信度分析，量表内部一致性系数达到 0.947，具有较好的信度；经过因子分析，各题项的因子载荷均大于 0.5，具有较好的效度。以上验证表明员工敬业度量表具有较好的心理学测量特征。

第三，对工作绩效量表进行了项目分析、信度分析和探索性因子分析。项目分析表明，员工敬业度量表中各题项的 CR 值均达到显著水平，量表中各题项均具有较好的鉴别力。通过分析发现，任务绩效量表中的题项 RWJX6（该员工忽视一些必须要做的事情）和题项 RWJX7（该员工不能履行必要的工作职责）的总相关系数分别为 0.254 和 0.350，均小于 0.5，删除后克朗巴赫系数值增加至 0.933，因此将这两个题项予以删除。通过因子分析发现，题项 GLFX2（该员工关注工作中重要的细节问题）和题项 GLFX5（该员工工作上自律自制）与理论设想不一致，删除后献身精神量表内部一致性系数为 0.951。经过分析和修订，任务绩效量表内部一致性系数达到 0.933；关系绩效量表的内部一致性系数达到 0.968，显示出良好的信度。任务绩效量表与关系绩效量表中各题项的因子载荷均大于 0.5，具有较好的效度。以上验证表明两个量表均具有较好的心理学测量特征。

综上所述，通过预调查的数据分析可知，本书所使用的测量问卷具有较好的测量特征，表现出良好的信度和效度，形成了本书的最终正式问卷，其中，天职取向量表含有 4 个题项；员工敬业度量表含有 9 个题项。工作绩效的测量包含任务绩效和关系绩效两个部分，共计 18 个题项，其中，任务绩效含有 5 个题项，关系绩效包含两个维度分别为人际促进（7 个题项）和献身精神（6 个题项）。正式问卷的形成为下一步研究工作奠定了很好的基础。

7 实证分析与假设检验

7.1 研究目的与内容

7.1.1 研究目的

本章是在对国内外相关研究成果进行梳理，以及通过预调查对初始问卷进行分析、修订的基础上，通过使用正式问卷对北京市知识型员工进行调查研究、数据收集，并通过结构方程模型等统计分析方法，验证知识型员工天职取向、员工敬业度及工作绩效之间的关系。

7.1.2 研究内容

本书中正式调查的步骤为：①向被试者发放正式调查问卷，进行数据收集；②对得到的数据进行数据质量检验，并利用检验后的数据对量表进行信度、效度分析；③采用结构方程模型技术对数据进行分析并验证假设是否成立。

正式调查的研究内容概述如下：①考察不同的人口统计学变量下，知识型员工天职取向、员工敬业度、工作绩效的差异，以了解实际情况，为企业人力资源管理提供依据。②通过运用结构方程模型，对本书所构建的理论模型进行估计，判定模型是否成立并进行必要修正。③对本书中所提出的假设进行验证。

7.2 研究方法

结构方程模型（structural equation modeling，SEM）是基于变量的协方差矩阵分析变量之间关系的一种统计方法。结构方程模型综合运用了验证性因子分析、路径分析和多元回归等分析方法，结构方程模型不仅可以反映出潜变量与测量变量的关系，还可以反映潜变量与潜变量的相互影响作用。Amos（Analysis of Moment Structures）是处理结构方程模型的软件。

结构方程模型分析流程如下：

（1）模型设定（Model Specification）：利用图形或方程式呈现变量与变量的关系。

（2）模型辨识（Model Identification）：了解模型在理论上是否可以估计，即是否符合辨识的必要条件，判别标准为模型需要自由度（df）大于估计参数（p），即模型过度辨识（over-identified）或者模型自由度等于估计参数（p），即模型恰好辨识（just-identified）。

（3）选择测量工具并收集数据。

（4）模型估计（Model Estimation）：Amos 软件默认使用最大似然法作为验证性因子分析估计的方法，在估计之前要检验数据是否存在缺失值、是否符合单变量正态分布（univariate normality）和多变量正态分布（multivariate normality），是否存在异常值及变量之间有无共线性等。

（5）模型检验（Model Test）：检验模型拟合度及估计参数显著性。

在评价模型拟合度之前必须先检查"违反估计"（offending estimates）来检验估计系数是否超出可接受的范围。违反估计的项目有负的误差方差存在；标准化系数超过或者太接近 1（通常以 0.95 为标准）（Hair 等，1998）。

在结构方程模型中有两种方法用于检查理论模型是否受到样本数据的支持即模型拟合度：整体模型的拟合度指标和模型单独参数拟合度。

结构方程模型中有很多模型拟合度指标，本书参考施瑞贝（Schreiber）、布斯马（Boomsma）、杰克森（Jackson）等人的意见（Schreiber，2008；Boomsma，2000；Jackson，2009），选择了 8 个指标进行整体模型的拟合度评价，它们是卡方值 χ^2、卡方值 χ^2 与自由度的比值、拟合度指标（GFI）、调整后的拟合度指标（AGFI）、平均近似误差均方根（RMSEA）、非标准拟合度指标（NNFI）、增值拟合度指标（IFI）、比较性拟合度指标（CFI），（见表 7-1）。

表 7.1 列出了上述各衡量指标的判别标准。

表 7.1　模型拟合度指标及判别标准

拟合度指标	解释	判别标准
卡方值 χ^2	卡方值是一种缺适度（badness of fit）指标，越大表示估计模型与样本数据在统计显著性上拟合度越差即模型越不适合。卡方值受样本量影响	越小越好
卡方值与 χ^2/df	卡方自由度比又称为 Relative chi-square，主要是为了减少样本量的影响，卡方自由度比越小，表示模型拟合度越高。克莱恩（2005）建议 3 以内是可接受的	<3

拟合度指标	解释	判别标准
拟合度指标（Goodness of Fit Index，GFI）	拟合度指标表示假设模型的协方差解释样本协方差的比例，即假设模型的协方差矩阵与样本协方差矩阵接近的程度。GFI 值越接近 1，表示模型拟合度越高，通常采用 GFI>0.9	>0.9
自由度的比值拟合度指标（Adjusted–Goodness-of–Fit Index，AGFI）	调整后的拟合度指标是将自由度纳入计算后得出的模型拟合度指标。通常采用 AGFI>0.9，表示有良好的拟合度	>0.9
平均近似误差均方根（Root Mean Square Error of Approximation，RMSEA）	平均近似误差均方根也是一种缺适度指标，值越大表示假设模型与数据越不适配。RMSEA 小于等于 0.05 表示有好的模型拟合度，介于 0.05~0.08 表示模型有不错的拟合度（Schumacker and Lomax，2004）。RMSEA 不受样本量影响	<0.08
非标准拟合度指标（Non–Normed Fit Index，NNFI）	非标准拟合度指标又称为 TLI（Tucker–Lewis Index），其在估计时考虑模型的复杂程度。NNFI 不受样本量的影响。胡和班特雷（Hu & Bentler，1999）建议 NNFI 大于 0.95，小于 0.9 是不可接受的	>0.9
增值拟合度指标（Incremental Fit Index，IFI）	增值拟合度指标又称为 Delta 2，一般来说，IFI 大于等于 0.9 为模型可接受。IFI 不受样本量影响	>0.9
比较性拟合度指标（Comparative Fit Index，CFI）	比较性拟合度指标可反映假设模型与无任何共变关系的独立模型的差异程度。CFI 不受样本量的影响（Fan，Thompson，and Wang，1999）。CFI 越接近 1 代表模型拟合度越理想，传统上认为 CFI 在 0.9 以上为良好适配	>0.9

（6）模型修正：进行必要的模型修正以改善模型拟合度。

本书使用 SPSS21.0 与 Amos21.0 软件，运用结构方程模型对潜变量进行了验证性因子分析，运用结构方程模型检验了外生潜变量对内生潜变量的作用机制，通过自抽样技术使用信赖区间法验证员工敬业度的中介作用，进而验证自变量天职取向对因变量工作绩效的促进作用。根据本书中具体研究内容的需要，使用的研究方法概述如下：

（1）使用内部一致性信度检验量表信度。判别标准是克朗巴赫系数和题项的总相关系数（Corrected–Item Total Correlation，CITC）都要符合一定水平。

（2）使用验证性因子分析（Confirmatory Factor Analysis，CFA）检验量表的构面效度。

（3）使用验证性因子分析检验数据质量。

（4）使用多群组分析检验控制变量不同类别之间是否具有差异。

（5）使用路径分析检验变量之间的关系并验证假设是否成立。

（6）运用 Amos 软件中的自抽样技术，使用信赖区间法对员工敬业度的中介作用进行验证。

以上各方法的具体内容、使用步骤和判别标准将在所属章节进行详细说明，此处不再赘述。

7.3 数据收集

本书采取问卷调查的方式收集研究数据，在发放问卷前首先要进行抽样。抽样是研究工作中极为重要的环节，样本质量的优劣决定了研究结论的适用性和外推性（李怀祖，2004）。抽样就是确定观察对象的过程，主要包括概率抽样与非概率抽样两大类。概率抽样是在所有样本的名单中随机抽取部分样本进行调查。非概率抽样包括了就近抽样、目标式或判断式抽样、滚雪球抽样以及配额抽样等方式。在现实调查中往往不具有达到完全概率抽样的条件，所以更多的研究采取非概率抽样。基于对提高数据质量、保证样本有效性的原则，本书中的问卷发放采用了非概率抽样。

7.3.1 调查对象及单位的选择

本书样本全部来自北京地区。以北京地区作为研究样本的主要来源地有以下原因：第一，北京作为首都，其独特的地理优势成为全国关注的焦点；第二，随着北京的发展，许多大型知名企业、高新科技企业纷纷落户于此，北京逐渐成为知识型员工的集中地；第三，考虑到样本获取的便利性。

本书在对调查企业的选择上，也考虑到了研究结论的普适性问题。虽然调查对象都为知识型员工，但调查时对企业所属性质的选择尽可能地涵盖了所有可能，研究中所选企业包括国有企业、民营企业、外资/合资企业、事业单位和国家机关等。研究中调查单位名单如表 7.2 所示。

本书的目的是考察知识型员工天职取向对工作绩效的影响，以及员工敬业度的中介效应，所以调查对象确定为知识型员工。为保证调查对象的准确性与代表性，所选取的被试者是在企业中从事研究开发、技术创新、网络支持、产品设计、质量管理和项目管理等工作，及与知识、技术工作密切相关的员工。

表7.2　调查企业名单

编号	单位名称	单位性质
1	中国东方资产管理公司	国有企业
2	中国建筑材料科学研究总院	
3	中国建材检验认证集团	
4	北京中关村科技担保融资有限公司	
5	中信国安盟固利电源技术有限公司	
6	山西证券股份有限公司	
7	安信证券股份有限公司	
8	中国空间技术研究院（航天五院）	
9	北京中水科海利工程技术有限公司	
10	中国农业银行	
11	三菱东京日联银行（中国）	外资企业
12	澳新银行集团北京分行	
13	易美济公关关系公司（荷兰）	
14	宝马（中国）汽车贸易有限公司	
15	培生（北京）咨询有限公司	
16	北京新东方科技教育集团	民营企业
17	北京天智航医疗科技股份有限公司	
18	北京丽贝亚建筑装饰工程有限公司	
19	北京南熙航科技有限公司	
20	同煤集团	
21	千禧实业有限责任公司	
22	宏启税务师事务所	
23	精锐金融培训中心	
24	北京正略钧策管理咨询公司	
25	阳光壹佰置业集团	

续表

编号	单位名称	单位性质
26	优卓文化传播有限公司	民营企业
27	日信证券	
28	华文天下图书有限公司	
29	弘文馆出版策划有限公司	
30	北京寰岛餐饮有限公司	
31	北京有限京公司	
32	国际教育发展有限公司	
33	东方富通管理有限公司	
34	中信书店	
35	北京蓝海德国际贸易有限公司	
36	迈弗森（北京）市场咨询有限公司	
37	北京天尚盛韵文化投资有限公司	
38	碧水源	
39	龙立科贸有限公司	
40	北京东方红航天生物技术股份有限公司	
41	博强时尚数码	
42	东方红公司	
43	北京信长城技术研究所	
44	北京方位捷讯科技有限公司	
45	中国老龄委	事业单位
46	首都经济贸易大学	
47	中国保监会稽查局	
48	北京市朝阳区综合治理办公室	
49	中国水利水电科学研究院结构材料所	
50	中国福利协会	

7.3.2 样本量的确定

本书使用结构方程模型对数据进行分析、对假设进行检验，而结构方程模型是一种大样本分析技术，由于协方差矩阵的大小对样本量非常敏感，所以样本量不宜太小。一般而言，若研究的变量超过 10 个，样本量低于 200 个，参数的估计是不稳定的，而且显著性检验也会缺乏统计检定力。虽然国内外就结构方程模型样本量的确定原则尚未统一，但获得共识的基本原则是：①样本量不可小。布斯马认为，样本量越大，模型越容易获得恰当解、参数估计的精确程度越高（Boomsma，1982）。②样本量不得低于 100。侯杰泰等认为，样本量低于 100 所产生的相关矩阵不够稳定，结构方程模型的信度降低（侯杰泰等，2004）。克莱恩认为，低于 100 个样本在结构方程模型分析下是不具有说服力的（Kline，2005）。③样本量不宜超过 500。如无特殊设定，结构方程模型在进行数据分析时会默认使用最大似然法，而最大似然法在样本量超过 500 时，卡方值会严重膨胀，导致模型适配不好。杰克森研究提出，在最大似然法估计下，估计参数与样本数比值应为 1∶20，1∶10 是样本量的最小要求，如果比值降低到 1∶5 以下，研究结论就不值得相信了（Jackson，2003）。

综合上述观点并结合王重鸣提出的几个取样时应考虑的因素，包括研究准确性、研究的经费和成本及总体的同质性等（王重鸣，2001），再考虑到样本回收率、样本有效率，最后确定了发放样本数量为 800 份，最终回收有效问卷 522 份，样本量符合结构方程模型要求。

7.3.3 问卷的发放与回收

本书正式调查中所采用的问卷有两种形式：纸版问卷及网络问卷。不同形式的问卷发放回收过程有所不同，具体情况说明如下：

7.3.3.1 纸版问卷

正式调查中纸版问卷的发放方式与预调查时完全相同，具体设计及发放方式已在本书 6.5.3 中做了详细说明，此处不再赘述。

7.3.3.2 网络问卷

网络问卷在方便灵活的同时亦通过设计尽量规避了共同方法变异的出现，具体设计细节请参考附录。

（1）网络问卷的优点。

第一，规避社会称许性反应偏误。在预调查的反馈中，虽然问卷采用匿名方式填答，但仍旧有被试者反映由于问卷最终汇总至直属领导处，所以在填答时有所顾忌。这使得研究受到社会称许性反应偏误的影响，在正式调查时希望能对这一偏误进行有效规避。社会称许性反应偏误已引起众多学者的关注和研究，德威（Dwight）在对近200篇研究报告进行元分析的基础上指出，计算机呈现方式下的印象管理测验的分数比纸笔测验方式下的印象管理分数更低（Dwight，2000）。所以正式调查中采用网络问卷进行填答，被试者填答完毕并提交问卷后，系统会将问卷自动封存，以保证问卷不会被填答者和研究者以外的第三方看到，由此增加了对填答结果的保密性，在一定程度上有效避免了被试者对于真实作答的顾忌。

第二，提高问卷填答的完整性。在预调查对无效问卷的剔除过程中发现，虽然研究者一再强调问卷完整性的重要，但是仍存在一些被试者因疏忽而非有意漏答了题项，降低了问卷的有效性。在正式调查阶段，网络问卷的形式可以通过系统设计有效规避漏答现象的出现。被试者在网络问卷的填答过程中，若问卷有漏答题项则不允许填答者对问卷进行提交操作，同时系统还会提示填答者具体有哪些漏答题项。

第三，方便灵活，提高效率。使用网络问卷进行填答，对于被试者而言，可以拥有更灵活的填答时间，更私密的填答环境，有利于提高填答质量和真实性；对于研究者而言，可以降低研究成本，节省问卷收发的时间；亦可以在短时间内收集范围更广、质量更好的数据从而提高研究质量；由于降低了对纸张的使用，也使得研究更环保；最重要的是网络问卷在填答后可以自动将数据导入Excel中，这不仅减少了数据导入的工作量，而且有效保证了数据的正确性与真实性，同时提高了数据处理的效率。

（2）网络问卷的发放步骤。联系预调查企业人力资源管理部门或相关部门领导并对研究工作进行简要介绍，寻求协助；在获得同意后获取预参加问卷填写领导的联系方式；由笔者将网络问卷填写登录账号及详细的填写说明发送给每位领导；领导及其下属凭借登录账号进入网页进行填写；调查者在系统后台查看填写情况并对填写完毕者邮寄礼物。

（3）网络问卷的内容设计及填答流程。

第一，网络问卷内容包括：问卷的总标题、问卷说明、问卷填写要求、问卷填写阶段示意图、问卷调查主题内容、被试基本情况和必要说明（感谢及礼物接收地址）等。设计中由系统保证问卷填答的完整性即未全部填答完毕无法提交问卷并由系统给出提示；同时对填答者选择答案进行强制单选即对于每一个题项填答者只能选择唯一答案。

第二，领导填答流程为：进入网页并输入登录账号、阅读填写说明、创建下属信息、填写问卷、填写地址、将问卷网址及"下属登录账号"告知对应下属和等待收取并发放礼物。

第三，员工填答流程为：进入网页并输入登录账号、填写问卷和等待收取礼物。

7.3.3.3 问卷回收汇总

2013年9月至2014年2月进行正式调查，此次调查共发放问卷800份，其中，纸版问卷200份，网络问卷600份；共回收问卷620份，其中，纸版问卷182份，网络问卷438份；经过数据配对及对无效问卷的剔除后，得到有效问卷522份，其中，纸版问卷155份，网络问卷367份。问卷总回收率为77.5%，总有效率为84.2%（见表7.3）。

表 7.3　问卷发放及回收情况统计表

	发放份数	回收份数	回收率（%）	有效份数	有效率（%）
纸版问卷	200	182	91.0	155	85.2
网络问卷	600	438	73.0	367	83.8
合计	800	620	77.5	522	84.2

本书对于无效问卷的剔除遵循了如下原则，即凡是符合下列情况的问卷均予以剔除：①每一部分或者全部题项填答相同的；②题项或者个人信息部分有缺失值的；③题项填答呈现规律变化的，例如，12345循环；④数据无法配对的，例如，员工填答但相对应的直接领导未填答。

7.4 数据描述

经过对无效问卷的剔除，研究者将纸版问卷中的数据进行编码、录入并存入 Excel 中形成第一组数据，网络问卷中的数据按照设定的剔除原则经过系统筛查后，生成 Excel 文件第二组数据。

7.4.1 同质性检验

研究中，当样本的来源并不唯一时，应将样本数据合并后进行同质性检验，即检验不同来源资料是否一致。若是一致才可以合并分析；若不一致则表示样本可能缺乏代表性，应重新抽样调查（Armstrong & Overton，1977）。本书中样本获取有两种形式，纸版问卷和网络问卷，因此需要检验两组样本在形态上是否具有一致性。

同质性检验的方法是检验两组样本的控制变量是否一致，因为控制变量均为类别变量，所以使用卡方检验，虚无假设为两组样本无差异，当检验结果为不显著（p>0.05）即接受虚无假设时表示两组样本可以合并分析。本书中选择性别、年龄、学历等 7 个控制变量进行同质性检验。检验结果如表 7.4 所示。

表 7.4　纸版问卷与网络问卷同质性检验

控制变量	类别名称	问卷形式		合计	同质性比较	
		纸版问卷	网络问卷		卡方值	p 值
性别	女	72	162	234	0.235	0.628
	男	83	205	288		
合计		155	367	522	—	—
年龄（岁）	<31	82	170	252	3.535	0.618
	31~35	47	115	162		
	36~40	12	42	54		
	41~45	8	28	36		
	46~50	4	8	12		
	>50	2	4	6		
合计		155	367	522	—	—
学历	大学专科以下	7	17	24	4.106	0.392
	大学专科	12	30	42		
	大学本科	75	147	222		
	硕士研究生	58	158	216		
	博士研究生	3	15	18		
合计		155	367	522	—	—

控制变量	类别名称	问卷形式		合计	同质性比较	
		纸版问卷	网络问卷		卡方值	p 值
工作年限	<5	73	161	234	0.958	0.916
	5~10	34	86	120		
	11~15	30	72	102		
	16~20	11	25	36		
	>20	7	23	30		
合计		155	367	522	—	—
职务	普通员工	140	310	450	3.260	0.196
	基层管理者	13	47	60		
	中层管理者	2	10	12		
合计		155	367	522	—	—
雇佣关系	固定工 / 长期雇佣	60	150	210	4.249	0.373
	合同工	69	159	228		
	劳务派遣工	9	21	30		
	非全日制用工	13	35	48		
	其他	4	2	6		
合计		155	367	522	—	—
企业性质	国有企业	30	84	114	2.920	0.404
	民营企业	70	176	246		
	外资 / 合资企业	35	61	96		
	机关事业单位	20	46	66		
合计		155	367	522	—	—

根据表 7.4 的结果，本书中纸版问卷与网络问卷在 7 个控制变量的卡方检验的 p 值均大于 0.05，即两种形式的问卷在这些变量上的分布均没有

差异，因此纸版问卷与网络问卷的回收数据可以加以合并，一起分析。

7.4.2 样本描述性统计

调查回收的 522 份有效问卷的样本基本信息如表 7.5 所示。在 522 个样本中有 234 位女性，288 位男性；被试者年龄集中在 40 岁以下，占总样本的 89.7%；被试者学历以大学本科、硕士为多，占总样本的 42.5% 和 41.4%，结果符合知识型员工普遍高学历的客观情况；被试者的工作年限集中在 15 年以下，占总样本的 87.4%；被试者职务以普通员工最多，所占比例为 86.2%；被试者的雇佣关系中以固定工和合同工占多数，合计比例为 83.9%；企业性质以民营企业居多，其他类别样本数则比较分散。

表 7.5　正式调查样本频率分布表（样本数 =522）

变量名称	类别名称	频率	百分比	有效百分比	累积百分比
性别	女	234	44.8	44.8	44.8
	男	288	55.2	55.2	100.0
	合计	522	100.0	100.0	—
年龄（岁）	<31	252	48.3	48.3	48.3
	31~35	162	31.0	31.0	79.3
	36~40	54	10.3	10.3	89.7
	41~45	36	6.9	6.9	96.6
	46~50	12	2.3	2.3	98.9
	>50	6	1.1	1.1	100.0
	合计	522	100.0	100.0	—
学历	大学专科以下	24	4.6	4.6	4.6
	大学专科	42	8.0	8.0	12.6
	大学本科	222	42.5	42.5	55.2
	硕士研究生	216	41.4	41.4	96.6
	博士研究生	18	3.4	3.4	100.0
	合计	522	100.0	100.0	—

变量名称	类别名称	频率	百分比	有效百分比	累积百分比
工作年限	<5	234	44.8	44.8	44.8
	5~10	120	23.0	23.0	67.8
	11~15	102	19.5	19.5	87.4
	16~20	36	6.9	6.9	94.3
	>20	30	5.7	5.7	100.0
	合计	522	100.0	100.0	—
职务	普通员工	450	86.2	86.2	86.2
	基层管理者	60	11.5	11.5	97.7
	中层管理者	12	2.3	2.3	100.0
	合计	522	100.0	100.0	—
雇佣关系	固定工 / 长期雇佣	210	40.2	40.2	40.2
	合同工	228	43.7	43.7	83.9
	劳务派遣工	30	5.7	5.7	89.7
	非全日制用工	48	9.2	9.2	98.9
	其他	6	1.1	1.1	100.0
	合计	522	100.0	100.0	—
企业性质	国有企业	114	21.8	21.8	21.8
	民营企业	246	47.1	47.1	69.0
	外资 / 合资企业	96	18.4	18.4	87.4
	机关事业单位	66	12.6	12.6	100.0
	合计	522	100.0	100.0	—

7.4.3 量表题项描述性统计

正式调查中天职取向量表、员工敬业度量表、工作绩效量表中各题项的均值、标准差、极小值、极大值、偏度及峰度等描述统计量如表7.6、表7.7、

表 7.8 所示，依据 6.6.1 中叙述的相关分析判别标准，各量表中各题项均具有鉴别力且符合单变量正态分布。

7.4.3.1 天职取向描述性统计

表 7.6 显示：①天职取向量表中各题项的数据个数均为 522，与样本数一致，表明在该题项的填答上无缺失值；②各题项的极小值与极大值均为 1 和 5，可以初步判定无数据录入错误；③各题项均值均在 2~3，表明数据分布较好，没有过分集中；④5 个题项权距与标准差的比值均小于 5，表明各题项均具有鉴别力；⑤各题项偏度的绝对值均小于 1；峰度的绝对值均小于 7，表明数据符合单变量正态分布。

表 7.6　天职取向题项描述性统计量（样本数 =522）

题项	个数	极小值	极大值	均值	标准差	偏度	峰度
QX1	522	1	5	2.76	1.094	0.119	−0.664
QX2	522	1	5	2.84	1.072	0.268	−0.291
QX3	522	1	5	2.90	0.996	0.068	−0.031
QX4	522	1	5	2.69	1.033	0.208	−0.199

7.4.3.2 员工敬业度描述性统计

表 7.7 显示：①员工敬业度量表各题项的数据个数均为 522，与样本数一致，表明在该题项的填答上无缺失值；②各题项的极小值与极大值均为 1 和 5，可以初步判定无数据录入错误；③各题项均值均在 2~4，表明数据分布较好，没有过分集中；④9 个题项权距与标准差的比值均小于 5，表明各题项均具有鉴别力；⑤各题项偏度的绝对值均小于 1；峰度的绝对值均小于 7，表明数据符合单变量正态分布。

表 7.7　员工敬业度题项描述性统计量（样本数 =522）

题项	个数	极小值	极大值	均值	标准差	偏度	峰度
JY1	522	1	5	3.44	0.894	−0.391	−0.434
JY2	522	1	5	3.45	0.945	−0.426	0.049
JY3	522	1	5	3.46	0.908	−0.204	−0.420
JY4	522	1	5	3.67	0.931	−0.579	0.199
JY5	522	1	5	3.46	0.981	−0.144	−0.734

续表

题项	个数	极小值	极大值	均值	标准差	偏度	峰度
JY6	522	1	5	3.62	0.951	−0.551	−0.004
JY7	522	1	5	2.80	1.154	0.161	−0.804
JY8	522	1	5	3.29	0.994	−0.318	−0.334
JY9	522	1	5	2.91	1.058	−0.050	−0.611

7.4.3.3 工作绩效描述性统计

表 7.8 显示：①工作绩效量表各题项的数据个数均为 522，与样本数一致，表明在该题项的填答上无缺失值；②各题项的极小值与极大值均在 1~5，可以初步判定无数据录入错误；③各题项均值均在 3~4，表明数据分布较好，没有过分集中；④18 个题项权距与标准差的比值均小于 6，表明题项均具有鉴别力；⑤各题项偏度的绝对值均小于 1；峰度的绝对值均小于 7，表明数据符合单变量正态分布。

表 7.8　工作绩效题项描述性统计量（样本数 =522）

题项	个数	极小值	极大值	均值	标准差	偏度	峰度
RWJX1	522	2	5	3.66	0.771	−0.075	−0.391
RWJX2	522	1	5	3.70	0.819	−0.410	0.372
RWJX3	522	1	5	3.63	0.860	−0.196	−0.071
RWJX4	522	2	5	3.64	.0727	−0.238	−0.136
RWJX5	522	1	5	3.46	0.882	−0.332	−0.315
GLCJ1	522	1	5	3.67	0.782	−0.663	0.839
GLCJ2	522	1	5	3.64	0.826	−0.280	−0.212
GLCJ3	522	1	5	3.57	0.863	−0.166	−0.444
GLCJ4	522	1	5	3.49	0.861	−0.248	−0.491
GLCJ5	522	1	5	3.54	0.842	−0.231	−0.366
GLCJ6	522	1	5	3.66	0.832	−0.265	−0.244
GLCJ7	522	1	5	3.64	0.872	−0.184	−0.467

题项	个数	极小值	极大值	均值	标准差	偏度	峰度
GLFX1	522	1	5	3.47	0.949	−0.343	−0.287
GLFX2	522	1	5	3.62	0.848	−0.476	−0.023
GLFX3	522	1	5	3.27	0.870	−0.057	0.207
GLFX4	522	1	5	3.46	0.842	−0.105	−0.241
GLFX5	522	1	5	3.55	0.895	−0.338	0.042
GLFX6	522	1	5	3.44	0.973	−0.333	−0.132

7.5 数据质量检验

基于结构方程模型的特点、使用原则及前提假设，在对数据进行分析之前，首先要对数据质量进行检验以保证后续统计分析的准确性。本书对数据质量的检验包括对数据中缺失值的查找、数据正态性检验、对共同方法变异的检验及 Bollen 二阶段检验等。

7.5.1 缺失值的查找

结构方程模型以协方差矩阵分析数据，所以 Amos 软件在进行数据分析以前会将问卷中填答的原始数据转换成协方差矩阵。若数据中存在缺失值，就可能产生"非正定矩阵"（nonpositive definitive matrices）问题。为避免影响后续研究，数据质量检验的第一步就是对缺失值的查找及插补。

本书中问卷发放数量达到 800 份，在整理回收问卷时由于样本数量充足，所以采取了较为严格的剔除原则，对于出现缺失值的问卷均予以删除。通过对样本及各量表中题项的描述性统计可知数据无缺失值，可进入下一检验。

7.5.2 多元正态检验

Amos 软件默认以极大似然法（Maximum Likelihood Method）、最小平方法（Least-Squares Method）进行假设检验、区间推定等。要对标准误做有效的计算，Amos 软件会做以下假设：线性关系、观察值独立（样本随机）和观察变量必须满足正态分布。如果能满足上述两个前提假设，则 Amos

软件就会产生"渐进结论"（asymptotic conclusions），也就是所获得的结论在大样本的情况下会是"几乎正确的"（approximately true）。因此要进行观察变量的正态性检验。正态性分布的基本假设涉及单变量的正态分布和多变量的正态分布。违反多变量正态分布会导致高估卡方值及低估参数估计值的标准误。

本书使用 Amos 软件进行正态性检验。从正态检验结果可知本书中所有观察变量的偏度的绝对值都没有超过 1，峰度的绝对值都没有超过 7。因此，根据克莱恩的标准，各观察变量全部符合单变量正态分布。多元正态检验值 CR 为 17.66，大于克莱恩所建议的标准（CR 小于等于 5），因此数据不符合多元正态分布。下一步要检验是否存在影响多元正态分布的异常值。

本书使用马氏距离计算并检验异常值是否存在，判别标准为 p 值小于 0.001 时拒绝该数据，但同时要注意的是，p 值显著只表示马氏距离存在，是否是异常值即是否删除该数据还应看此数据与下一被试数据是否有较大的差异。从异常值检验结果可知 p 值小于 0.001 的数据之间差异不是很大，判断这些数据的影响很有限，应予以保留进入下一阶段分析。

综上所述，本书中的数据符合单变量正态分布，但未能完全符合多元正态分布。虽然不符程度并不严重（CR<50），但仍可能会造成标准误的低估及卡方值的膨胀，为此要对非多元正态进行修正，本书中采用 Bollen–Stine bootstrap χ^2 法修正，具体修正过程将在模型估计拟合度时呈现。

Bollen–Stine bootstrap χ^2 修正即由于数据处于非多元常态下会造成 χ^2 的膨胀，使得模型拟合度变差，因此，波兰和斯蒂安（Bollen & Stine）建议以他们发展的 Bollen–Stine bootstrap 进行卡方值的修正，并重新估计模型拟合度（Bollen & Stine，1992）。

7.6 验证性因子分析

7.6.1 验证性因子分析方法与步骤

验证性因子分析（Confirmatory Factor Analysis，CFA）是验证一组观察变量是否真正属于某一特定构面的统计分析技术。验证性因子分析是结构方程的次模型，验证性因子分析所检验的是观察变量与潜在变量的假设关系，可以说是结构方程模型最基础的测量部分，不但是结构方程模型后续高阶统计的检验基础，还可以应用于信度、效度的检验（Bentler 等，

1987）。在本书的预调查中，已经对量表进行过探索性因子分析，量表所包含的题项已经较为明确，正式调查中使用验证性因子分析再次确认量表及所包含的题项是否与预期相符。本书中将使用验证性因子分析方法验证量表的构建信度、收敛效度和区别效度；检测共同方法变异存在与否；检测模型是否存在共线性的问题。

巴格茨（Bagozzi）提出，虽然结构方程模型允许测量模型和结构模型同时分析，但是从测量模型开始分析通常是比较有意义而且是有用的方式（Bagozzi，1983）。托马森（Thomopson）也提出应用结构方程模型分析时，在分析结构模型之前，应先分析测量模型，因为测量模型可以正确地反映研究的构面（Thomopson，2004）。构面是结构方程模型的一部分，若构面没有信度，构面之间的连接也就毫无意义。为了为后续结构方程模型分析打好基础并保证研究的严谨性，本书中的验证性因子分析分为两部分，即先做单构面验证性因子分析即验证潜在变量与观察变量的关系，再做 Bollen 二阶段检验，即研究模型的验证性因子分析，即验证潜在变量与观察变量关系和潜在变量之间的相关关系。

结构方程模型的步骤是：模型设定、模型辨识、模型估计、模型检验和模型修正（Schumacker & Lomax，2010）。

7.6.2 各构面验证性因子分析

本书首先对模型中的每一个构面进行了验证性因子分析。衡量一个测量模型的质量要参考以下指标（Hair 等，2009；Fornell and Larcker，1981）：

（1）因子载荷（factor loadings）：潜在变量与观察变量的关系。因子载荷大于 0.7 为理想，0.6~0.7 为可接受，最低不得小于 0.5。

（2）组成信度（composite reliability，CR）：组成信度值是所有观察变量信度的组成，表示用于测量同一构面的所有观察变量的内部一致性，信度越高表示内部一致性越高。组成信度值在 0.7 以上为可接受（Hair，1998），也有学者认为 0.6 以上即可。

（3）平均方差萃取量（average of variance extracted，AVE）：平均方差萃取量是计算潜在变量对各观察变量的方差解释力，平均方差萃取量越高表示潜在变量有越高的信度和收敛效度。平均方差萃取量的值应大于 0.5（Fornell & Larcker，1981）。

（4）多元相关平方（square multiple correlations，SMC）：因子载荷的

平方即潜在变量对某一观察变量的解释能力，也表示了该观察变量的信度。SMC 值大于 0.5 为理想，0.36~0.5 为可接受。

7.6.2.1 天职取向构面验证性因子分析

天职取向构面共有 4 个题项，自由度为 10，估计参数为 8，自由度大于估计参数，模型属于过度辨识，符合理论上模型验证的要求验证性因子分析后，结果（见图 7.1）显示：标准化系数下因子载荷均在 0.6~0.9，均在可接受范围；残差均为正值而且显著，未违反估计；组成信度值为 0.843，超过 0.7 的标准；平均方差萃取量为 0.576，超过 0.5 的标准，因此保留此 4 个题项做后续分析。

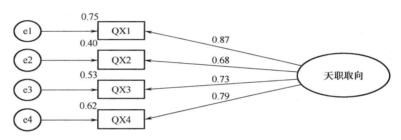

图 7.1　天职取向构面验证性因子分析

7.6.2.2 员工敬业度构面验证性因子分析

员工敬业度构面共有 9 个题项，自由度为 45，估计参数为 18，自由度大于估计参数，模型属于过度辨识，符合理论上模型验证的要求。验证性因子分析后，结果（见图 7.2）显示：标准化系数下因子载荷均在 0.6~0.9，

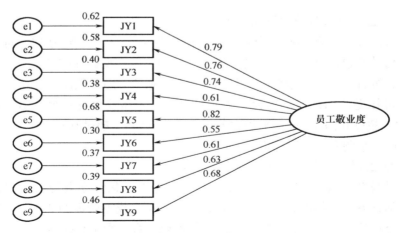

图 7.2　员工敬业度构面验证性因子分析

均在可接受范围；残差均为正值而且显著，未违反估计；组成信度值为0.885，超过0.7的标准；平均方差萃取量为0.465，接近0.5的标准，在可接受范围，因此保留此9个题项做后续分析。

7.6.2.3 任务绩效构面验证性因子分析

任务绩效构面共有5个题项，自由度为15，估计参数为10，自由度大于估计参数，模型属于过度辨识，符合理论上模型验证的要求。验证性因子分析后，由于RWJX5的因子载荷为0.45，低于0.5，显示该观察变量缺乏信度，为求模型精简，予以删除。删除后重新进行验证性因子分析，模型仍旧过度辨识，结果（见图7.3）显示：标准化系数下因子载荷均在0.5~0.9，均在可接受范围；残差均为正值而且显著，未违反估计；组成信度值为0.811，超过0.7的标准；平均方差萃取量为0.526，超过0.5的标准，因此任务绩效构面最终保留4个题项做后续分析。

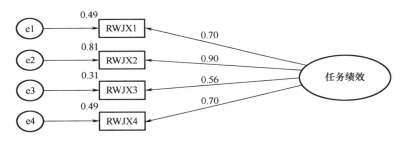

图7.3　任务绩效构面验证性因子分析

7.6.2.4 人际促进构面验证性因子分析

人际促进构面共有7个题项，自由度为28，估计参数为14，自由度大于估计参数，模型属于过度辨识，符合理论上模型验证的要求。验证性因子分析后，结果（见图7.4）显示：标准化系数下因子载荷均在0.6~0.8，均在可接受范围；残差均为正值而且显著，未违反估计；组成信度值为0.894，超过0.7的标准；平均方差萃取量为0.548，超过0.5的标准，因此保留此7个题项做后续分析。

7.6.2.5 献身精神构面验证性因子分析

献身精神构面共有6个题项，自由度为21，估计参数为12，自由度大于估计参数，模型属于过度辨识，符合理论上模型验证的要求。验证性因子分析后，结果（见图7.5）显示：标准化系数下因子载荷均在0.6~0.9，

均在可接受范围；残差均为正值而且显著，未违反估计；组成信度值为
0.902，超过 0.7 的标准；平均方差萃取量为 0.606，超过 0.5 的标准，因此
保留此 6 个题项做后续分析。

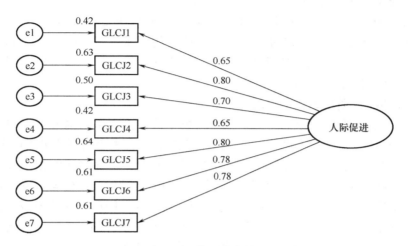

图 7.4　人际促进构面验证性因子分析

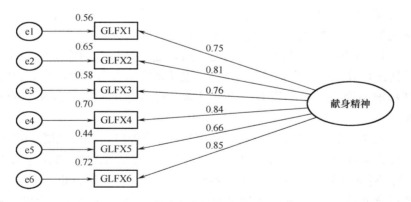

图 7.5　献身精神构面验证性因子分析

7.6.3 Bollen 二阶段检验

安德森和哲宾（Anderson & Gerbing）除了建议测量模型与结构模型需要分开处理外，还建议在结构方程模型分析之前需要先检查所有构面的相关、强度、方向是否符合理论上的要求（Anderson & Gerbing，1988）。具体做法为，将研究模型重新构架成验证性因子分析结构方程模，并进行模型评估和验证。

Bollen 二阶段检验的目的为：

（1）结构模型拟合可能。二阶段模型估计准则是结构方程模型分析的充分条件，即测量模型下，模型可以正定，那么整个模型才可能正定。

（2）检验潜变量之间是否存在共线性问题。构面之间的相关过高，若发生在因果路径上，则不会影响模型回归系数的估计；但若是发生在同一个层次上，就会有共线性的问题出现。共线性问题可能导致模型拟合度没有问题，但是路径系数却不显著等问题。研究中对共线性问题的判别标准是若潜变量，特别是同一层次的潜变量之间相关过高（大于 0.85，甚至 0.9），则表示共线性可能存在。

（3）模型是否不具解释能力。若外生潜变量与内生潜变量相关太低，可能造成模型没有解释能力及路径不显著的结果。判别标准是潜变量之间相关不能太低（不能小于 0.3）。

（4）数据有无违反估计的问题。所谓违反估计是指模型内统计所输出的估计系数，超出了可接受的范围，也就是模型获得不适当的解的情况。判别标准是误差方差必须为正而且显著，观察变量的因子载荷不能超过 0.95。

本书中 Bollen 二阶段检验，模型经修正后得到结果（见图 7.6）为：卡方值为 439.656，自由度为 435，卡方 / 自由度为 1.113，拟合度指标为 0.963，调整后的拟合度指标为 0.955，平均近似误差均方根为 0.015，非标准拟合度指标为 0.996，增值拟合度指标为 0.996，比较性拟合度指标为 0.996，均符合拟合标准（判别标准见表 7.1）。

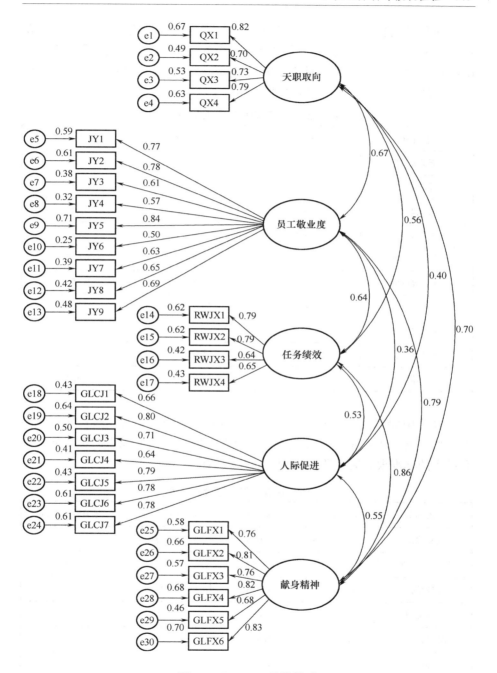

图 7.6 Bollen 二阶段检验

从估计的标准化系数看，任务绩效与献身精神相关系数为 0.862，略高于 0.85，在可接受范围；除此以外所有潜变量的两两相关系数均介于 0.3~0.8，属于中度相关（见表 7.9），这表示潜变量之间基本上没有共线性问题的存在，也没有不相关的变量存在于结构方程模型之中。

表 7.9   Bollen 二阶段检验标准化相关系数表

潜变量	相关	潜变量	皮尔逊相关
天职取向	<-->	员工敬业度	0.670
天职取向	<-->	任务绩效	0.559
天职取向	<-->	人际促进	0.403
天职取向	<-->	献身精神	0.698
员工敬业度	<-->	任务绩效	0.637
员工敬业度	<-->	人际促进	0.356
员工敬业度	<-->	献身精神	0.794
任务绩效	<-->	人际促进	0.534
任务绩效	<-->	献身精神	0.862
人际促进	<-->	献身精神	0.554

表 7.10 结果显示，所有误差方差均为正值，没有负值出现；所有误差方差均显著，表示每一个误差方差都存在；回归估计值均未超过 0.95；没有过大的标准误，表明研究模型没有违犯估计的情形出现。

表 7.10   变量违犯估计检验结果表

变量名称	估计值	标准误 S.E.	CR（t-value）	显著性 P-value
天职取向	0.800	0.076	10.480	***
员工敬业度	0.468	0.047	9.967	***
任务绩效	0.369	0.036	10.188	***
人际促进	0.265	0.033	8.117	***
献身精神	0.524	0.052	10.098	***
e1	0.394	0.039	10.025	***
e2	0.579	0.046	12.674	***

续表

变量名称	估计值	标准误 S.E.	CR（t-value）	显著性 P-value
e3	0.463	0.036	12.963	***
e4	0.408	0.035	11.647	***
e5	0.329	0.024	13.461	***
e6	0.347	0.025	13.639	***
e7	0.513	0.034	15.024	***
e8	0.589	0.039	15.138	***
e9	0.278	0.023	12.068	***
e10	0.677	0.044	15.388	***
e11	0.809	0.056	14.473	***
e12	0.570	0.040	14.238	***
e13	0.579	0.042	13.915	***
e14	0.225	0.019	12.065	***
e15	0.254	0.022	11.335	***
e16	0.431	0.030	14.245	***
e17	0.302	0.022	13.880	***
e18	0.345	0.023	14.690	***
e19	0.246	0.019	12.722	***
e20	0.369	0.026	14.349	***
e21	0.437	0.029	14.838	***
e22	0.261	0.020	12.910	***
e23	0.273	0.021	13.293	***
e24	0.293	0.022	13.336	***
e25	0.375	0.026	14.457	***
e26	0.247	0.018	13.833	***
e27	0.323	0.022	14.528	***
e28	0.229	0.017	13.495	***

变量名称	估计值	标准误 S.E.	CR（t-value）	显著性 P-value
e29	0.428	0.028	15.070	***
e30	0.288	0.022	13.228	***

注：***. 为 p<0.001（2-tailed）。

7.6.4 共同方法变异检验

在管理学的研究中，共同方法变异经常出现，而且其影响不容小觑，因此，专家与学者建议采用事前预防与事后检验的方法来避免。就事前预防而言，本书在问卷设计（见本书 6.3）和数据收集（见本书 7.3）阶段已采取数据收集来源隔离、网络问卷设计和问卷匿名填写等措施对共同方法变异予以规避。而且本书采用单因子验证性因子分析（Mossholder 等，1998）来检测研究是否存在共同方法变异的问题。

单因子验证性因子分析评估共同方法变异是运用其巢型竞争模型复杂度的增加，评估其卡方值增加是否达到显著（McFarland & Sweeny，1992）。由于单因子验证性因子分析为多因子有相关验证性因子分析的巢型结构，因此单因子验证性因子分析的模型拟合度必定比多因子有相关验证性因子分析的模型拟合度差。假如模型存在共同方法变异，可能造成潜变量之间相关较高，因此单因子验证性因子分析的模型拟合度应该与多因子有相关验证性因子分析的模型拟合度差异不明显。

具体做法为，先执行单因子验证性因子分析，再执行模型较复杂的多因子验证性因子分析，虚无假设为单因子验证性因子分析与多因子验证性因子分析拟合度相同。执行两个模型后，检验单因子验证性因子分析模型与多因子验证性因子分析模型相差的自由度与卡方值是否达到显著，如果没有显著差异表示共同方法变异存在。

单因子验证性因子分析的结果如图 7.7 所示，有 8 个因子载荷未超过0.5。模型拟合指标卡方值为 5 768.790，自由度为 405，卡方 / 自由度为14.244，拟合度指标为 0.518，调整后的拟合度指标为 0.446，平均近似误差均方根为 0.159，非标准拟合度指标为 0.492，增值拟合度指标为 0.529，比较性拟合度为 0.527，指标值显示模型拟合度不好。多因子有相关验证性因子分析的结果为模型卡方值 3 637.731，自由度为 395，卡方 / 自由度为 9.209，比较性拟合度指标为 0.682，调整后的拟合度指标为 0.626，平

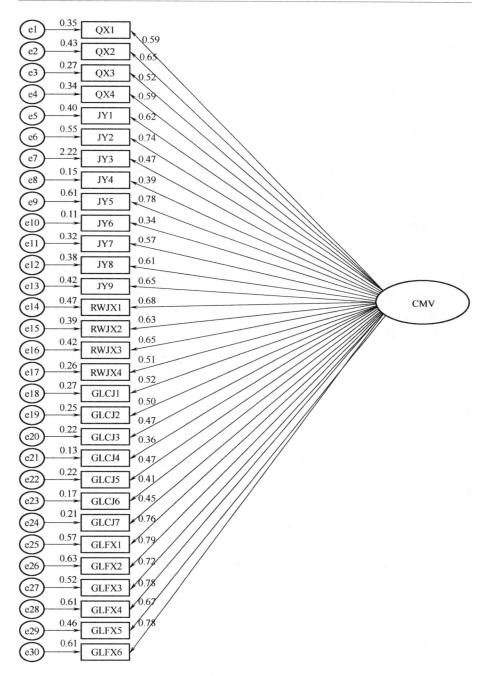

图 7.7　单因子验证性因子分析

均近似误差均方根为 0.126，非标准拟合度指标为 0.685，增值拟合度指标为 0.715，比较性拟合度指标为 0.714。两个模型的 Δ df=405–395=10，$\Delta \chi^2$=5 768.790–3 637.731=2 131.059，差异显著性 p<0.000，拒绝虚无假设，两模型不相同。通过验证可知不存在共同方法变异问题。

7.7 量表信度、效度检验

本书在正式调查中再次检验量表的内部一致性信度和内容效度，并使用 SEM 检验量表的建构效度。建构效度又分为收敛效度和区别效度。

7.7.1 量表信度检验

本书采用克朗巴赫系数检验各量表的信度，并参考题项总相关系数的大小。天职取向、员工敬业度、任务绩效、人际促进和献身精神量表信度分析的相关结果汇总在表 7.11 中。由表 7.11 可以看出，各量表的克朗巴赫系数均大于 0.7；各量表中所含有的每一个题项总相关系数均大于 0.5，表明各量表内部一致性信度良好。

表 7.11   各量表信度分析汇总表

构面	克朗巴赫系数	题项	校正的项总计相关性	项已删除的克朗巴赫系数值
天职取向	0.842	QX1	0.732	0.774
		QX2	0.609	0.829
		QX3	0.674	0.801
		QX4	0.693	0.792
员工敬业度	0.882	JY1	0.720	0.863
		JY2	0.684	0.865
		JY3	0.569	0.874
		JY4	0.580	0.874
		JY5	0.753	0.859
员工敬业度	0.882	JY6	0.483	0.881
		JY7	0.604	0.873

续表

构面	克朗巴赫系数	题项	校正的项总计相关性	项已删除的克朗巴赫系数值
员工 敬业度	0.882	JY8	0.628	0.870
		JY9	0.668	0.866
任务 绩效	0.804	RWJX1	0.651	0.739
		RWJX2	0.734	0.695
		RWJX3	0.533	0.800
		RWJX4	0.572	0.777
人际 促进	0.893	GLCJ1	0.613	0.886
		GLCJ2	0.757	0.869
		GLCJ3	0.661	0.880
		GLCJ4	0.603	0.887
		GLCJ5	0.750	0.869
		GLCJ6	0.737	0.871
		GLCJ7	0.715	0.874
献身 精神	0.900	GLFX1	0.704	0.886
		GLFX2	0.770	0.876
		GLFX3	0.714	0.884
		GLFX4	0.772	0.876
		GLFX5	0.625	0.897
		GLFX6	0.790	0.872

7.7.2 量表效度检验

正式调查中检验量表的建构效度（construct validity）。建构效度包含收敛效度（convergent validity）和区别效度（discriminant validity）。

7.7.2.1 收敛效度

收敛效度是指不同的观察变量是否可以用来测量同一潜变量，常常利用同一潜变量中观察变量之间相关程度的大小加以评估，主要是保证一个潜变量下的观察变量之间至少有中度的相关。在结构方程模型分析中，常常使用组成信度和平均方差萃取量检验收敛效度。组成信度是潜在变量的观察变量信度的组成，信度越高表示观察变量的一致性越高。组成信度的计算公式是组成信度 =（∑标准化因子载荷）²/［（∑标准化因子载荷）² + ∑测量误差］。平均方差萃取量是计算潜在变量下各观察变量对该潜在变量的方差解释力。平均方差萃取量越高则表示构面内的测量题项相关越高，一致性也越高，潜在变量有更好的信度和收敛效度。平均方差萃取量的计算公式是平均方差萃取量 =（∑标准化因子载荷²）/［（∑标准化因子载荷²）+ ∑测量误差］。组成信度和平均方差萃取量的计算都要使用到"标准化测量误差"，标准化测量误差 =1–（观察变量标准化因子载荷）²=1– 多元相关平方。收敛效度的判别标准有（Hair 等，2009；Fornell & Larcker，1981）：因子载荷大于 0.7 为理想，0.6~0.7 为可接受，最低不得小于 0.5；多元相关平方值大于 0.5 为理想，0.36~0.5 为可接受；组成信度值在 0.7 以上（Hair，1998）；平均方差萃取量值大于 0.5（Fornell & Larcker，1981）。

本书模型共有 5 个构面，分别是天职取向、员工敬业度、任务绩效、人际促进和献身精神，组成信度分别为 0.843，0.885，0.811，0.894 和 0.902，均大于 0.7；平均方差萃取量分别为 0.576，0.465，0.526，0.548 和 0.606，除员工敬业度构面以外均大于 0.5，员工敬业度构面收敛效度略低可能是因为该构面是从三个维度加以测量的，但平均方差萃取量为 0.465 仍在可接受范围；各构面中题项的因子载荷也没有低于 0.5 的，符合收敛效度的相关判别标准，具体内容见表 7.12。综上所述，本书模型的 5 个构面全部具有收敛效度。

表 7.12　各量表收敛效度检验汇总表

构面	题项	因子载荷				收敛效度				
		Unstd.	S.E.	C.R.	P	Std.	SMC	1–SMC	CR	AVE
天职取向	QX1	1	—	—	—	0.869	0.755	0.245	0.843	0.576
	QX2	0.709	0.048	14.689	***	0.629	0.396	0.604		
	QX3	0.763	0.044	17.485	***	0.729	0.531	0.469		
	QX4	0.856	0.045	18.958	***	0.788	0.621	0.379		
员工敬业度	JY1	1	—	—	—	0.790	0.624	0.376	0.885	0.465
	JY2	1.023	0.055	18.430	***	0.765	0.585	0.415		

续表

构面	题项	因子载荷				收敛效度				
		Unstd.	S.E.	C.R.	P	Std.	SMC	1-SMC	CR	AVE
员工敬业度	JY3	0.818	0.055	14.823	***	0.636	0.404	0.596	0.885	0.465
	JY4	0.809	0.057	14.211	***	0.613	0.376	0.624		
	JY5	1.143	0.057	20.146	***	0.823	0.677	0.323		
	JY6	0.736	0.059	12.500	***	0.547	0.299	0.701		
	JY7	1.000	0.071	14.175	***	0.612	0.375	0.625		
	JY8	0.881	0.061	14.547	***	0.626	0.392	0.608		
	JY9	1.013	0.064	15.909	***	0.676	0.457	0.543		
任务绩效	RWJX1	1	—	—	—	0.697	0.486	0.514	0.811	0.526
	RWJX2	1.376	0.087	15.729	***	0.903	0.815	0.185		
	RWJX3	0.895	0.077	11.615	***	0.559	0.312	0.688		
	RWJX4	0.946	0.066	14.306	***	0.699	0.489	0.511		
人际促进	GLCJ1	1	—	—	—	0.651	0.424	0.576	0.894	0.548
	GLCJ2	1.291	0.084	15.337	***	0.796	0.634	0.366		
	GLCJ3	1.193	0.086	13.910	***	0.704	0.496	0.504		
	GLCJ4	1.093	0.084	12.942	***	0.646	0.417	0.583		
	GLCJ5	1.319	0.086	15.362	***	0.798	0.637	0.363		
	GLCJ6	1.280	0.084	15.149	***	0.783	0.613	0.387		
	GLCJ7	1.341	0.088	15.156	***	0.784	0.615	0.385		
献身精神	GLFX1	1	—	—	—	0.745	0.555	0.445	0.902	0.606
	GLFX2	0.968	0.052	18.474	***	0.807	0.651	0.349		
	GLFX3	0.933	0.054	17.284	***	0.758	0.575	0.425		
	GLFX4	0.997	0.052	19.210	***	0.837	0.701	0.299		
	GLFX5	0.835	0.056	14.885	***	0.660	0.436	0.564		
	GLFX6	1.165	0.060	19.463	***	0.847	0.717	0.283		

注：*** 为 $p<0.001$（2-tailed）。

7.7.2.2 区别效度

本书使用信赖区间法检验量表的区别效度。信赖区间法是建立构面之间的皮尔逊相关系数的信赖区间，如果区间不包含1，即不包含完全相关，则表示构面之间具有区别效度（Torkzadeh 等，2003）。

结构方程模型要建立系数的信赖区间，在95%的置信水准下，利用自抽样的估计方法，如果信赖区间不包含1，则拒绝虚无假设，称两构面具有区别效度，反之为无区别效度。Amos 软件提供了三种信赖区间的估计方式：① Bias-corrected Percentile method；② Percentile method；③点估计值 ±2倍标准误（$\Phi \pm 2\sigma$）。

如表7.13所示，本书中三种方式下的信赖区间估计都没有包含1的情形，因此本书构面具有区别效度。

表 7.13　区别效度分析汇总表

Relationships	Bias-corrected		Percentile		SE	Corr	$\Phi \pm 2\sigma$	
	Lower	Upper	Lower	Upper			Lower	Upper
天职取向—员工敬业度	0.580	0.740	0.586	0.742	0.040	0.670	0.590	0.750
天职取向—任务绩效	0.480	0.637	0.479	0.637	0.041	0.559	0.477	0.641
天职取向—人际促进	0.305	0.487	0.301	0.485	0.047	0.403	0.309	0.497
天职取向—献身精神	0.642	0.753	0.641	0.753	0.029	0.698	0.640	0.756
员工敬业度—任务绩效	0.542	0.720	0.550	0.729	0.044	0.637	0.549	0.725
员工敬业度—人际促进	0.253	0.448	0.252	0.448	0.047	0.356	0.262	0.450
员工敬业度—献身精神	0.744	0.834	0.750	0.836	0.022	0.794	0.750	0.838
任务绩效—人际促进	0.447	0.603	0.454	0.613	0.039	0.534	0.456	0.612
任务绩效—献身精神	0.814	0.905	0.816	0.907	0.023	0.862	0.816	0.908
人际促进—献身精神	0.487	0.614	0.485	0.613	0.033	0.554	0.488	0.620

7.8 各潜变量总体情况

从表7.14可以看出，知识型员工的天职取向的均值为2.80，略小于中间值3；标准差为0.86，说明不同员工的天职取向程度差异明显。知识型员工的员工敬业度的均值为 3.34，大于中间值 3；标准差为 0.71，说明知识型员工的员工敬业度水平中等。知识型员工的任务绩效、人际促进和献身精神的均值分别为 3.66，3.60，3.47，均大于中间值 3；标准差分别为 0.63，0.66，0.73，说明知识型员工的工作绩效水平达到中等水平以上。

表 7.14　各潜变量总体情况

	极小值	极大值	均值	标准差
天职取向	1	5	2.80	0.86
员工敬业度	2	5	3.34	0.71
任务绩效	2	5	3.66	0.63
人际促进	2	5	3.60	0.66
献身精神	1	5	3.47	0.73

7.9 控制变量的影响分析

本书中的控制变量均为类别变量，因而使用独立样本 t 检验（变量为二分变量时）或单因子方差分析（变量为非连续变量且有三个及以上群体时）来检验各个群组在天职取向、员工敬业度、任务绩效、人际促进和献身精神的平均数上是否有显著差异。对于三个及以上的群体，方差分析 F 统计量属于整体检验，当 F 值达到显著时，表示至少有两个数值在因变量的平均数间有显著差异，至于是哪些配对组在因变量平均数间有显著差异，则需要进行事后比较。在事后比较的方法选择上，根据方差是否方差齐性而采用不同的分析方法。本书对于方差齐性采用 Scheffe 法对均值进行两两比较；对于方差非齐性的，则采用 Games-Howell 法对均值做两两比较（吴明隆，2010）。由于 Scheffe 法和 Games-Howel 法对均值的检验是两两比较的结果，会出现较多的比较情况。为了简洁，本书仅将平均数有显著性差异的选取出来，在均值比较中未出现的即为两两比较中平均数无显著差异的。本书使用 SPSS21.0 统计软件进行分析。

7.9.1 性别对各潜在变量的影响分析

由于性别是一个二分变量，因此在检验各潜在变量的性别差异时，使用独立样本 t 检验。

　　从表 7.15 中可以发现，除了员工敬业度以外，知识型员工性别变量在另外四个因变量检验的 t 统计量均达到显著水平，显著性概率值 p 均小于 0.05，表示除了员工敬业度外，不同性别的知识型员工在天职取向、任务绩效、人际促进和献身精神上均有显著性差异。女性知识型员工的天职取向程度（M=2.987）显著高于男性知识型员工（M=2.641）；女性知识型员工的任务绩效水平（M=3.795）显著高于男性知识型员工（M=3.547）；女性知识型员工的人际促进水平（M=3.686）显著高于男性知识型员工（M=3.535）；女性知识型员工的献身精神程度（M=3.678）显著高于男性知识型员工（M=3.299）。本书亦对平均数差异达到显著差异的变量进一步求出效果值（size of effect），性别变量可以解释天职取向变量总方差中 4% 的变异量；性别变量可以解释任务绩效变量总方差中 3.8% 的变异量；性别变量可以解释人际促进变量总方差中 1.3% 的变异量；性别变量可以解释献身精神变量总方差中 6.6% 的变异量，性别变量与四个检验变量间均为一种低度关联强度。

表 7.15　不同性别知识型员工在各潜在变量上的差异比较

检验变量	性别	个数	均值	标准差	t 值	η^2
天职取向	女	234	2.987	0.812	4.647***	0.040
	男	288	2.641	0.875		
员工敬业度	女	234	3.350	0.656	0.201	—
	男	288	3.338	0.744		
任务绩效	女	234	3.795	0.497	4.705***	0.038
	男	288	3.547	0.704		
人际促进	女	234	3.686	0.671	2.627*	0.013
	男	288	3.535	0.635		
献身精神	女	234	3.678	0.592	6.254***	0.066
	男	288	3.299	0.791		

　　注：* 为 $p<0.05$；*** 为 $p<0.001$。

7.9.2 年龄对各潜在变量的影响分析

　　本书使用单因子方差分析检验各潜在变量的年龄差异，由于分类较多，为方便比较和说明，分别给每一个类别赋予一个编号，年龄小于 31

岁为 A 组；年龄在 31~35 岁的为 B 组；年龄在 36~40 岁的为 C 组；年龄在 41~45 岁的为 D 组；年龄在 46~50 岁的为 E 组；年龄大于 50 岁的为 F 组。

从表 7.16 的分析结果可知，天职取向的程度为：F 组最高（M=3.5），E 组最低（M=1.375），F 组为年龄大于 50 岁的组，在某种程度上印证了中国的古语"五十知天命"；员工敬业度的水平为：F 组最高（M=3.444），E 组最低（M=2.556）；任务绩效的水平为：C 组最高（M=3.833），E 组和 F 组最低（M=3.000）；人际促进的水平为：F 组最高（M=4.000），E 组最低（M=2.857）；献身精神的水平为：C 组最高（M=3.676），E 组最低（M=2.309）。

表 7.16　不同年龄知识型员工各潜在变量描述性统计量

检验变量	年龄	个数	均值	标准差
天职取向	<31（A）	252.000	2.821	0.764
	31~35（B）	162.000	2.741	0.837
	36~40（C）	54.000	3.111	0.891
	41~45（D）	36.000	2.750	1.225
	46~50（E）	12.000	1.375	0.392
	>50（F）	6.000	3.500	0.000
员工敬业度	<31（A）	252.000	3.423	0.684
	31~35（B）	162.000	3.374	0.706
	36~40（C）	54.000	3.148	0.637
	41~45（D）	36.000	3.185	0.801
	46~50（E）	12.000	2.556	0.696
	>50（F）	6.000	3.444	0.000
任务绩效	<31（A）	252.000	3.690	0.639
	31~35（B）	162.000	3.648	0.560
	36~40（C）	54.000	3.833	0.445
	41~45（D）	36.000	3.542	0.883
	46~50（E）	12.000	3.000	0.783
	>50（F）	6.000	3.000	0.000

检验变量	年龄	个数	均值	标准差
人际促进	<31（A）	252.000	3.684	0.662
	31~35（B）	162.000	3.508	0.522
	36~40（C）	54.000	3.757	0.683
	41~45（D）	36.000	3.413	0.924
	46~50（E）	12.000	2.857	0.413
	>50（F）	6.000	4.000	0.000
献身精神	<31（A）	252.000	3.469	0.627
	31~35（B）	162.000	3.500	0.694
	36~40（C）	54.000	3.676	0.722
	41~45（D）	36.000	3.430	1.199
	46~50（E）	12.000	2.309	0.766
	>50（F）	6.000	3.333	0.000

如表 7.17 所示，在方差同质性检验中，五个检验变量的 Levene 法 F 检验结果均显著（$p < 0.05$），因此需选择方差异质的事后比较方法，本书使用 Games-Howell 检验法进行事后的两两比较。

表 7.17　方差同质性检验

	Levene 统计量	显著性
天职取向	12.805	0.000
员工敬业度	4.238	0.001
任务绩效	7.022	0.000
人际促进	12.488	0.000
献身精神	12.099	0.000

从表 7.18 可知，五个检验变量的整体检验 F 值分别为 9.664，5.112，5.338，6.528，7.443，p 值均小于 0.05，均达到显著水平，因此拒绝虚无假设，

接受对立假设。这表示不同年龄的知识型员工在天职取向、员工敬业度、任务绩效、人际促进和献身精神上均具有显著性差异。

表 7.18 不同年龄知识型员工各潜在变量的差异比较的方差分析摘要表

		平方和	自由度	均方	F	事后比较 Games-Howell 法
天职取向	组间	33.300	5	6.660	9.664***	A>E B>E C>E D>E F>A F>B F>C F>D F>E
	组内	355.596	516	0.689		
	总数	388.897	521	—		
员工敬业度	组间	12.234	5	2.447	5.112***	A>E B>E F>C F>E
	组内	246.971	516	0.479		
	总数	259.205	521	—		
任务绩效	组间	10.222	5	2.044	5.338***	A>F B>F C>E C>F D>F
	组内	197.614	516	0.383		
	总数	207.836	521	—		
人际促进	组间	13.303	5	2.661	6.528***	A>E B>E C>E F>A F>B F>D F>E
	组内	210.311	516	0.408		
	总数	223.614	521	—		
献身精神	组间	18.802	5	3.760	7.443***	A>E A>F B>E B>F C>E C>F D>E
	组内	260.708	516	0.505		
	总数	279.510	521	—		

注：*** 为 $p<0.001$。

经过采用 Games-Howell 检验法进行事后的两两比较发现：①就天职取向而言，A，B，C，D 组均显著高于 E 组；F 组显著高于其他五个组别；②就员工敬业度而言，A，B，F 组均显著高于 E 组；F 组还显著高于 C 组；③就任务绩效而言，A，B，C，D 组均显著高于 F 组；C 组还显著高于 E 组；④就人际促进而言，A，B，C 组均显著高于 E 组；F 组显著高于 A，B，D，E 组；⑤就献身精神而言，A，B，C 组均显著高于 E 组，也显著高于 F 组，D 组显著高于 E 组。

7.9.3 学历对各潜在变量的影响分析

本书使用单因子方差分析检验各潜在变量的学历差异，由于分类较多，为方便比较和说明，分别给每一个类别赋予一个编号，学历在大学专科以下的为 A 组；大学专科为 B 组；大学本科为 C 组；硕士研究生为 D 组；博士研究生为 E 组。

从表 7.19 的分析结果可知，天职取向的程度为：C 组最高（M=2.858），A 组最低（M=2.563）；员工敬业度的水平为：E 组最高（M=3.481），A 组最低（M=2.944）；任务绩效的水平为：E 组最高（M=4.167），A 组最低（M=2.625）；人际促进的水平为：E 组最高（M=3.698），A 组最低（M=2.869）；献身精神的水平为：E 组最高（M=4.134），A 组最低（M=2.858）。

表 7.19　不同学历知识型员工潜在变量描述性统计量

检验变量	学历	个数	均值	标准差
天职取向	大学专科以下（A）	24	2.563	0.490
	大学专科（B）	42	2.714	0.805
	大学本科（C）	222	2.858	0.875
	硕士研究生（D）	216	2.771	0.855
	博士研究生（E）	18	2.833	1.283
员工敬业度	大学专科以下（A）	24	2.944	0.098
	大学专科（B）	42	3.381	0.905
	大学本科（C）	222	3.246	0.653
	硕士研究生（D）	216	3.469	0.736
	博士研究生（E）	18	3.481	0.547
任务绩效	大学专科以下（A）	24	2.625	0.663
	大学专科（B）	42	3.536	0.860
	大学本科（C）	222	3.709	0.516
	硕士研究生（D）	216	3.701	0.566
	博士研究生（E）	18	4.167	0.675

续表

检验变量	学历	个数	均值	标准差
人际促进	大学专科以下（A）	24	2.869	0.227
	大学专科（B）	42	3.204	0.676
	大学本科（C）	222	3.662	0.639
	硕士研究生（D）	216	3.693	0.605
	博士研究生（E）	18	3.698	0.853
献身精神	大学专科以下（A）	24	2.858	0.334
	大学专科（B）	42	3.179	1.080
	大学本科（C）	222	3.370	0.660
	硕士研究生（D）	216	3.640	0.662
	博士研究生（E）	18	4.134	0.760

如表 7.20 所示，在方差同质性检验中，五个检验变量的 Levene 法 F 检验结果均显著（$p<0.05$），因此需选择方差异质的事后比较方法，本书使用 Games-Howell 检验法进行事后的两两比较。

表 7.20　方差同质性检验

检验变量	Levene 统计量	显著性
天职取向	5.013	0.001
员工敬业度	9.475	0.000
任务绩效	10.954	0.000
人际促进	10.376	0.000
献身精神	6.122	0.000

从表 7.21 可知，检验变量天职取向的整体检验 F 值为 0.872，p 值大于 0.05，未达到显著水平，因此接受虚无假设，拒绝对立假设，表示不同学历的知识型员工在天职取向上无显著性差异存在。检验变量员工敬业度、任务绩效、人际促进和献身精神的整体检验 F 值分别为 5.042，23.426，

14.311，14.945，p 值均小于 0.05，均达到显著水平，因此拒绝虚无假设，接受对立假设。这表示不同学历的知识型员工在员工敬业度、任务绩效、人际促进和献身精神上均具有显著性差异。

表 7.21　不同学历知识型员工各潜在变量差异比较的方差分析摘要表

		平方和	自由度	均方	F	事后比较 Games-Howell 法
天职取向	组间	2.607	4	0.652	0.872	—
	组内	386.289	517	0.747		
	总数	388.897	521	—		
员工敬业度	组间	9.733	4	2.433	5.042***	B>A C>A D>A D>C E>A
	组内	249.472	517	0.483		
	总数	259.205	521	—		
任务绩效	组间	31.890	4	7.973	23.426***	B>A C>A D>A E>A E>B
	组内	175.946	517	0.340		
	总数	207.836	521	—		
人际促进	组间	22.291	4	5.573	14.311***	B>A D>A D>B E>A
	组内	201.324	517	0.389		
	总数	223.614	521	—		
献身精神	组间	28.969	4	7.242	14.945***	C>A D>A D>C E>A E>B E>C
	组内	250.541	517	0.485		
	总数	279.510	521	—		

注：*** 为 $p<0.001$。

经过采用 Games-Howell 检验法进行事后的两两比较发现：①员工敬业度为：B，C，D，E 组均显著高于 A 组；D 组还显著高于 C 组；②任务绩效为：B，C，D，E 组均显著高于 A 组；E 组还显著高于 B 组；③人际促进为：B，D，E 组均显著高于 A 组；D 组还显著高于 B 组；④献身精神为：C，D，E 组均显著高于 A 组，D，E 组显著高于 C 组，E 组还显著高于 B 组。

7.9.4 工作年限对各潜在变量的影响分析

本书使用单因子方差分析检验各潜在变量的工作年限差异，由于分类较多，为方便比较和说明，分别给各类别赋予编号，工作年限小于 5 年的为 A 组；工作年限在 5~10 年的为 B 组；工作年限在 11~15 年的为 C 组；工作年限在 16~20 年的为 D 组；工作年限大于 20 年的为 E 组。

从表 7.22 的分析结果可知：天职取向的程度为：A 组最高（M=2.872），E 组最低（M=1.850）；员工敬业度的水平为：A 组最高（M=3.470），E 组最低（M=2.667）；任务绩效的水平为：D 组最高（M=4.000），E 组最低（M=2.800）；人际促进的水平为：D 组最高（M=3.690），E 组最低（M=2.905）；献身精神的水平为：D 组最高（M=3.895），E 组最低（M=2.367）。

表 7.22　不同工作年限知识型员工各潜在变量描述性统计量

检验变量	工作年限	个数	均值	标准差
天职取向	<5（A）	234	2.872	0.810
	5~10（B）	120	2.863	0.763
	11~15（C）	102	2.647	0.862
	16~20（D）	36	3.292	0.919
	>20（E）	30	1.850	0.875
员工敬业度	<5（A）	234	3.470	0.723
	5~10（B）	120	3.378	0.689
	11~15（C）	102	3.190	0.570
	16~20（D）	36	3.407	0.650
	>20（E）	30	2.667	0.670
任务绩效	<5（A）	234	3.673	0.662
	5~10（B）	120	3.850	0.452
	11~15（C）	102	3.529	0.564
	16~20（D）	36	4.000	0.387
	>20（E）	30	2.800	0.631

检验变量	工作年限	个数	均值	标准差
人际促进	<5（A）	234	3.645	0.658
	5~10（B）	120	3.655	0.600
	11~15（C）	102	3.619	0.584
	16~20（D）	36	3.690	0.659
	>20（E）	30	2.905	0.707
献身精神	<5（A）	234	3.491	0.665
	5~10（B）	120	3.613	0.675
	11~15（C）	102	3.424	0.643
	16~20（D）	36	3.895	0.675
	>20（E）	30	2.367	0.804

如表 7.23 所示，在方差同质性检验中，检验变量天职取向、人际促进和献身精神的 Levene 法 F 检验结果均不显著（p>0.05），因此需选择方差同质的事后比较方法，本书使用 Scheffe 检验法进行事后的两两比较。检验变量员工敬业度和任务绩效的 Levene 法 F 检验结果的 F 值均显著（p<0.05），因此需选择方差异质的事后比较方法，本书使用 Games-Howell 检验法进行事后的两两比较。

表 7.23　方差同质性检验

检验变量	Levene 统计量	显著性
天职取向	1.380	0.240
员工敬业度	2.489	0.042
任务绩效	6.633	0.000
人际促进	1.151	0.332
献身精神	2.239	0.064

从表 7.24 可知，五个检验变量的整体检验 F 值分别为 14.748，10.923，23.922，9.730，25.334，p 值均小于 0.05，均达到显著水平，因

此拒绝虚无假设，接受对立假设，表示不同工作年限的知识型员工在天职取向、员工敬业度、任务绩效、人际促进和献身精神上均具有显著性差异。

表 7.24　不同工作年限知识型员工各潜在变量差异比较的方差分析摘要表

		平方和	自由度	均方	F	事后比较 Scheffe 法	事后比较 Games-Howell 法
天职取向	组间	39.830	4	9.957	14.748***	A>E　B>E C>E　D>C D>E	—
	组内	349.067	517	0.675			
	总数	388.897	521	—			
员工敬业度	组间	20.198	4	5.050	10.923***	—	A>C　A>E　B>E C>E　D>E
	组内	239.006	517	0.462			
	总数	259.205	521	—			
任务绩效	组间	32.459	4	8.115	23.922***	—	A>E　B>A　B>C B>E　C>E　D>A D>C　D>E
	组内	175.377	517	0.339			
	总数	207.836	521	—			
人际促进	组间	15.656	4	3.914	9.730***	A>E　B>E C>E　D>E	—
	组内	207.958	517	0.402			
	总数	223.614	521	—			
献身精神	组间	45.807	4	11.452	25.334***	A>E　B>E C>E　D>A D>C　D>E	—
	组内	233.703	517	0.452			
	总数	279.510	521	—			

注：*** 为 $p<0.001$。

经过采用 Scheffe 检验法和 Games-Howell 检验法进行相应的事后两两比较发现：①天职取向为：A，B，C，D 组均显著高于 E 组；A 组还显著高于 C 组；②员工敬业度为：A，B，F 组均显著高于 E 组；F 组还显著高于 C 组；③任务绩效为：A，B，C，D 组均显著高于 E 组；B，D 组还显著高于 A，C 组；④人际促进为：A，B，C，D 组均显著高于 E 组；⑤献身精神为：A，B，C，D 组均显著高于 E 组，D 组还显著高于 A 组和 C 组。

7.9.5 职务对各潜在变量的影响分析

本书使用单因子方差分析检验各潜在变量的职务差异，由于分类较多，为方便比较和说明，分别给各类别赋予编号，普通员工为 A 组，基层管理者为 B 组，中层管理者为 C 组。

从表 7.25 的分析结果可知，天职取向的程度为：C 组最高（M=3.875），A 组最低（M=2.717）；员工敬业度的水平为：C 组最高（M=4.167），A 组最低（M=3.308）；任务绩效的水平为：B 组最高（M=3.850），C 组最低（M=3.625）；人际促进的水平为：B 组最高（M=3.781），C 组最低（M=3.429）；献身精神的水平为：C 组最高（M=4.000），A 组最低（M=3.416）。

表 7.25　不同职务知识型员工各潜在变量描述性统计量

检验变量	职务	个数	均值	标准差
天职取向	普通员工（A）	450	2.717	0.833
	基层管理者（B）	60	3.175	0.923
	中层管理者（C）	12	3.875	0.392
员工敬业度	普通员工（A）	450	3.308	0.719
	基层管理者（B）	60	3.444	0.440
	中层管理者（C）	12	4.167	0.754
任务绩效	普通员工（A）	450	3.633	0.634
	基层管理者（B）	60	3.850	0.588
	中层管理者（C）	12	3.625	0.653
人际促进	普通员工（A）	450	3.583	0.661
	基层管理者（B）	60	3.781	0.595
	中层管理者（C）	12	3.429	0.597
献身精神	普通员工（A）	450	3.416	0.695
	基层管理者（B）	60	3.765	0.894
	中层管理者（C）	12	4.000	0.696

　　如表 7.26 所示，在方差同质性检验中，检验变量任务绩效、人际促进和献身精神的 Levene 法 F 检验结果均不显著（p>0.05），因此需选择方差同质的事后比较方法，本书使用 Scheffe 检验法进行事后的两两比较。检验变量天职取向和员工敬业度的 Levene 法 F 检验结果的 F 值均显著（p<0.05），因此需选择方差异质的事后比较方法，本书使用 Games-Howell 检验法进行事后的两两比较。

表 7.26　方差同质性检验

检验变量	Levene 统计量	显著性
天职取向	4.034	0.018
员工敬业度	10.006	0.000
任务绩效	0.710	0.492
人际促进	0.165	0.848
献身精神	2.662	0.071

　　从表 7.27 可知，检验变量人际促进的整体检验 F 值为 2.858，p 值大于 0.05，未达到显著水平，因此接受虚无假设，拒绝对立假设，表示不同职务的知识型员工在人际促进上无显著性差异。检验变量天职取向、员工敬业度、任务绩效和献身精神的整体检验 F 值分别为 18.150，9.662，3.158，9.548，p 值均小于 0.05，均达到显著水平，因此拒绝虚无假设，接受对立假设，表示不同职务的知识型员工在天职取向、员工敬业度、任务绩效和献身精神上均具有显著性差异。

表 7.27　不同职务知识型员工各潜在变量差异比较的方差分析摘要表

检验变量		平方和	自由度	均方	F	事后比较 Scheffe 法	事后比较 Games-Howell 法
天职取向	组间	25.422	2.000	12.711	18.150^{***}	—	B>A C>A C>B
	组内	363.475	519.000	0.700			
	总数	388.897	521.000	—			
员工敬业度	组间	9.305	2.000	4.653	9.662^{***}	—	B>A C>A C>B
	组内	249.900	519.000	0.482			
	总数	259.205	521.000	—			

检验变量		平方和	自由度	均方	F	事后比较 Scheffe 法	事后比较 Games-Howell 法
任务绩效	组间	2.499	2.000	1.249	3.158*	B>A	—
	组内	205.338	519.000	0.396			
	总数	207.836	521.000	—			
人际促进	组间	2.436	2.000	1.218	2.858	—	—
	组内	221.178	519.000	0.426			
	总数	223.614	521.000	—			
献身精神	组间	9.919	2.000	4.960	9.548***	B>A C>A	—
	组内	269.591	519.000	0.519			
	总数	279.510	521.000	—			

注：* 为 $p<0.05$，*** 为 $p<0.001$。

经过采用 Scheffe 检验法和 Games-Howell 检验法进行相应的事后两两比较发现：①天职取向为：B，C 组均显著高于 A 组；C 组还显著高于 B 组；②员工敬业度为：B，C 组均显著高于 A 组；C 组还显著高于 B 组；③任务绩效为：B 组显著高于 A 组；④献身精神为：B，C 组均显著高于 A 组。

7.9.6 雇佣关系对各潜在变量的影响分析

本书使用单因子方差分析检验各潜在变量的雇佣关系差异，由于分类较多，为方便比较和说明，分别给各类别赋予编号，固定工和长期雇佣为 A 组；合同工为 B 组；劳务派遣工为 C 组；非全日制用工为 D 组；其他为 E 组。由于 E 组雇佣关系的不确定性，在分析时不予以讨论。

从表 7.28 的分析结果可知：天职取向的程度为：B 组最高（M=3.066），C 组最低（M=1.650）；员工敬业度的水平为：B 组最高（M=3.535），C 组最低（M=2.778）；任务绩效的水平为：B 组最高（M=3.737），C 组最低（M=2.900）；人际促进的水平为：B 组最高（M=3.766），C 组最低（M=3.124）；献身精神的水平为：B 组最高（M=3.630），C 组最低（M=2.554）。

表 7.28　不同雇佣模式知识型员工各潜在变量描述性统计量

检验变量	雇佣模式	个数	均值	标准差
天职取向	固定工 / 长期雇佣（A）	210	2.593	0.811
	合同工（B）	228	3.066	0.810
	劳务派遣工（C）	30	1.650	0.498
	非全日制用工（D）	48	3.063	0.745
	其他（E）	6	3.250	0.000
员工敬业度	固定工 / 长期雇佣（A）	210	3.162	0.720
	合同工（B）	228	3.535	0.615
	劳务派遣工（C）	30	2.778	0.760
	非全日制用工（D）	48	3.486	0.630
	其他（E）	6	4.111	0.000
任务绩效	固定工 / 长期雇佣（A）	210	3.671	0.642
	合同工（B）	228	3.737	0.514
	劳务派遣工（C）	30	2.900	0.918
	非全日制用工（D）	48	3.625	0.593
	其他（E）	6	4.250	0.000
人际促进	固定工 / 长期雇佣（A）	210	3.490	0.716
	合同工（B）	228	3.766	0.593
	劳务派遣工（C）	30	3.124	0.471
	非全日制用工（D）	48	3.506	0.366
	其他（E）	6	4.524	0.738
献身精神	固定工 / 长期雇佣（A）	210	3.427	0.792
	合同工（B）	228	3.630	0.610
	劳务派遣工（C）	30	2.554	0.512
	非全日制用工（D）	48	3.354	0.649
	其他（E）	6	4.340	0.010

如表 7.29 所示，在方差同质性检验中，五个检验变量的 Levene 法 F 检验结果均显著（p<0.05），因此需选择方差异质的事后比较方法，本书使用 Games-Howell 检验法进行事后的两两比较。

表 7.29　方差同质性检验

检验变量	Levene 统计量	显著性
天职取向	4.521	0.001
员工敬业度	3.700	0.006
任务绩效	8.240	0.000
人际促进	10.439	0.000
献身精神	5.950	0.000

从表 7.30 可知，五个检验变量的整体检验 F 值分别为 28.029，16.540，14.410，13.503，19.451，p 值均小于 0.05，均达到显著水平，因此拒绝虚无假设，接受对立假设，表示不同雇佣关系的知识型员工在天职取向、员工敬业度、任务绩效、人际促进和献身精神上均具有显著性差异。

表 7.30　不同雇佣模式知识型员工各潜在变量差异比较的方差分析摘要表

检验变量		平方和	自由度	均方	F	事后比较 Games-Howell 法
天职取向	组间	69.307	4	17.327	28.029***	A>C B>A B>C D>A D>C E>A E>B E>C
	组内	319.590	517	0.618		
	总数	388.897	521	—		
员工敬业度	组间	29.407	4	7.352	16.540***	B>A B>C D>A D>C E>A E>B E>C E>D
	组内	229.798	517	0.444		
	总数	259.205	521	—		
任务绩效	组间	20.847	4	5.212	14.410***	A>C B>C D>C E>A E>B E>C E>D
	组内	186.989	517	0.362		
	总数	207.836	521	—		
人际促进	组间	21.152	4	5.288	13.503***	A>C B>A B>C B>D D>C E>C
	组内	202.462	517	0.392		
	总数	223.614	521	—		

续表

检验变量		平方和	自由度	均方	F	事后比较 Games-Howell 法
献身精神	组间	36.562	4	9.141	19.451***	A>C B>A B>C D>C E>A E>B E>C E>D
	组内	242.948	517	0.470		
	总数	279.510	521	—		

注：*** 为 p<0.001。

经过采用 Games-Howell 检验法进行事后的两两比较发现：①天职取向为：A，B，D 组均显著高于 C 组；B，D 组均显著高于 A 组；②员工敬业度为：B，D 组均显著高于 A 组和 C 组；③任务绩效为：A，B，D 组均显著高于 C 组；④人际促进为：A，B，D 组均显著高于 C 组；B 组还显著高于 A 组和 D 组；⑤献身精神为：A，B，D 组均显著高于 C 组；B 组显著高于 A 组。

7.9.7 企业性质对各潜在变量的影响分析

本书使用单因子方差分析检验各潜在变量的企业性质差异，由于分类较多，为方便比较和说明，分别给各类别赋予编号，国有企业为 A 组；民营企业为 B 组；外资、合资企业为 C 组；机关事业单位为 D 组。

从表 7.31 的分析结果可知：天职取向的程度为：B 组最高（M=3.213），D 组最低（M=1.773）；员工敬业度的水平为：B 组最高（M=3.545），D 组最低（M=2.859）；任务绩效的水平为：A 组最高（M=3.908），D 组最低（M=3.318）；人际促进的水平为：A 组最高（M=3.744），D 组最低（M=3.065）；献身精神的水平为：B 组最高（M=3.613），D 组最低（M=2.901）。

表 7.31　不同企业性质知识型员工各潜在变量描述性统计量

检验变量	企业性质	个数	均值	标准差
天职取向	国有企业（A）	114	2.184	0.467
	民营企业（B）	246	3.213	0.727
	外资 / 合资企业（C）	96	3.156	0.748
	机关事业单位（D）	66	1.773	0.474

检验变量	企业性质	个数	均值	标准差
员工敬业度	国有企业（A）	114	3.117	0.691
	民营企业（B）	246	3.545	0.633
	外资/合资企业（C）	96	3.431	0.686
	机关事业单位（D）	66	2.859	0.684
任务绩效	国有企业（A）	114	3.908	0.572
	民营企业（B）	246	3.713	0.566
	外资/合资企业（C）	96	3.453	0.745
	机关事业单位（D）	66	3.318	0.559
人际促进	国有企业（A）	114	3.744	0.711
	民营企业（B）	246	3.700	0.597
	外资/合资企业（C）	96	3.554	0.652
	机关事业单位（D）	66	3.065	0.478
献身精神	国有企业（A）	114	3.577	0.525
	民营企业（B）	246	3.613	0.777
	外资/合资企业（C）	96	3.364	0.658
	机关事业单位（D）	66	2.901	0.687

　　如表 7.32 所示，在方差同质性检验中，检验变量员工敬业度和献身精神的 Levene 法 F 检验结果均不显著（p>0.05），因此需选择方差同质的事后比较方法，本书使用 Scheffe 检验法进行事后的两两比较。检验变量天职取向、任务绩效和人际促进的 Levene 法 F 检验结果均显著（p<0.05），因此需选择方差异质的事后比较方法，本书使用 Games-Howell 检验法进行事后的两两比较。

表 7.32　方差同质性检验

检验变量	Levene 统计量	显著性
天职取向	3.747	0.011

续表

检验变量	Levene 统计量	显著性
员工敬业度	1.274	0.283
任务绩效	3.669	0.012
人际促进	8.545	0.000
献身精神	2.461	0.062

从表 7.33 可知，五个检验变量的整体检验 F 值分别为 130.082，24.369，17.903，20.713，19.792，p 值均小于 0.05，均达到显著水平，因此拒绝虚无假设，接受对立假设，表示不同企业性质的知识型员工在天职取向、员工敬业度、任务绩效、人际促进和献身精神上均具有显著性差异。

表 7.33　不同企业性质知识型员工各潜在变量差异比较的方差分析摘要表

检验变量		平方和	自由度	均方	F	事后比较 Scheffe 法	事后比较 Games-Howell 法
天职取向	组间	167.097	3	55.699	130.082***	—	A>D B>A B>D C>A C>D
	组内	221.799	518	0.428			
	总数	388.897	521	—			
员工敬业度	组间	32.057	3	10.686	24.369***	B>A B>D C>A C>D	—
	组内	227.147	518	0.439			
	总数	259.205	521	—			
任务绩效	组间	19.525	3	6.508	17.903***	—	A>B A>C A>D B>C B>D
	组内	188.311	518	0.364			
	总数	207.836	521	—			
人际促进	组间	23.952	3	7.984	20.713***	—	A>D B>D C>D
	组内	199.663	518	0.385			
	总数	223.614	521	—			
献身精神	组间	28.744	3	9.581	19.792***	A>D B>C B>D C>D	—
	组内	250.766	518	0.484			
	总数	279.510	521	—			

注：*** 为 $p < 0.001$。

经过采用 Scheffe 检验法和 Games–Howell 检验法进行相应的事后两两比较发现：①天职取向为：A，B，C 组均显著高于 D 组；B，C 组均显著高于 A 组；②员工敬业度为：B，C 组均显著高于 A 组和 D 组；③任务绩效为：A，B 组均显著高于 C，D 组；A 组还显著高于 B 组；④人际促进为：A，B，C 组均显著高于 D 组；⑤献身精神为：A，B，C 组均显著高于 D 组，B 组还显著高于 C 组。

7.10 结构方程模型估计与假设检验

本书中的结构方程模型如图 7.8 所示，模型中共有 5 个潜变量，其中，1 个外生潜变量（天职取向），4 个内生潜变量（员工敬业度、任务绩效、人际促进和献身精神）。模型共有 30 个观察变量，其中，天职取向构面 4 个，员工敬业度构面 9 个，任务绩效构面 4 个，人际促进构面 7 个，献身精神构面 6 个。

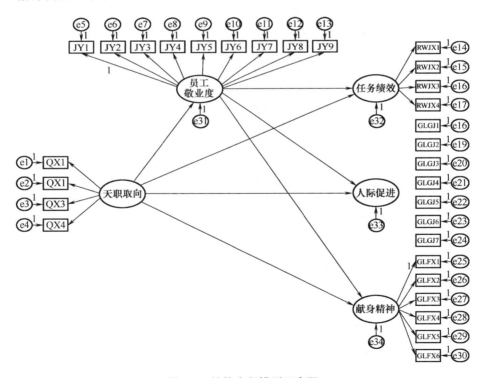

图 7.8　结构方程模型示意图

模型中共有 30 个观察变量，因此模型提供了自由度 $df = p（p+1）/2=465$，模型全部待估参数为 67，自由度大于待估参数，因此模型为过度辨识，模型在理论上可以估计，模型估计后的自由度为 465–67=398。

模型估计之前，进行了相关检验，包括数据是否存在缺失值、是否符合单变量正态分布、是否符合多变量正态分布、是否存在异常值、变量之间有无共线性及是否存在违反估计等。本书使用 Amos 软件对结构方程模型进行分析，Amos 软件默认使用最大似然法进行模型估计。

7.10.1 结构方程模型估计

7.10.1.1 模型修正

应用结构方程模型作为理论模型进行验证时，模型拟合度要较好，因为这是结构方程模型分析的必要条件（Chin，1998；Byrne，2010），一个拟合度不佳的模型所得到的系数是没有说服力的。研究者为了验证模型拟合度的优劣，提出虚无假设 H0：模型期望协方差矩阵与样本协方差矩阵没有差异。若分析结果为 p 值小于 0.05，表示拒绝 H0，即模型拟合得不好；若分析结果为 p 值大于等于 0.05，表示不拒绝 H0，即模型拟合得好。值得注意的是通常 p 值显著有两个原因：一是大样本所造成，另一个是模型真的拟合度不好。波兰和斯蒂安建议利用 Bollen–Stine p 值修正法（Bollen–Stine p-value correction method）以检验出 p 值显著的真正原因（Bollen & Stine，1992）。

Bollen–Stine p 值修正法是利用取出放回的重抽样技术，修正模型卡方值，检验模型拟合度，调整缺乏多元正态分配的数据。Bollen–Stine 的虚无假设 H0：样本模型卡方值与原始样本卡方值没有差异。若分析结果为 Bollen–Stine Bootstrap p 值小于 0.05，表示拒绝 H0，即上述两卡方值存在差异；若分析结果为 Bollen–Stine Bootstrap p 值大于等于 0.05，表示不拒绝 H0，即上述两卡方值没有差异。

本书模型的分析结果得到 p 值为 0.000，小于 0.05，显著，拒绝 H0，即模型拟合度不好。但由于结构方程模型为大样本分析，而本书样本数达到 522 个，因此很有可能是因为样本量大造成的卡方值过大从而引起 p 值显著。因此使用 Bollen–Stine p 值修正法进行检验。Bollen–Stine p 值修正法模型在经过 1 000 次的自抽样之后，得到 1 000 次的模型是拟合良好的，下一个出现较差模型的概率是 p=0.001，表示最大似然法所估计出的 p 值显著的原因是样本过大而不是模型拟合度不好，如图 7.9 所示。

Bollen-Stine Bootstrap (Default model)

The model fit better in 1000 bootstrap samples.
It fit about equally well in 0 bootstrap samples.
It fit worse or failed to fit in 0 bootstrap samples.
Testing the null hypothesis that the model is correct, Bollen-Stine bootstrap p = .001

图 7.9　Bollen–Stine Bootstrap p 值修正法分析结果

7.10.1.2 模型检验

Bollen–Stine p 值修正法分析得到的卡方值为 443.185，相关拟合度指标计算后在表 7.34 中列出，表中模型拟合度指标均符合结构方程模型分析的准则。这表示研究中的模型拟合度良好，可依据此模型进行后续分析。

表 7.34　SEM 模型拟合度指标汇总表

拟合度指标	判别标准	模型拟合度指标
χ^2（Bollen–Stine p–value correction）	越小越好	443.185（p=0.999）
χ^2/df	<3	1.114
GFI	>0.9	0.962
AGFI	>0.9	0.955
RMSEA	<0.08	0.015
NNFI	>0.9	0.996
IFI	>0.9	0.996
CFI	>0.9	0.996

7.10.1.3 非多元正态修正

在正态分布检验时（参见本书 7.5.2），检验结果显示本书数据本身虽然符合单变量正态分布，但并未完全符合多元正态分布，为确定最大似然法是否低估了标准误，以自抽样的方式重新估计，如果二者偏误不大，则可认为最大似然法的参数估计结果有相当的准确性。

表 7.35 是最大似然估计值与自抽样 1 000 次估计值比较结果表，其中 SE 表示自抽样估计的标准误；SE–SE 表示最大似然法估计的标准误与自抽样估计的标准误之间的差距，如果很小则表示两种方法估计的标准误差异不大；MEAN 表示自抽样估计的参数值；Bias 表示最大似然法估计的参数值减去自抽样估计的参数值，如果很小则表示两种方法估计的结果差异不

大。假如标准误是接近的并且 Bias 很小，就意味着即使数据存在非多元正态也可能造成参数估计的偏误，研究中使用最大似然法估计的结果也具有可靠性。从表中数据可看出，SE-SE 和 Bias 都非常小，表示数据本身虽然存在非多元正态，但研究结果偏误不大，因此研究中最大似然法估计的结果是可以接受的。

表 7.35 最大似然估计值与自抽样 1 000 次估计值比较结果表

Parameter			SE	SE-SE	Mean	Bias	SE-Bias
员工敬业度	<-	天职取向	0.054	0.001	0.494	0.002	0.002
任务绩效	<-	员工敬业度	0.168	0.004	0.450	0.003	0.005
人际促进	<-	员工敬业度	0.120	0.003	0.157	0.001	0.004
献身精神	<-	员工敬业度	0.173	0.004	0.662	0.001	0.005
任务绩效	<-	天职取向	0.136	0.003	0.181	0.006	0.004
献身精神	<-	天职取向	0.145	0.003	0.263	0.009	0.005
人际促进	<-	天职取向	0.102	0.002	0.178	0.002	0.003

注：<- 为作用方向。下同。

7.10.1.4 参数估计

如图 7.10 和图 7.11 所示，结构方程模型参数估计结果整理后如表 7.36 所示。

表 7.36 SEM 模型估计参数

构面			标准化估计值	非标准化估计值	标准误 S.E.	C.R.（t 值）	p 值	SMC
员工敬业度	<-	天职取向	0.664	0.492	0.042	11.850	***	0.440
任务绩效	<-	天职取向	0.271	0.175	0.043	4.088	***	0.520
任务绩效	<-	员工敬业度	0.513	0.447	0.063	7.128	***	
人际促进	<-	天职取向	0.309	0.176	0.042	4.208	***	0.220
人际促进	<-	员工敬业度	0.204	0.157	0.054	2.879	**	
献身精神	<-	天职取向	0.319	0.254	0.042	6.046	***	0.742
献身精神	<-	员工敬业度	0.616	0.661	0.066	10.079	***	

注：*** 为 p<0.001（2-tailed）；** 为 p<0.01（2-tailed）。

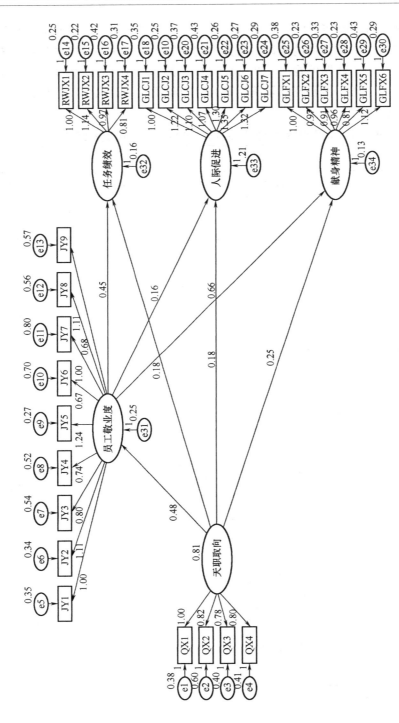

图 7.10 结构方程模型非标准化参数估计示意图

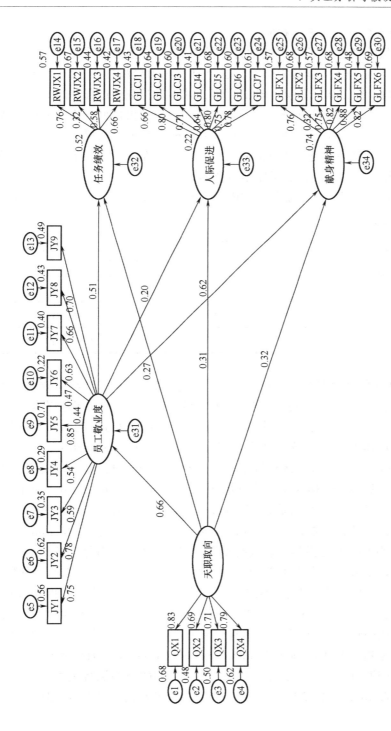

图 7.11　结构方程模型标准化参数估计示意图

7.10.1.5 模型交叉效度检验

模型从验证性因子分析的估计开始，有些测量题项无法通过信度、效度检验，因此会从模型中删除，这个过程称为模型搜索（MacCallum，1986）。模型搜索属于数据驱动的过程，并不是验证性过程，因此违反了验证性因子分析为验证性分析的前提。因此，为了怕模型产生随机偶发概率的错误，当模型执行过模型搜索后，在确定研究模型与样本数据是否拟合之前，一定要进行交叉效度的检验以验证模型在修正后并不是因仅仅是符合样本数据的特性而得到了模型拟合的结果。

交叉效度根据样本来源的不同而分为四类（Diamantopoulos & Siguaw，2000）（见表 7.37）。

表 7.37　效度类型表

研究中的模型数目	效度检验样本来源	
	相同总体	不同总体
单一模型	模型稳定性	效度延展性
不同模型	模型选择性	效度一般性

本书中存在模型搜索的过程，所以进行交叉效度检验，具体效度类型为模型稳定度的检验。检验模型稳定度即检验一个单一假设模型在同一个总体但不同样本之间是否一样拟合良好。这是交叉效度分析的最基本模型。本书中的具体做法是将调查样本随机分成两群（大约 50∶50），一群称为检验样本，另一群称为效标样本。利用研究中的假设模型比较模型在两群样本的不变性，包括测量模型的因子载荷（Factor loading，Measurement weights）、结构模型的路径系数（Structural weights）、结构协方差（Structural covariances）、结构残差（Structural residuals）与测量残差（Measurement residuals）等是否存在差异。若没有差异，则表示模型具有相当的稳定性。

交叉效度检验以卡方值差异为检验标准，提出虚无假设 H0：两群样本分析结果没有差异。若分析结果为 p 值大于等于 0.05，表示不拒绝 H0，即模型稳定性良好，具有交叉效度；若分析结果为 p 值小于 0.05，表示拒绝 H0，即模型稳定性不好，不具有交叉效度。以上是统计上的显著性，同时还应考量实务上的显著性（practical significance）。有学者建议模型之间的 ΔCFI 的绝对值小于等于 0.01，则可认为两模型没有实务上的差异（Cheung & Rensvold，2002）；利托（Little）也提出 ΔTLI 的绝对值小于等于 0.05，也可视为结构模型之间无差异的标准（Little，1997）。

本书中模型交叉效度检验结果如表 7.38 所示，检验结果显示除测量残差并不全等以外，其他均为同质，符合柏瑞尼（Byrne）提出的温和检验标准，因此可认为模型具有稳定性，符合交叉效度的标准（Byrne，2010）。

表 7.38　模型交叉效度检验结果

模型	NPAR	CMIN	DF	统计上的显著性			实务上的显著性	
				ΔCMIN	ΔDF	p	ΔCFI	ΔTLI
无约束模型	134	4 466.598	796	—	—	0.000	—	—
测量权值	109	4 494.066	821	27.468	25	0.333	0.000	−0.010
结构模型的路径系数	102	4 499.757	828	5.692	7	0.576	0.000	−0.003
结构协方差	101	4 499.957	829	0.200	1	0.655	0.000	0.000
结构残差	97	4 504.575	833	4.618	4	0.329	0.000	−0.002
测量残差	67	4 563.198	863	58.623	30	0.001	−0.002	−0.009

7.10.1.6 模型统计检定力

在结构方程模型整体模型拟合度分析中，卡方值越小越好，不显著的卡方值使得模型无法被拒绝，而得到模型与样本拟合度良好的结果。但是当统计检定力很低时（<0.6），即使模型拟合得不好，结构方程模型也不会拒绝模型，这会使得研究者得到错误的结论。所以当统计检定力不够大时（一般要 >0.8），研究者对研究结果不可以说充满信心。为了保证结构方程模型验证结果的正确性是可信的，统计检定力在结构方程模型中是一定要报告的（Hoyle & Panter，1995）。

麦克卡姆（MacCallum）等在 1996 年提出了整体模型的 power 检定法，该方法是以平均近似误差均方根及非集中性卡方分配为基础，检验三种不同的虚无假设。本书也使用此法计算统计检定力（如表 7.39 所示）。

表 7.39　统计检定力

模型自由度	样本数	统计检定力		最小样本数	
		接近拟合假设	不接近拟合假设	接近拟合假设	不接近拟合假设
398	522	1	1	56	82

　　统计检定力在结构方程模型中非常重要，检定力越大代表研究者对研究的正确性越有信心。结构方程模型的统计检定力与样本数及自由度大小成正比，而样本数大小的计算则在假设 $1-\beta=0.8$ 时，与自由度大小成正比。根据麦克卡姆等 1996 年在文章中的 SAS 代码进行分析得到的结果为：无论是在接近拟合假设还是不接近拟合假设的检定下，统计检定力都是 1，而样本数则分别为 56 和 82。麦克卡姆等提出，即使样本数算出后很小，但由于平均近似误差均方根是大样本下才能渐进于卡方分配，因此在结构方程模型分析中，足量的样本是必需的。本书样本数为 522 个，远大于最小样本数的要求，也符合经验法则的要求，检定统计力为 1，因此研究者对本书结果的正确性非常有信心。

7.10.2 假设检验

7.10.2.1 天职取向对工作绩效的影响

表 7.40　天职取向对工作绩效的影响分析

假设关系			标准化估计值	非标准化估计值	标准误	t 值	p 值
任务绩效	<-	天职取向	0.271	0.175	0.043	4.088	***
人际促进	<-	天职取向	0.309	0.176	0.042	4.208	***
献身精神	<-	天职取向	0.319	0.254	0.042	6.046	***

注：*** 为 $p<0.001$（2-tailed），** 为 $p<0.01$（2-tailed）。

　　从表 7.40 的分析结果可以看出，模型中天职取向对任务绩效、人际促进和献身精神均具有影响作用。其中，天职取向对任务绩效的标准化路径系数为 0.271，t 值为 4.088，达到统计显著性水平；天职取向对人际促进的标准化路径系数为 0.309，t 值为 4.208，达到统计显著性水平；天职取向对献身精神的标准化路径系数为 0.319，t 值为 6.046，达到统计显著性水平。上述系数也验证了本书中的研究假设 1、假设 2 和假设 3 均成立（如表 7.41 所示）。

表 7.41　天职取向对工作绩效的假设检验

假设	检验结果
假设 1：天职取向对任务绩效有影响，员工天职取向越强，其任务绩效水平越高	接受
假设 2：天职取向对人际促进有影响，员工天职取向越强，其人际促进水平越高	接受

假设	检验结果
假设3：天职取向对献身精神有影响，员工天职取向越强，其献身精神水平越高	接受

7.10.2.2 天职取向对员工敬业度的影响

从表7.42的分析结果可以看出，模型中天职取向对员工敬业度具有影响作用。天职取向对员工敬业度的标准化路径系数为0.664，t值为11.850，达到统计显著性水平。这也验证了本书中的研究假设4成立（如表7.43所示）。

表 7.42　天职取向对员工敬业度的影响分析

假设关系			标准化估计值	非标准化估计值	标准误	t值	p值
员工敬业度	<-	天职取向	0.664	0.492	0.042	11.850	***

注：*** 为 p<0.001（2-tailed），** 为 p<0.01（2-tailed）。

表 7.43　天职取向对员工敬业度的假设检验

假设	检验结果
假设4：天职取向对员工敬业度有影响，员工天职取向越强，其敬业度水平越高	接受

7.10.2.3 员工敬业度对工作绩效的影响

从表7.44的分析结果可以看出，模型中员工敬业度对任务绩效、人际促进和献身精神均具有影响作用。其中，员工敬业度对任务绩效的标准化路径系数为0.513，t值为7.128，达到统计显著性水平；员工敬业度对人际促进的标准化路径系数为0.204，t值为2.879，达到统计显著性水平；员工敬业度对献身精神的标准化路径系数为0.616，t值为10.079，达到统计显著性水平。上述系数也验证了本书中的研究假设5、假设6和假设7均成立（如表7.45所示）。

表 7.44　员工敬业度对工作绩效的影响分析

假设关系			标准化估计值	非标准化估计值	标准误	t值	p值
任务绩效	<-	员工敬业度	0.513	0.447	0.063	7.128	***
人际促进	<-	员工敬业度	0.204	0.157	0.054	2.879	**
献身精神	<-	员工敬业度	0.616	0.661	0.066	10.079	***

注：*** 为 p<0.001（2-tailed），** 为 p<0.01（2-tailed）。

表 7.45　员工敬业度对工作绩效的假设检验

假设	检验结果
假设 5：员工敬业度对任务绩效有影响，员工敬业度水平越高，其任务绩效水平越高	接受
假设 6：员工敬业度对人际促进有影响，员工敬业度水平越高，其人际促进水平越高	接受
假设 7：员工敬业度对献身精神有影响，员工敬业度水平越高，其献身精神水平越高	接受

7.10.2.4 员工敬业度的中介作用

中介变量是联系两个变量的关系纽带，在理论上，中介变量意味着某种内部机制（MacKinnon，2008）。考虑自变量 X 对因变量 Y 的影响，如果 X 通过影响 M 来影响 Y，则称 M 为中介变量。如图 7.12 所示，当自变量 X 作用于因变量 Y，路径系数为 c 时，由于不涉及第三个变量，所以 c 代表自变量作用于因变量的总效应。而在单中介模型中，a 代表自变量 X 作用于中介变量 M 的效应，b 表示中介变量 M 作用于因变量 Y 的效应，c' 代表考虑或控制中介变量 M 后，自变量 X 作用于因变量 Y 的效应。

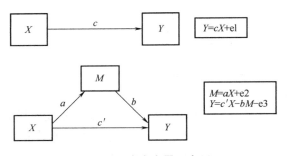

图 7.12　中介变量示意图

本书不仅想探究天职取向对工作绩效的影响作用，还想了解天职取向是如何影响工作绩效的，所以引入了员工敬业度作为中介变量，并提出了相应的假设，希望通过结构方程模型得到验证。

检验中介效应的方法也在与时俱进，目前常见的方法有逐步检验法、系数乘积检验法和区间估计法。

（1）逐步检验法（Causal Steps Approach）。科尼（Kenny）等描述的中介效应检验程序是使用较多的检验程序（Baron & Kenny，1986），该方法易于理解和操作，具体步骤为检验总效应系数 c 是否显著，即自变量与因变量是否存在显著关系。如果 c 显著则继续进行随后的分析，如果不显著中介分析终止；检验自变量作用于中介变量效应 a 是否显著；如果 a 显著则继续进行随后检验，否则终止分析，中介效应不存在；检验中介变量作用于因变量效应 b 是否显著，如果 b 显著则继续进行随后检验，否则终止分析，中介效应不存在；检验直接效应 c' 是否显著。在 a 和 b 都显著的情况下，如果 c' 不显著说明存在完全中介效应，否则存在部分中介效应。尽管逐步检验法易于理解和操作而且使用最频繁，但模拟研究发现，与其他方法相比逐步检验法的统计功效最小（MacKinnon 等，2002；MacKinnon 等，2004）。

（2）系数乘积检验法（Product of Coefficients Approach）。系数乘积检验就是检验 ab 乘积是否显著，即 H0：$ab = 0$，ab 乘积是中介效应的大小，所以检验 ab 乘积是否显著是对中介效应的直接检验。此程序常使用索伯（Sobel）提出的标准误计算公式，因此也将此检验称作索伯检验。系数乘积检验法存在的主要问题是，检验统计量依据的正态分布前提很难满足，因为即使 a，b 分别服从正态分布，ab 的乘积也可能与正态分布存在较大差异（Sobel，1982）。

（3）自抽样法。作为一种更新、更具效力的估计方法，自抽样法是一种重复抽样方法。自抽样程序是以样本来代表总体，在此样本中进行放回抽样直至抽取 n 个（如 100 个），组成一个样本。这样的程序反复进行多次（k 次），亦即产生多个样本，每个样本都可以算出一个间接作用估计值，由此可以算出 k 个值，形成一个实际的分布。这个分布近似于从原始总体中取样的分布。一般建议最少抽样 1 000 次（亦即 $k=1\,000$），推荐抽样 5 000 次。这种程序产生的置信区间（confidence interval，CI）的估计有可能会产生偏差。可以用置信区间的偏差调整（bias corrected）或者偏差调整和加速（bias corrected and accelerated）调整上限值和下限值。不管使用何种程序，如果 0 不在上下限的区间之内，可以说有 CI% 的可信度认为中介作用不是 0，也就是在 100 % 到 CI% 的显著性水平，拒绝中介作用真值为 0 的虚无假设。

自抽样方法的原理是当正态分布假设不成立时，经验抽样分布可以作为实际整体分布用于参数估计。自抽样方法不需要分布假设，所以避免了系数乘积检验违反分布假设的问题，而且该方法不依赖标准误，所以避免了不同标准误公式结果不一致的问题。

模拟研究发现，与其他中介效应检验方法相比，自抽样方法具有较高的统计效力（MacKinnon 等，2002，2004；Williams & MacKinnon，

2008）。从统计功效和适用广度看，区间估计法中的自抽样方法最为优秀，是目前比较理想的中介效应检验法（Preache & Hayes，2008；Preache 等，2007），也是管理研究领域中介效应的"正规"验证方法。

在已有研究中，检验中介效应最流行的方法是柏荣和科尼（Baron & Kenny）的逐步检验法，但是近几年逐步检验法不断受到批评和质疑，有研究者提出停止使用其中的逐步检验。《人格和社会心理学杂志》（Journal of Personality and Social Psychology）作为社会心理学界影响最大的杂志，其主编史密斯（Smith）在 2012 年的主编评论中指出："新技术改进了中介效应检验的统计效力和准确性，而不需要以前那么多的假设。"作者必须意识到柏荣和科尼的方法已经不是最新技术水准的方法，作者必须采用新的，更具效力的估计方法。

根据普瑞驰和海伊（Preacher & Hayes）的观点，逐步检验和系数乘积检验等方法主要有三个局限：第一，柏荣和科尼的方法需要 a 和 b 都要有统计学意义，而直接检验间接作用的中介分析（如系数乘积检验）却只需 a 和 b 的乘积有统计学意义即可。显然，拒绝两个虚无假设比拒绝一个要困难。第二，虽然系数乘积检验直接检验间接作用 a 和 b 的乘积，但是这种方法建立在 a 和 b 乘积正态分布的假设基础上，而这种假设一般是不成立的，并且与重复取样的自抽样程序相比，系数乘积检验的效力较低。第三，总体作用有统计学意义并不是中介作用有统计学意义的必要条件，只要直接检验间接作用即可发现是否有中介作用。研究者按照柏荣和科尼因果步骤，会因为总体作用 c 无统计学意义而停止余下的检验，可能错失发现间接作用有统计学意义的机会。而本书中使用的自抽样方法的优势在于它不需要分布假设，所以避免了系数乘积检验违反分布假设的问题，同时自抽样方法不依赖标准误进行计算，所以避免了不同标准误公式结果不一致的问题。

结合对三种方法优缺点的认识及本书的特点，本书利用 Amos 软件中的自抽样技术重新估计间接效果的标准误及信赖区间以检验中介效应，此法亦被称为信赖区间法。信赖区间法的评判标准是信赖区间不包含 0 即效应存在；达到统计显著性水平即拒绝虚无假设。本书中对中介效应的检验步骤为：①检验总效应是否存在；②检验间接效应是否存在；③检验直接效应是否存在；④检验是否存在抑制效应（suppression）。

首先，对总效应进行检验，因为只有当 c 显著时才会考虑中介变量，检验目的是验证总效应是否存在。在 95% 的置信水准下，利用自抽样的两种估计方法 Bias-corrected Percentile method 和 Percentile method 进行估计，分别得到两个信赖区间 Bias-corrected IC 和 Percentile method IC，检验结果如表 7.46 所示，表中估计值全部是非标准化系数。结果显示自变量天职取向对因变量任务绩效、人际促进和献身精神的总效应的置信区间均不包含 0，即三个总效应都存在。虚无假设 H0：总效应 =0，即总效应不存在，经过估计，得到的 p 值均小于 0.05，达到显著性水平，即拒绝 H0，得到结论为三个总效应均存在。

表 7.46　总效应检验结果汇总表

relationships			Bias-corrected 95% CI			Percentile method 95% CI			分结论 1
			lower	upper	p 值	lower	upper	p 值	
任务绩效	<-	天职取向	0.323	0.482	0.001	0.325	0.488	0.001	总效应存在
人际促进	<-	天职取向	0.187	0.332	0.001	0.185	0.330	0.001	总效应存在
献身精神	<-	天职取向	0.485	0.691	0.001	0.488	0.696	0.001	总效应存在

其次，对间接效应进行检验，检验目的是验证间接效应是否存在。在 95% 的置信水准下，利用自抽样的两种估计方法 Bias-corrected Percentile method 和 Percentile method 进行估计，分别得到两个信赖区间 Bias-corrected IC 和 Percentile method IC，检验结果如表 7.47 所示，表中估计值全部是非标准化系数。结果显示，自变量天职取向对因变量任务绩效、人际促进和献身精神的间接效应的置信区间均不包含 0，即三个总效应都存在。虚无假设 H0：间接效应 =0，即间接效应不存在，经过估计，得到的 p 值均小于 0.05，达到显著性水平，即拒绝 H0，得到结论为三个间接效应均存在。

表 7.47　间接效应检验结果汇总表

relationships			Bias-corrected 95% CI			Percentile method 95% CI			分结论 2
			lower	upper	p 值	lower	upper	p 值	
任务绩效	<-	天职取向	0.139	0.334	0.006	0.135	0.328	0.008	间接效应存在
人际促进	<-	天职取向	0.003	0.151	0.040	0.003	0.150	0.041	间接效应存在

relationships			Bias-corrected 95% CI			Percentile method 95% CI			分结论 2
			lower	upper	p 值	lower	upper	p 值	
献身精神	<-	天职取向	0.255	0.440	0.005	0.248	0.426	0.008	间接效应存在

再次，对直接效应进行检验，检验目的是验证直接效应是否存在，若直接效应存在，则间接效应为部分中介作用；若直接效应不存在，则间接效应为完全中介作用。在 95% 的置信水准下，利用自抽样的两种估计方法 Bias-corrected Percentile method 和 Percentile method 进行估计，分别得到两个信赖区间 Bias-corrected IC 和 Percentile method IC，检验结果如表 7.48 所示，表中估计值全部是非标准化系数。结果显示，自变量天职取向对因变量任务绩效、人际促进和献身精神的直接效应的置信区间均不包含 0，即三个直接效应都存在。虚无假设 H0：直接效应 =0，即直接效应不存在，经过估计，得到的 p 值均小于 0.05，达到显著性水平，即拒绝 H0，得到结论为三个直接效应均存在，表明三个间接效应都为部分中介作用。

表 7.48　直接效应检验结果汇总表

relationships			Bias-corrected 95% CI			Percentile method 95% CI			分结论 3
			lower	upper	p 值	lower	upper	p 值	
任务绩效	<-	天职取向	0.055	0.304	0.006	0.060	0.307	0.006	直接效应存在
人际促进	<-	天职取向	0.073	0.297	0.002	0.072	0.296	0.002	直接效应存在
献身精神	<-	天职取向	0.138	0.398	0.001	0.138	0.398	0.001	直接效应存在

最后，验证是否存在抑制效应，检验结果如表 7.49 所示，表中估计值全部是标准化系数。抑制变量会产生抑制效应从而抑制原先两个变量的关系，因为它与两个变量中的其中一个有正向关系，但是与另外一个有负向关系（Rosenberg，1968）。抑制效应不属于传统意义上的中介分析，而是广义中介分析。本书研究中介效应的目的是了解天职取向是如何影响工作绩效的，以及员工敬业度是否为获得高工作绩效的关键因素，所以希望通过检验排除抑制效应的可能。检验的步骤是首先计算出间接效应（见表

7.50），然后计算间接效应与直接效应的求和值，最后比较这个求和值与总效应的大小关系。若间接效应与直接效应之和小于总效应，则表示存在抑制效应；若间接效应与直接效应之和等于总效应，则表示不存在抑制效应。结果显示本书的研究不存在抑制效应。

表 7.49　抑制效应排除检验结果汇总表

relationships			间接效应 ab	直接效应 c'	ab+c'	总效应 c	分结论 4
任务绩效	<–	天职取向	0.340	0.271	0.611	0.611	不存在抑制效应
人际促进	<–	天职取向	0.135	0.309	0.444	0.444	不存在抑制效应
献身精神	<–	天职取向	0.409	0.319	0.728	0.728	不存在抑制效应

表 7.50　间接效应计算汇总表

直接效应 a		直接效应 b		间接效应 ab	
路径	系数	路径	系数	路径	系数
员工敬业度 <– 天职取向	0.664	任务绩效 <– 员工敬业度	0.513	任务绩效 <– 天职取向	0.340
		人际促进 <– 员工敬业度	0.204	人际促进 <– 天职取向	0.135
		献身精神 <– 员工敬业度	0.616	献身精神 <– 天职取向	0.409

综上所述，本书中自变量对因变量任务绩效、人际促进和献身精神的影响作用中，员工敬业度分别起到了部分中介作用，即自变量对因变量的影响中有一部分是通过中介变量员工敬业度而起作用的。由于是部分中介作用，所以报告了中介效应占总效应的比例，分别是 55.65%，30.41%，56.18%（见表 7.51）。上述结论也验证了本书的研究假设 8、假设 9 和假设 10 均成立（见表 7.52）。

表 7.51　员工敬业度中介作用检验结果汇总表

relationships			分结论 1	分结论 2	分结论 3	分结论 4	总结论	中介作用影响力
任务绩效	<–	天职取向	总效应存在	间接效应存在	直接效应存在	不存在抑制效应	存在部分中介作用	55.65%
人际促进	<–	天职取向	总效应存在	间接效应存在	直接效应存在	不存在抑制效应	存在部分中介作用	30.41%

续表

relationships			分结论 1	分结论 2	分结论 3	分结论 4	总结论	中介作用影响力
献身精神	<-	天职取向	总效应存在	间接效应存在	直接效应存在	不存在抑制效应	存在部分中介作用	56.18%

表 7.52   员工敬业度中介作用假设检验

假设	检验结果
假设 8：员工敬业度在天职取向与任务绩效之间具有中介作用	接受
假设 9：员工敬业度在天职取向与人际促进之间具有中介作用	接受
假设 10：员工敬业度在天职取向与献身精神之间具有中介作用	接受

7.11 本章小结

本章通过大样本调查数据对理论模型和相关假设进行了检验，本书所提出的 10 个假设均得到支持，参见表 7.53。

表 7.53   假设检验汇总表

假设	检验结果
假设 1：天职取向对任务绩效有影响，员工天职取向越强，其任务绩效水平越高	接受
假设 2：天职取向对人际促进有影响，员工天职取向越强，其人际促进水平越高	接受
假设 3：天职取向对献身精神有影响，员工天职取向越强，其献身精神水平越高	接受
假设 4：天职取向对员工敬业度有影响，员工天职取向越强，其敬业度水平越高	接受
假设 5：员工敬业度对任务绩效有影响，员工敬业度水平越高，其任务绩效水平越高	接受
假设 6：员工敬业度对人际促进有影响，员工敬业度水平越高，其人际促进水平越高	接受
假设 7：员工敬业度对献身精神有影响，员工敬业度水平越高，其献身精神水平越高	接受
假设 8：员工敬业度在天职取向与任务绩效之间具有中介作用	接受
假设 9：员工敬业度在天职取向与人际促进之间具有中介作用	接受
假设 10：员工敬业度在天职取向与献身精神之间具有中介作用	接受

8 研究结论与研究展望

8.1 研究结论

8.1.1 实证结论

（1）女性知识型员工与男性知识型员工在天职取向、任务绩效、人际促进和献身精神上均存在显著差异，且均为女性高于男性。这符合中国传统文化对女性、男性的角色定位。对职业女性而言，工作不仅标志着经济的独立，而且赋予了人生的意义；但对于男性而言，工作首先标志着责任，标志着承担养家糊口的重任。所以在工作价值取向上，男性会比女性更多地考虑物质的需求。

（2）年龄在 46~50 岁的知识型员工在天职取向、员工敬业度、任务绩效、人际促进和献身精神上都显著低于其他年龄段的员工。这与司考佛利和贝克的随着年龄增长，敬业度水平提升的研究结论不同。笔者认为，本书的结论更符合实际，造成结论上不同的原因是样本工作的特性，即知识型工作的特性。通常知识型员工特别是技术人才对新知识的掌握、使用及更新的要求都是比较高的，年龄大对很多知识型员工来讲都是极大的威胁，年龄越大对新知识的接受和更新变得越困难，由此造成年龄越大越容易出现工作压力甚至工作倦怠的情况，而这些都会致使敬业度的降低。但研究还发现了另一种有趣的现象，即本书中在样本量较大的情况下，也仅有 6 名被试者年龄超过 50 岁，且大于 50 岁的知识型员工在天职取向、员工敬业度和人际促进上显著高于其他组，这一结论看似矛盾其实也很符合实际情况。实际工作中很多知识型员工，如 IT 技术人员会随着年龄的增长逐步转为管理岗或逐渐承担起项目负责人、架构师等工作任务，年龄大仍能坚守技术一线的员工，往往是那些经验丰富且真心热爱本职工作的人，这样的员工天职取向的程度常很高。

（3）天职取向程度的高低与学历无关。这一方面说明工作价值取向是一个人对于工作的认识，它不因学历而有所差别；而另一方面也看出在中国本应对人的观念形成产生影响力的教育，并没有在塑造工作价值取向上起到太大作用。但学历为大学专科以下的知识型员工在员工敬业度、任务绩效、人际促进和献身精神上显著低于其他学历组，知识型员工对劳动力素质的要求较高，所以知识型员工往往都具有较高的学历。不像能力，学历是一种容易简单衡量比较的事物，所以在知识型员工中学历略低的人在自己和领导的心理上都会受到负面影响。

（4）工作年限大于 20 年的知识型员工在天职取向、员工敬业度、任务绩效、人际促进和献身精神上均显著低于其他工作年限的员工。工作年限越长，越容易出现工作倦怠感，职业高原、天花板效应、年龄增长等都会使员工产生无力感，进而对工作失去兴趣。

（5）不同职务的知识型员工在天职取向和员工敬业度上差异显著，且从高到低的排列顺序为中层管理者、基层管理者和普通员工。这一结论符合瑞兹尼维斯奇提出的工作价值取向由工作取向向事业取向进而向天职取向转变的观点。

（6）不同雇佣模式的知识型员工在天职取向、员工敬业度、任务绩效、人际促进和献身精神上都呈现显著差异。其中，劳务派遣型员工在上述五个变量上均显著低于其他雇佣模式的员工；合同工和非全日制工在天职取向和员工敬业度上显著高于长期雇佣工和劳务派遣工。以上研究结论非常值得分析，雇佣模式的背后是组织与员工的关系，劳务派遣工在现实中存在的同工不同酬、缺少权益保障、归属感缺失等问题，都会影响员工天职取向的形成。这进一步说明，天职取向不仅是个体变量，它的形成和转变深受组织的影响。另一方面长期雇佣工并没有因为雇佣关系的稳定而表现出更高的天职取向和敬业度程度，这也说明工作价值取向的形成不能仅凭借员工的自觉，还要有组织的外力加以促进。

（7）不同企业性质的知识型员工在天职取向、员工敬业度、任务绩效、人际促进和献身精神上呈现显著差异。民营企业和涉外企业知识型员工的天职取向程度、员工敬业度程度均高于国有企业的员工，而天职取向程度最低的是机关事业单位的知识型员工。这一结论与每年狂热的"国考"形成了鲜明的对比，经过千军万马厮杀后进入机关事业单位的员工为何没有表现出对工作的珍惜和热爱？这可能是员工工作初衷造成的，如求稳定而非热爱才选择了这份工作，也可能是机关事业单位体制造成的。

以上均为控制变量对潜变量的影响，相关结论可以概述如表 8.1 所示，其中，"存在"表示相关控制变量在不同类别下相关潜变量存在显著差异；

"不存在"表示相关控制变量在不同类别下相关潜变量不存在显著差异。

表 8.1　控制变量对潜变量影响汇总表

类别	天职取向	员工敬业度	任务绩效	人际促进	献身精神
性别	存在	存在	存在	存在	存在
年龄	存在	存在	存在	存在	存在
学历	不存在	存在	存在	存在	存在
工作年限	存在	存在	存在	存在	存在
职务	存在	存在	存在	不存在	存在
雇佣模式	存在	存在	存在	存在	存在
企业性质	存在	存在	存在	存在	存在

（8）天职取向与任务绩效、人际促进和献身精神均具有正相关关系。模型显示天职取向对任务绩效、人际促进和献身精神均具有影响作用。其中，标准化路径系数分别为 0.271，0.309，0.319，且均达到统计显著性水平。这说明天职取向对于提升知识型员工的任务绩效和关系绩效确实具有影响力。

（9）天职取向与员工敬业度具有正相关关系。模型显示天职取向对员工敬业度具有影响作用。天职取向对员工敬业度的标准化路径系数为 0.664，且达到统计显著性水平。从标准化路径系数可以看出，天职取向对员工敬业度的影响力是很强的，符合本书的假设。

（10）员工敬业度与任务绩效、人际促进和献身精神均具有正相关关系。模型显示员工敬业度对任务绩效、人际促进和献身精神均具有影响作用。其中标准化路径系数分别为 0.513，0.204，0.616，且均达到统计显著性水平。这说明员工敬业度对于提升知识型员工任务绩效和关系绩效确实具有影响力。值得一提的是，员工敬业度对人际促进的影响比对其他两个变量的影响要小，虽然在 $p < 0.01$ 上呈现显著，验证了本书提出的假设，但是在影响力的大小上和预想的不同。基于对文献的梳理可知，敬业的员工更可能表现出亲社会行为，例如，愿意帮助他人、和蔼可亲、具有合作意识等，而这些行为使得敬业者更易得到同事的认可与回报。亲社会行为更有利于创造一个积极正面的社会环境，这种环境激发同事间的合作、信息共享和互相帮助，进而促进团队绩效的提高。然而数据显示不尽然，这可

能是存在一种干扰因素，例如，工作的不稳定性或者组织支持感的降低等，抑制了敬业度对人际促进的影响。

（11）在天职取向对任务绩效、人际促进和献身精神的影响作用中，员工敬业度分别起到了部分中介作用，且中介效应占总效应的比例分别是55.65%，30.41%，56.18%。其中，天职取向对人际促进的间接效应的标准化系数为0.135，这一数值虽证明了间接效应的存在，但是却没有达到预想的那么大。产生的疑虑同实证结论（10）提到的一样，因为天职取向也具有亲社会性，但是这一点并没有凸显在对关系绩效中人际促进的提高上。

基于在实证研究中得到的结论，为了对管理实践做出更有益的指导建议，笔者又对几位资深知识型员工进行了访谈，希望能通过访谈找出研究结论与预想不符的真正原因。

8.1.2 访谈及结论

8.1.2.1 访谈目的

在对国内外关于天职取向的相关文献进行梳理后可知，天职取向具有亲社会性（Boyd，2010；Dik & Duffy，2009），实证研究结果也表明持天职取向的员工表现出更高的工作满意度，更大的工作热情，更强的组织责任感等（Dividson & Caddell，1994；Wrzesniewski 等，1997；Freed，2002；赵敏和何云霞，2010），无论从天职取向的概念角度还是从实证研究角度，持天职取向的员工倾向于在工作中表现出更多地分享、助人等行为。本书中以知识型员工作为研究对象，针对天职取向与工作绩效关系的实证研究结果显示，天职取向对于关系绩效中人际促进确有影响，通过统计分析得知这种影响虽然显著，但是并不明显，结论与国内外已有研究的结论略有不同。这种不同使得笔者想要回答问题即"为什么会出现这种不同？"或者"是什么原因造成了这种不同？"

通过对文献的梳理和对相关概念的分析，笔者推测造成上述研究结论不同的原因有三个方面。

（1）知识型员工的工作特点。知识型员工工作主要是依靠员工的知识，工作成效有赖于员工发挥自主性，员工常常是自己工作领域的专家。这些特点使得知识型员工的工作更加有赖于自身的知识能力水平而非团队的合作与帮助，这就有可能造成员工之间各司其职、沟通较少的情况出现，以使得人际促进水平无从体现。

（2）知识型员工的特点。知识型员工大都具有较高的个人素质，因此常具有强烈的个性和骄傲的性格，他们对于组织的依赖性比较低，在工作中遇到困难也比较倾向于自己想办法解决，而不是求助于同事或组织。这些特点使得员工之间很难有互帮互助的气氛存在，从而也使得人际促进水平无从体现。

（3）环境的影响。这里所说的环境有两个：社会外部环境和组织内部环境。众所周知，知识型员工的流动性比较大，且随着知识更新速度的加快，对知识型员工的要求也变得越来越高。这些都导致知识型员工的工作稳定性越来越小，知识的更新、组织的要求、就业形势的严峻都使得知识型员工感觉到威胁，而这种威胁不利于员工之间的知识分享与互相帮助。同时，企业内部文化以及组织向员工传递出的信息没有营造出分享帮助的气氛，也可能是造成员工人际促进水平不高的原因。

为了证实上述推测是否正确，笔者采取了对相关资深知识型员工进行个人深度访谈的方式进行验证与分析。访谈的目的是从企业中知识型员工的实际工作中调查他们的人际促进情况，找寻制约天职取向影响人际促进的原因，由此获得启示，为后续对企业实践活动提供有效指导意见奠定基础。

8.1.2.2 访谈对象

本书对访谈对象的选择基于两个原则：第一，访谈对象或访谈对象的领导与笔者有着良好的人际关系，这一原则可以保证访谈的质量和真实性，因为访谈对象与研究者是一种比较信任的关系，这种情况下获得的访谈资料更加真实可靠。第二，访谈对象均从事知识型工作多年，具有较丰富的工作经验。这一原则可以保证访谈对象对于访谈题目有深刻的认识，更有利于访谈目的的实现。基于上述两个原则，最终确定的名单中的员工均具有 3 年以上的知识型工作经验；工作内容主要以 IT、技术、研发为主。参加访谈的员工共 15 位，其中，男性 12 位，女性 3 位；研究生学历 9 位，本科学历 6 位；年龄最大者 38 岁，最小者 27 岁，平均 32.07 岁；工作年限最高者 10 年，最低者 3 年，平均 5.73 年；被访者中有两位来自机关事业单位，4 位来自国有企业，6 位来自民营企业，3 位来自外资企业；15 位被访者中 6 位属于长期雇佣员工，其余 9 位为合同制员工（因访谈协议约定，此处未列举企业名称及被访者的姓名）。

8.1.2.3 访谈方法

笔者采用半结构访谈法进行访谈。半结构访谈是指按照一个访谈提纲进行的非正式访谈。在每一次访谈之前都由笔者先与被访谈者约定时间和地点，为保证被访者的状态，时间通常由被访者决定，地点多安排在距被访谈者工作较近、比较安静、适合交谈的地方，例如，咖啡厅等。每一次访谈的开始都由笔者就访谈动机与目的向被访谈者做简单说明，内容包括对于被访谈者表示感谢；简要说明访谈目的及访谈所需时间；简要说明本书情况；说明访谈协议约定（主要是保证不会向任何第三方泄露访谈内容）等。

8.1.2.4 访谈提纲

访谈由两部分内容组成，一部分是访谈对象基本资料的收集；另一部分是针对简要的访谈提纲进行访谈。访谈提纲的具体内容如下：

（1）请介绍一下您所从事的工作。

（2）您觉得工作的目的是什么？

（3）如果您有足够多的钱，您还愿意做现在的工作吗？为什么？

（4）您觉得您所在的组织中同事之间的关系怎么样？

（5）若您在生活中遇到了困难，您的同事会帮助您吗？

（6）若您在工作上遇到了难题，您最常用的解决办法是什么？您会向同事求助吗？为什么？

（7）您的同事愿意与您分享知识吗？如果是，您觉得什么因素促进了这种行为；如果不是，您觉得什么因素阻碍了这种行为？

（8）您愿意和别人分享知识吗？您觉得什么因素会影响您与同事的知识分享？

（9）您觉得一个员工对待工作的态度和他的工作结果有联系吗？

（10）您觉得什么因素会影响组织中同事之间彼此的帮助和知识的分享？

问题（1）是切入问题，目的是将被访谈者带入访谈情景中；问题（2）（3）的目的是了解被访谈者的天职取向程度；问题（4）到（8）的目的是了解被访谈者对所在企业中人际促进现状的看法；问题（9）的目的是想了解被访者对天职取向及工作绩效间关系的看法；问题（10）的目的是想了解被访者企业中是否存在制约人际促进提高的因素以及这些因素是什么。访谈提纲只是一个大概的提问思路，根据被访者的不同情况、不同反应、不同态度，在实际访谈中围绕访谈目的进行更加细化的访问。

8.1.2.5 访谈结论与分析

访谈得到的结论有四点。

（1）知识型员工的美好理想与残酷现实并存。所有被访者都表示了对自己工作的热爱，也都觉得自己的工作充满意义，自己在工作中感受到人生的意义和自我的价值；但是所有被访者特别是男性也都提到了"赚钱养家"这一目的。在追问"赚钱养家"是否为首要目的时，虽然被访者都否认了此说法，但也都表示出压力特别是在北京的生活压力很大。几乎所有人都感受到理想与现实的格格不入，随着年龄的增大，知识型员工的危机感也在加大。

（2）知识型员工同事之间的关系融洽但并不亲密。谈到同事的关系时，被访者都说"挺好的""挺不错的"等。进一步追问后发现，机关事业单位的被访者认为同事间接触并不多，平时工作多是各管一摊，交集比较少，关系谈不上有多近。而民营企业和涉外企业会不定期地组织一些培训活动以拉近同事的关系，所以这两种企业里的知识型员工间的关系比国有企业特别是机关事业单位中的要好一些。这与本书的实证研究结论一致。

（3）对待工作的态度会影响工作绩效。被访者都认为，在工作中那些看重工作意义的员工比那些仅为了赚钱的员工表现出更多的工作热情，也会拥有更好的任务绩效。但也有部分被访者表示，有些高绩效的员工会有恃才傲物的现象出现，以至于他们即使知道这些人能力强，但也不太愿意向这样的员工寻求帮助。

（4）影响人际促进水平提高的因素可以分为四类：

第一，知识型工作的特点。在知识社会中，知识呈现高度专业化并具备高度生产力，知识型员工在工作中运用自身所具备的知识创造价值，且知识型员工经常是某一领域的专家。知识型工作中依赖知识的特性，使得知识与任务绩效、收入、职位等联系得更加紧密，员工需要依赖知识体现自身的价值，使得员工不愿意分享他们所掌握的知识。另一方面，虽然知识型工作通常以团队合作的方式进行，但实际上在团队中分工是非常明确的，以软件工程师为例，架构师在对整个项目进行设计分拆后，每一位团队内的成员都会分配到自己的任务，且任务再分配时会考虑到员工各自的优势，使得完成工作的前提是每一位员工都做好自己的部分工作，而员工在自己的工作中又占有技术上的绝对优势。这使得员工间的互助和分享更加不可能，所以会出现知识型员工热爱工作且工作敬业，但人际促进没有提升的情况。

第二，知识型员工的特点。知识型员工大都具备较高的个人素质，同时也都比较骄傲、有个性。在访谈中，当被问到工作中遇到困难怎么办时，两位女性被访者提到找同事寻求帮助，而其余13位被访者均表示自行解决且大部分被访者会采用上网咨询、查找资料、自己学习等方式解决。在具体追问为什么不找同事帮助时，被访者做出如下回答："相信自己可以解决，没必要麻烦别人""别人也不一定会""问别人多没面子"等。这些答案一方面表现了知识型员工对自身能力的自信，另一方面也表现了知识型员工骄傲和有个性的一面。而这些特点使得组织中人际促进水平无法提升。

第三，社会环境。知识型员工的流动性很大，在给予员工选择自由的同时也增加了工作的不稳定性。一方面，社会就业压力巨大使得摩擦失业的时间和成本都变大；另一方面，知识的更新换代加速使得知识型员工越来越丧失安全感。这些社会环境造成的压力使得员工之间充满竞争、员工与组织缺乏信任，使得组织中缺乏互助、分享的氛围。

第四，企业环境。企业环境是被访者提及最多的方面。首先，缺少激励引导。员工间的互助与分享行为是不会自发实现的，它们的出现需要引导。而现实中，组织更加关注的是任务绩效。以软件工程师为例，绩效考核就是看项目的进度以及编写代码的多少，而对于员工间是否互助则没有任何绩效体现，使得员工缺乏互助与分享的动力。其次，缺少文化氛围。互助与分享的基础是信任，而信任的氛围需要组织文化来营造。但是现实中领导对于企业文化建设的不重视，组织中互助分享途径的不畅通等，都阻碍了员工间的互助和分享行为的出现。

8.2 理论贡献与实践启示

8.2.1 理论贡献

已有国内外关于天职取向对工作变量影响的研究多集中在工作满意度的变量上，本书则以工作绩效作为天职取向的结果变量进行研究，丰富了该领域的研究内容。

国外的研究中很少有关注天职取向与结果变量的作用机制，国内由于天职取向刚引起学者的关注所以相关研究凤毛麟角。本书以员工敬业度作为中介变量对天职取向与工作绩效关系的作用机制进行探讨，试图打开天职取向与工作绩效的"黑箱"。

已有关于员工敬业度前因变量的研究忽略个体因素，本书以天职取向作为员工敬业度的前因变量可以丰富该领域的研究内容。

本书以知识型员工作为研究对象，在实证研究中发现了与过往结论不尽相同的地方，并通过访谈对这些不同加以分析，提高了研究结论的可信性和样本特点，也丰富了以知识型员工作为研究对象的研究内容。

本书将研究视角放在伦理的层面，是为管理实践找到精神层面的指导方向的一次有益尝试，也是对人本主义管理理念的一次更好的诠释。

8.2.2 实践启示

8.2.2.1 对于个人

知识型员工工作的目的通常不仅仅是为了赚钱，追求人生的意义、实现自我价值是很多知识型员工的心声。如何实现自我价值，如何追求人生的意义，如何找寻内心的幸福感困扰着很多人，实际上人生的意义完全可以和工作紧密地联系在一起。知识型员工可以以本职工作为基准，发现自己的内心需求，聆听自己内心的呼唤，确定自己的人生理想。将工作视为一种信仰，在工作中寻找人生的价值；对工作秉持着敬畏之心，将职业精神与自我实现相融合。本书的研究结论证明，持天职取向的知识型员工更多地体会到积极的情绪体验，知识型员工可以通过树立正确的工作价值取向体会到更多的生活幸福与人生意义。

8.2.2.2 对于组织

本书的研究结论证明，天职取向确实会对工作绩效产生积极影响，因此除了物质激励以外，如何提升员工的天职取向应该引起企业的关注。本书研究发现天职取向对人际促进的积极影响受到其他因素的制约，而企业应该从组织文化建设等方面降低这种制约，更多地促进人际促进水平的提升。

（1）重视员工天职取向的引导。天职取向虽然是个人的工作价值取向，但是它的形成和转换深受企业的影响。对于知识型员工而言，他们注重自我价值的实现，物质激励对于他们已不再是重要的激励手段，企业应该重视知识型员工高层次的需求，在工作中与员工形成共赢的合作关系，将员工的人生意义融入企业的发展中。在人力资源管理的选、育、用、留中，要重视员工工作价值取向特别是天职取向的建立与考量。

（2）创造和谐的组织环境。无论是天职取向的树立还是人际促进的提升都需要依赖和谐的组织环境。组织应关心员工的福利、身心健康甚至是精神层面的需求，为员工提供良好的工作环境，为员工的职业发展提供帮助，公平地对待员工，鼓励员工。这些均有利于知识型员工正确工作价值取向的建立，有利于引导员工天职取向的形成。要在组织内建立融洽开放、亲密合作、相互信任的内环境。从领导开始就要重视信任氛围的建立，避免出现所谓的"圈内人"与"圈外人"的概念，建立员工间交流的平台，增加员工间合作的可能，并提倡员工间的互助与分享。

（3）建立更加完善的激励机制。知识型员工之间的互助与分享不能自发形成，且知识型员工自身的特点阻碍了这种互助和分享。设计一套更加完善的激励机制是促进这种互助与分享的制度保证，知识型员工对于其他员工的互助与分享也应该纳入绩效考核的范畴中来。

8.2.2.3 对于社会

任何一个民族的发展都需要精神力量，中国社会已到了不得不重视道德建设、呼唤伦理的时刻。道德、伦理在企业中的映射首先就是职业伦理、职业道德的建设。而通过天职取向的建立，激发员工的敬业度，对经济发展、舆论导向、构建和谐社会都具有深远的意义。

8.3 研究不足与局限性

（1）由于受人力、物力及时间的限制，本书采用了横截面研究，所以只能得到天职取向、员工敬业度和工作绩效的相关关系，得不到更加严谨的因果关系的结论。研究只针对天职取向一个自变量，缺少针对工作取向、事业取向和天职取向三者的比较研究。

（2）样本仅是知识型员工，得出的结论可能欠缺普适性。样本只集中于一种群体，也使得研究缺乏比较性。

（3）量表均使用国外成熟量表，使得研究中可能忽略了一些具有本土化特点的因素。

8.4 研究展望

（1）采用纵向研究进行分析。从纵向研究中验证本书中提出的模型，可以得到对天职取向、员工敬业度、工作绩效的因果关系的了解。可同时对工作取向、事业取向和天职取向进行研究，就三种取向同时对工作绩效进行多元线性回归以得到三种取向各自对于工作绩效的影响。

（2）增加样本的多样性。对不同群体之间的比较研究可以使得研究结论更具意义和实践指导价值。

（3）开发天职取向的本土量表。今后的研究可以以访谈、调研为基础，通过理论研究方法进行系统分析，构建更加符合中国情境的天职取向量表。

（4）今后的研究可以探讨天职取向与工作绩效的调节变量，特别是组织层面的变量所引起的调节作用。

（5）对于本书中的发现进行更深一步的研究，例如，通过实证研究探寻制约人际促进提升的因素究竟有哪些；为什么不同企业性质、不同雇佣关系下员工的天职取向程度存在差异等。

参考文献

［1］Allworth E, Hesketh B. Adaptive Performance: Updating the Criterion to Cope with Change ［C］: Paper Presented at the 2nd Australian Industrial and Organizational Psychology Conference, Melbourne, 1997.

［2］Amabile T M, Hill K G, Hennessey B A, et al. The Work Preference Inventory: Assessing Intrinsic and Extrinsic Motivational Orientations ［J］. Journal of Personality and Social Psychology, 1994, 66（5）: 950–967.

［3］Anderson J C, Gerbing D W. Structural Equation Modeling in Practice:A Review and Recommended Two–step Approach ［J］. Psychological Bulletin, 1988, 103（2）: 411–423.

［4］Armstrong J S, Overton. Estimating Non–response Bias in Mail Surveys ［J］. Journal of Marketing Research, 1977, 14（3）: 396–402.

［5］Armstrong M, Baron A. Performance Management ［M］. London: The Cromwell Press, 1998.

［6］Avolio B, Yammarino F J, Bass B M. Identifying Common Methods Variance with Data Collected from a Single Source: An Unresolved Sticky Issue ［J］. Journal of Management, 1991, 17（3）: 571–587.

［7］Bagozzi R P. Issues in the Application of Covariance Structure Analysis: A further Comment ［J］. Journal of Consumer Research, 1983（9）: 449–450.

［8］Bakker A B, Demerouti E. The Job Demands–resources Model: State of the Art［J］. Journal of Managerial Psychology, 2007, 22（3）: 309–328.

［9］Bakker A B, Demerouti E. Towards a Model of Work Engagement ［J］. Career Development International, 2008, 13（3）: 209–223.

［10］Baron R M, Kenny D A. The Moderator–mediator Variable Distinction in Social Psychological Research: Conceptual, Strategic, and Statistical Considerations ［J］. Journal of Personality and Social Psychology, 1986（51）: 1173–1182.

［11］Bellah R N, Sullivan W M, et al. Habits of the Heart: Individualism and Commitment in American Life ［M］. Berkeley: University of California Press, 1986.

［12］Bentler P M, Chou C P. Practical Issues in Structural Modeling［J］. Sociological Methods and Research, 1987, 16（1）: 78–117.

［13］Bernardin H J, Beatty R W. Performance Appraisal: Assessing Human Behavior at Work［J］. Journal of Occupational Behavior, 1984, 15（5）: 36–49.

［14］Bollen K A, Stine R A. Bootstrapping Goodness–of–fit Measures in Structural Equation Models［J］. Sociological Methods and Research, 1992（21）: 205–229.

［15］Boomsma A. Reporting Analyses of Covariance Structures［J］. Structural Equation Modeling, 2000（7）: 461–483.

［16］Boomsma J J. Estimation of Worker Numbers in Ant Populations After Marking with Europium［J］. Oikos, 1982（38）: 222–227.

［17］Borman W C, Molowidlo S J. Expanding the Criterion Domain to Include Elements of Contextual Performance［M］. //Schmitt N, Borman W C. Personnel Selection in Organizations. San Francisco: Jossey Bass, 1993: 71–98.

［18］Borman W C, Motowidlo S J. Task and Contextual Performance: The Meaning for Personnel Selection Research［J］. Human Performance, 1997, 10（2）: 99–109.

［19］Boyd T N. The Surprising Impact of Purpose: The Effect of Calling on the Relationship between Job Demands and Burnout［D］. Seattle Pacific University, 2010.

［20］Brislin R. Translation and Content Analysis of Oral and Written Material［J］. Handbook of Cross–Cultural Psychology, 1980（2）: 389–444.

［21］Britt T W, Bartone P T, Adler A B. Deriving Benefits from Stressful Events: The Role of Engagement in Meaningful Work and Hardiness［J］. Journal of Occupational Health Psychology, 2001, 6（1）: 53–63.

［22］Britt T W, Bliese P D. Testing the Stress–buffering Effects of Self Engagement among Soldiers on a Military Operation［J］. Journal of Personality, 2003, 71（2）: 245–265.

［23］Britt T W, Castro C A, Adler A B. Self–Engagement, Stressors, and Health: A Longitudinal Study［J］. Personality and Social Psychology Bulletin, 2005, 31（11）: 1475–1486.

［24］Byrne B B. Structural Equation Modeling Using AMOS. Basic Concepts, Applications, and Programming［M］. New York: Routledge, 2010.

［25］Campbell J P. Modeling the Performance Prediction Problem in a Population of Job［J］. Peraonnel Psychology, 1990（43）: 313–333.

［26］Cardador M T, Dane E, Pratt M G. Linking Calling Orientations to Organizational

Attachment Via Organizational Instrumentality [J] . Journal of Vocational Behavior, 2011, 79 (2) : 367–378.

[27] Cheung G W, Rensvold R B. Evaluating Goodness–of–Fit Indexes for Testing Measurement Invariance [J] . Structural Equation Modeling, 2002, 9 (2) : 233–255.

[28] Chin W W. Issues and Opinion on Structural Equation Modeling [J] . MIS Quarterly, 1998, 22 (1) : 7–16.

[29] Christian M S, Slaughter J E. Work engagement: A Meta–analytic Review and Directions for Research in an Emerging area [R] .The Sixty–Sixth Annual Meeting of the Academy of Management, 2007.

[30] Conway J M. Distinguishing Contextual Performance from Task Performance for Managerial Jobs [J] . Journal of Applied Psychology, 1999 (84) : 3–13.

[31] Crawford E R, LePine J A, Rich B L. Linking Job Demands and Resources to Employee Engagement and Burnout: A Theoretical Extension and Meta–analytic Test [J] . Journal of Applied Psychology, 2010, 95 (5) : 834–848.

[32] Cronbach L J. Coefficient Alpha and the Internal Structure of Tests [J] . Psychometrika, 1951 (16) : 297–334.

[33] Csikszentmihalyi M. Flow: The Psychology of Optimal Experience [M] . New York: Harper, 1990.

[34] Davidson J, Caddell D. Religion and the Meaning of Work [J] . Journal for the Scientific Study of Religion, 1994, 33 (2) : 135–147.

[35]Deci E L, Connell J P, Ryan R M. Self–determination in a Work Organization[J]. Joumal of Applied Psychology, 1989 (74) : 580–590.

[36] Demerouti E, Bakker A B, Jonge J D, et al. Burnout and Engagement at Work as a Function of Demands and Control [J] . Scandinavian Journal of Work, Environment & Health, 2001, 27 (4) : 279–286.

[37] Demerouti E, Bakker A B, Nachreiner F. The Job Demands–resources Model of Burnout [J] . Journal of Applied Psychology, 2001, 86 (3) : 499–512.

[38] Diamantopoulos A, Siguaw J A. Introducing LISREL: A Guide for the Uninitiated [M] . Thousand Oaks, CA: SAGE, 2000.

[39] Dik B J, Duffy R D, Eldridge B M. Calling and Vocation in Career Counseling: Recommendations for Promoting Meaningful Work [J] . Professional Psychology: Research and Practice, 2009, 40 (6) : 625–632.

[40] Dik B J, Duffy R D. Calling and Vocation at Work: Definitions and Prospects for

Research and Practice [J] . The Counseling Psychologist, 2007, 37 (3) : 424-450.

[41] Dik B J, Steger M F. Randomized Trial of a Calling-infused Career Workshop Incorporating Counselor Self-disclosure [J] . Journal of Vocational Behavior, 2008, 73 (2) : 203-211.

[42] Dobrow S R, Tosti-Kharas J. Calling a "Calling" : The Development of a Scale Measure [J] . Personnel Psychology, 2010, 23 (2) : 23-45.

[43] Dobrow S R. Having a Calling: A Longitudinal Study of Young Musicians [D] . Harvard University, 2006.

[44] Dobrow S R. The Development of Calling: A Longitudinal Study of Musicians [R] . Paper Presented at the Academy of Management Conference, Philadelphia, 2007.

[45] Dreher D E, Holloway K A, Schoenfelder E. The Vocation Identity Questionnaire: Measuring the Sense of Calling [J] . Research in Social Scientific Study of Religion, 2007, 18 (1) : 99-120.

[46] Duffy R D, Allan B A, Dik B J. The Presence of a Calling and Academic Satisfaction: Examining Potential Mediators [J]. Journal of Vocational Behavior, 2011, 79(1): 74-80.

[47] Duffy R D, Sedlacek W E. The Presence of and Search for a Calling: Connections to Career Development [J] . Journal of Vocational Behavior, 2007, 70 (3) : 590-601.

[48] Duffy R D, Sedlacek W E. The Salience of a Career Calling Among College Students: Exploring Group Differences and Links to Religiousness, Life Meaning, and Life Satisfaction [J] . Career Development Quarterly, 2010, 12 (5) : 33-42.

[49] Dwight S A, Feigelson M E. A Quantitative Review of the Effect of Computerized Testing on the Measurement of Social Desirability [J] . Educational and Psychological Measurement, 2000, 60 (3) : 340-360.

[50] Elangovan A R, Pinder C C, McLean M. Callings and Organizational Behavior[J]. Journal of Vocational Behavior, 2010, 76 (3) : 428-440.

[51] Eldridge B M. Structure of Calling and Vocation Across Gender and Age Cohort [D] . Colorado State University, 2010.

[52] Elizur D. Facets of Eork Values: A Structural Analysis of Work Outcomes [J] . Journal of Applied Psychology, 1984 (69) : 379-389.

[53] Fan X, Thompson B, Wang L. Effects of Sample Size, Estimation Method, and Model Specification on Structural Equation Modeling Fit Indexes [J] . Structural Equation Modeling, 1999 (6) : 56-83.

[54] Fornell C, Larcker D F. Evaluating Structural Equation Models with Unobservable Variables and Measurement Error [J] . Journal of Marketing Research, 1981 (18) : 39–50.

[55] Fredrickson B L. The Role of Positive Emotions in Positive Psychology: The Broaden and Build Theory of Positive Emotions [J] . American Psychologist, 2001 (56) : 218–226.

[56] Freed D E. Material Benefits, Advancement, or Fulfillment: A Study into the Causes and Predictors of Job Satisfaction Based on How People View Their Work [D] . Nova Southeastern University, 2002.

[57] French J R, Domene J F. Sense of Calling: An Organizing Principle for the Lives and Values of Young Women in University [J]. Canadian Journal of Counseling, 2010, 44(1): 1–14.

[58] Gonz á lez–Rom á V, Schaufeli W B, Bakker A B, et al. Burnout and Work Engagement: Independent Factors or Opposite Poles? [J] . Journal of Vocational Behavior, 2006, 68 (1) : 165–174.

[59] Grant A M, Wade–Benzoni K A. The Hot and Cool of Death Awareness at Work: Mortality Cues, Aging, and Self–protective and Pro–social Motivations [J] . Academy of Management Review, 2009, 34 (4) : 600–622.

[60] Grusec J E, Kuczynski L. Parenting and Children's Internalization of Values: A Handbook of Contemporary Theory [M] . New York: John Wiley & Sons, Inc., 1997.

[61] Hair, Jr J F, Anderson R E, et al. Multivariate Data Analysis [M] . NJ: Prentice Hall: Englewood Cliffs, 2009.

[62] Hair, Jr J F, Anderson R E, et al. Multivariate Data Analysis [M] . NJ: Prentice Hall: Englewood Cliffs, 1998.

[63] Halbesleben J R B. A Meta–analysis of Work Engagement: Relationships with Burnout, Demands, Resources, and Consequences [M] . //Bakker A B, Leiter M P. Work Engagement: A Handbook of Essential Theory and Research. New York: Psychology Press, 2010: 102–117.

[64] Hall D T, Chandler D E. Psychological Success: When the Career Is a Calling [J]. Journal of Organizational Behavior, 2005, 26 (2) : 155–176.

[65] Hallberg U E, Schaufeli W B. "Same Same" but Different? Can Work Engagement be Discriminated from Job Involvement and Organizational Commitment? [J] . European Psychologist, 2006, 11 (2) : 119–127.

[66] Hardaker S, Fill C. Corporate Service Brands: The Intellectual and Emotional

Engagement of Employees [J] . Corporate Reputation Review, 2005, 7 (4) : 365-376.

[67] Harter J K, Schmidt F L, Hayes T L. Business-unit-level Relationship between Employee Satisfaction, Employee Engagement, and Business Outcomes: A Meta-analysis [J] . Journal of Applied Psychology, 2002, 87 (2) : 268-279.

[68] Harter J K, Schmidt F L. Validation of a Performance-related and Actionable Management Tool: A Meta-analysis and Utility Analysis [R] .The Gallup Organization, 2000.

[69] Hinkin T K. A Brief Tutorial on the Development of Measures for Use in Survey Questionnaires [J] . Organizational Research Methods, 1998 (1) : 104-121.

[70] Hobfoll S E. Conservation of Resources: A New Approach at Conceptualizing Stress [J] . American Psychologist, 1989 (44) : 513-524.

[71] Hoyle R H, Panter A T. Writing about Structural Equation Models [M] . //Hoyle R H. Structural Equation Modeling: Concepts, Issues, and Applications. Thousand Oaks, CA: Saga, 1995.

[72] Hu L, Bentler P M. Cutoff Criteria for Fit Indexes in Covariance Structure Analysis: Conventional Criteria Versus New Alternatives [J] . Structural Equation Modeling, 1999, 6 (1) : 1-55.

[73] Hunter I, Dik B J, Banning J H. College Students' Perceptions of Calling in Work and Life: A Qualitative Analysis [J] . Journal of Vocational Behavior, 2010, 76 (2) : 178-186.

[74] Huy, Nguyen Q. Emotional Capability, Emotional Intelligence, and Radical Change [J] . Academy of Management Review, 1999, 24 (2) : 325-345.

[75] Jackson D L, Gillaspy J A, Purc-Stephenson R. Reporting Practices in Confirmatory Factor Analysis: An Overview and Some Recommendations [J] . Psychological Methods, 2009, 14 (1) : 6-23.

[76] Jackson D L. Revisiting Sample Size and Number of Parameter Estimates: Some Support for the N: q Hypothesis [J] . Structural Equation Modeling a Multidisciplinary Journal, 2003, 10 (1) : 128-141.

[77] Janssen O, Van Y N W. Employee's Goal Orientations, the Quality of Leader-member Exchange, and the Outcomes of Job Performance and Job Satisfaction [J] . Academy of Management Journal, 2004, 27 (3) : 368-384.

[78] Kahn W A. Psychological Conditions of Personal Engagement and Disengagement at Work [J] . Academy of Management Journal, 1990, 33 (4) : 692-724.

［79］Kahn W A. To be Full There: Psychological Presence at Work［J］. Human Relations, 1992（45）: 321-349.

［80］Kaiser H F. An Index of Factorial Simplicity［J］. Psychometrika, 1974, 39（1）: 31-36.

［81］Kanungo R N, Hartwich J. An Alternative to the Intrinsic-extrinsic Dichotomy of Work Rewards［J］. Journal of Management, 1987（13）: 751-766.

［82］Katz D, Kahn R L. The Social Psychology of Organization［M］. New York: Wiley publishers, 1978.

［83］Kelley T L. The Selection of Upper and Lower Groups for the Validation of Test Items［J］. Journal of Education Psychology, 1939（30）: 17-24.

［84］Kim H J, Shin K H, Swanger N. Burnout and Engagement : A Comparative Analysis Using the Big Five Personality Dimensions［J］. International Journal of Hospitality Management, 2009, 28（1）: 96-104.

［85］Kline R B. Principles and Practice of Structural Equation Modeling［M］. New York: Guilford, 2005.

［86］Kline R B. Principles and Practice of Structural Equation Modeling［M］. New York: Guilford, 2011.

［87］Langelaan S, Bakker A B, van Doornen L J P, et al. Burnout and Work Engagement: Do Individual Differences Make a Difference?［J］. Personality and Individual Differences, 2006, 40（3）: 521-532.

［88］Leech L N, Barrett K C G, Morgan A. SPSS for Intermediate Statistics: Use and Interpretation［M］. Mahwah, New Jersey: Lawrence Erlbaum Associates, 2005.

［89］Little L M, Simmons B L, Nelson D L. Health among Leaders: Positive and Negative Effect, Engagement and Burnout, Forgiveness and Revenge［J］. Journal of Management Studies, 2007, 44（2）: 243-260.

［90］Little T D. Mean and Covariance Structures（MACS）Analyses of Cross-Culture Data: Practical and Theoretical Issues［J］. Multivariate Behavioral Research, 1997, 32（1）: 53-76.

［91］London M, Mone E M. Continuous Learning［M］. //Llgen D R, Pulakos E D. The Changing Nature of Performance: Implications for Staffing, Motivation, and Development. San Francisco: jossey-Bass, 1999.

［92］MacCallum R C, Browne M W, Sugawara H M. Power Analysis and Determination of Sample Size for Covariance Structure Modeling［J］. Psychological Methods,

1996, 1（2）：130-149.

[93] MacCallum R C. Specification Searches in Covariance Structure Modeling [J]. Psychological Bulletin, 1986, 100（1）：107-120.

[94] Macey W H, Schneider B. The Meaning of Employee Engagement [J]. Industrial and Organizational Psychology, 2008, 1（1）：3-30.

[95] MacKinnon D P, Lockwood C M, Hoffman J M, et al. A Comparison of Methods to Test Mediation and Other Intervening Variable Effects[J]. Psychological Methods, 2002(7): 83-104.

[96] MacKinnon D P, Lockwood C M, Williams J. Confidence Limits for the Indirect Effect: Distribution of the Product and Resampling Methods [J]. Multivariate Behavioral Research, 2004（39）：99-128.

[97] MacKinnon D P. Introduction to Statistical Mediation Analysis [M]. New York: Erlbaum, 2008.

[98] Mannetti L, Tanucci G. The Meaning of Work for Young People: The Role of Parents in the Transmission of a Social Representation [M]. //Breakwell G M, Canter D V. Empirical Approaches to Social Representations. Oxford: Oxford University Press, 1993.

[99] Maslach C, Jackson S E, Leiter M P. Maslach Burnout Inventory Manual [M]. Consulting Psychologists Press, 1996.

[100] Maslach C, Leiter M P. Burnout and Engagement in the Workplace: A Contextual Analysis [J]. Advances in Motivation and Achievement, 1999（11）：275-302.

[101] Maslach C, Leiter M P. Early Predictors of Job Burnout and Engagement [J]. Journal of Applied Psychology, 2008, 93（3）：498-512.

[102] Maslach C, Schaufeli W B, Leiter M P. Job Burnout [J]. Annual Review of Psychology, 2001, 52（3）：397-422.

[103] Mauno S, Kinnunen U, Ruokolainen M. Job Demands and Resources as Antecedents of Work Engagement: A Longitudinal Study [J]. Journal of Vocational Behavior, 2007, 70（1）：149-171.

[104] May D R, Gilson R L, Harter L M. The Psychological Conditions of Meaningfulness, Safety and Availability and the Engagement of the Human Spirit at Work [J]. Journal of Occupational and Organizational Psychology, 2004（77）：11-37.

[105] McFarland D B, Sweeney P D. Distributive and Procedural Justice as Predicators of Satisfaction with Personal and Organizational Outcomes [J]. Academy of Management Journal, 1992, 35（3）：626-637.

［106］McGree P. Is Your Career Your Calling? ［J］. Black Enterprise, 2003, 18（2）: 96-100.

［107］Mossholder K M, Bennett N, Kemery E R, et al. Relationships between Bases of Power and Work Reactions: The Mediational Role of Procedural Justice ［J］. Journal of Management, 1998, 24（4）: 533-552.

［108］Motowidlo S J, Borman W C, Schmit M J. A Theory of Individual Differences in Task and Contextual Performance ［J］. Human Performance, 1997（10）: 71-83.

［109］Murphy K R. Dimensions of Job Performance ［M］. //Dillon R F, Pellegrino J W. Testing: Theoretical and Applied Perspectives. NewYork: Prager, 1989: 218-247.

［110］Oates K L M. Calling and Conflict: A Quantitative Study of Inter-role Conflict and Sanctification of Work and Mothering ［D］. Biola University, 2007.

［111］Oksenberg L, Cannell C, Kalton G. New Strategies for Pretesting Survey Questions ［J］. Journal of Official Statistics, 1991, 7（3）: 349-365.

［112］Park Y. An Integrative Empirical Approach to the Predictors of Self-directed Career Management ［J］. Career Development International, 2009, 14（7）: 636-654.

［113］Paul E L, Jane R W. The Social Context of Performance Appraisal: A Review and Framework for the Future ［J］. Journal of Management, 2004, 30（6）: 881-905.

［114］Paulhus D L. Two-component Models of Social Desirable Responding ［J］. Journal of Personality and Social Psychology, 1984, 46（3）: 598-609.

［115］Peterson C, Park N, Hall N, et al. Zest and Work ［J］. Journal of Organizational Behavior, 2009, 30（2）: 161-172.

［116］Preacher K J, Hayes A F. Asymptotic and Resampling Strategies for Assessing and Comparing Indirect Effects in Multiple Mediator Models ［J］. Behavior Research Methods, 2008（40）: 879-891.

［117］Preacher K J, Rucker D D, Hayes A F. Assessing Moderated Mediation Hypotheses: Theory, Method, and Prescriptions ［J］. Multivariate Behavioral Research, 2007（42）: 185-227.

［118］Rafaeli A, Worline M. Individual Emotion in Work Organizations ［J］. Social Science Information, 2001, 40（1）: 95-123.

［119］Rich B L, Lepine J A, Crawford E R. Job Engagement: Antecedents and Effects on Job Performance ［J］. Academy of Management Journal, 2010（53）: 617-635.

［120］Roberson L. Functions of Work Meanings in Organizations: Work Meanings and Work Motivation ［M］. //Brief A, Nord W. Meanings of Occupational Work: A Collection of

Essays. Lexington: Lexington Books, 1990.

[121] Robinson D, Perryman S, Hayday S. The Drivers of Employee Engagement [EB/OL] . www.employment-studies.co.uk/summary/summary.php?id=408.

[122] Rosenberg M J. The Logic of Survey Analysis [M] . New York: Basic Book, 1968.

[123] Rothbard N P. Enriching or Depleting? The Dynamics of Engagement in Work and Family Roles [J] . Administrative Science Quarterly, 2001, 46 (4) : 655–684.

[124] Rothmann S, Joubert J H. Job Demands , Job Resources , Burnout and Work Engagement of Managers at a Platinum Mine in the North West Province [J] . South African Journal of Business Management, 2007, 38 (3) : 49–61.

[125] Rotundo M, Sackett P R. The Relative Importance of Task, Citizenship, and Counterproductive Performance to Global Ratings of Job Performance: A Policy-capturing Approach [J] . Journal of Applied Psychology, 2002, 87 (1) : 66–80.

[126] Saks A M. Antecedents and Consequences of Employee Engagement [J] . Journal of Managerial Psychology, 2006, 21 (7) : 600–619.

[127] Salanova M, Agut S, Peir ó J M. Linking Organizational Resources and Work Engagement to Employee Performance and Customer Loyalty: The Mediation of Service Climate. [J] . Journal of Applied Psychology, 2005, 90 (6) : 1217–1227.

[128] Salanova M, Bakker A B, Llorens S. Flow at Work: Evidence for an Upward Spiral of Personal and Organizational Resources[J]. Journal of Happiness Studies, 2006, 7(1): 1–22.

[129] Salanova M, Schaufeli W B. A Cross-national Study of Work Engagement as a Mediator between Job Resources and Proactive Behaviour [J] . The International Journal of Human Resource Management, 2008, 19 (1) : 116–131.

[130] Schaufeli W B, Bakker A B. Defining and Measuring Work Engagement: Bringing Clarity to the Concept [M] . //Bakker A B, Leiter M P. Work Engagement: A Handbook of Essential Theory and Research. New York: Psychology Press, 2010.

[131] Schaufeli W B, Bakker A B. Job Demands , Job Resources , and Their Relationship with Burnout and Engagement : A Multi-sample Study [J] . Journal of Organizational Behavior, 2004, 25 (1) : 293–315.

[132] Schaufeli W B, Bakker A B. Utrecht Work Engagement Scale Preliminary Manual [M] . Utrecht University Press, 2003.

[133] Schaufeli W B, Salanova M, Gonz á lez-Rom á V, et al. The Measurement

of Engagement and Burnout: A Two Sample Confirmatory Analytic Approach [J] . Journal of Happiness Studies, 2002（3）: 71-92.

[134] Schaufeli W B. From Burnout to Engagement: Toward a True Occupational Health Psychology [C] . Paper Presented at.the. 26th International Congress of Applied Psychology, Athens, 2006.

[135] Schreiber J B. Core Reporting Practices in Structural Equation Modeling [J] . Administrative Pharmacy, 2008（4）: 83-97.

[136] Schumacker, Randall E, Richard G L. A Beginner's Guide to Structural Equation Modeling [M] . Mahwah, NJ: Lawrence Erlbaum Associates, 2004.

[137] Schumacker, Randall E, Richard G L. A Beginner's Guide to Structural Equation Modeling [M] . Mahwah, NJ: Lawrence Erlbaum Associates, 2010.

[138] Seppälä P, Mauno S, Feldt T, et al. The Construct Validity of the Utrecht Work Engagement Scale: Multisample and Longitudinal Evidence [J] . Journal of Happiness Studies, 2009, 10（4）: 459-481.

[139] Serow R C. Called to Teach: A Study of Highly Motivated Preservice Teachers[J]. Journal of Research and Development in Education, 1994, 27（2）: 65-72.

[140] Shimazu A, Miyanaka D, Schaufeli W B. Work Engagement from a Cultural Perspective [M] . //Albrecht S. The Handbook of Employee Engagement: Perspectives, Issues, Research and Practice. Northampton: MA: Edwin Elgar, 2010: 364-372.

[141] Sobel M E. Aysmptotic Confidence Intervals for Indirect Effects in Structural Equation Models [M] . //Leinhardt S. Sociological Methodology. San Francisco: Jossey-Boss, 1982: 200-212.

[142] Sonnentag S. Recovery, Work Engagement, and Proactive Behavior: A New Look at the Interface Between Nonwork and Work. [J] . Journal of Applied Psychology, 2003, 88（3）: 518-528.

[143] Stuart Bunderson J, Thompson J A. The Call of the Wild: Zookeepers, Callings, and the Double-edged Sword of Deeply Meaningful Work [J] . Administrative Science Quarterly, 2009, 54（1）: 32-57.

[144] Thompson B. Exploratory and Confirmatory Factor Analysis: Understanding Concepts and Applications [M] . Washington, D C: American Psychological Association, 2004.

[145] Torkzadeh, Koufteros, Pflughoeft. Confirmatory Analysis, of Computer Self-efficacy [J] . Structural Equation Modeling, 2003, 10（2）: 263-275.

［146］ Towers Perrin. Working Today: Understanding What Drives Employee Engagement ［EB/OL］. www.towersperrin.com/tp/getwebcachedoc?webc=HRS/ CAN/2004/200408/Talent_canada_eng.pdf.

［147］ Van den Broeck A, Vansteenkiste M, De Witte H, et al. Explaining the Relationships between Job Characteristics , Burnout , and Engagement : The Role of Basic Psychological Need Satisfaction ［J］. Work & Stress, 2008, 22（3）: 277–294.

［148］ Van Scotter J R, Motowidlo S J. Interpersonal Facilitation and Job Dedication as Separate Facets of Contextual Peformance ［J］. Jouranl of Applied Psychology, 1996（81）: 525–531.

［149］ Welboume M, Johnson D E. The Role–Based Performance Scale: Validity Analysis of a Theory–Based Measure ［J］. Academy of Management Journal, 1998, 41（5）: 540–555.

［150］ Williams J, MacKinnon D P. Resampling and Distribution of the Product Methods for Testing Indirect Effects in Complex Models ［J］. Structural Equation Modeling, 2008（15）: 23–51.

［151］ Williams L J, Anderson S E. Job Satisfaction and Organizational Commitment as Predictors of Organizational Citizenship and In–role Behaviors ［J］. Journal of Management, 1991, 17（3）: 601–617.

［152］ Wrzesniewski A E, Dutton J E. Crafting a Job: Revisioning Employees as Active Crafters of Their Work ［J］. Academy of Management Review, 2001, 2（26）: 179–201.

［153］ Wrzesniewski A E. Jobs, Careers, and Callings: Work Orientation and Job Transitions ［D］. The University of Michigan, 1999.

［154］ Wrzesniewski A, McCauly C, Rozin P, et al. Jobs, Careers, and Callings: People's Relations to Their Work ［J］. Journal of Research in Personality, 1997, 31（1）: 21–33.

［155］ Xanthopoulou D, Bakker A B, Demerouti E, et al. Reciprocal Relationships Between Job Resources, Personal Resources, and Work Engagement ［J］. Journal of Vocational Behavior, 2009, 74（3）: 235–244.

［156］ Xanthopoulou D, Bakker A B, Demerouti E, et al. The Role of Personal Resources in the Job Demands–resources Model ［J］. International Journal of Stress Management, 2007（14）: 121–141.

［157］ Xanthopoulou D, Bakker A B, Demerouti E, et al. Work Engagement and Financial Returns: A Diary Study on the Role of Job and Personal Resources ［J］. Journal of

Occupational and Organizational Psychology，2009，82（1）：183-200.

［158］彼得·德鲁克. 变动中的管理者［M］. 上海：上海译文出版社，1999.

［159］操芳. 企业知识型员工敬业度研究［D］. 镇江：江苏大学硕士学位论文，2009.

［160］曹科岩，宁崴. 人力资源管理实践对员工敬业度的影响：组织支持感的中介作用——基于广东省高科技企业的实证研究［J］. 科技管理研究，2012（5）：174-178.

［161］曾晖，韩经纶. 提高员工敬业度［J］. 企业管理，2005（5）：99-101.

［162］曾晖，赵黎明. 酒店服务行业员工敬业度特征与绩效研究［J］. 北京工商大学学报（社会科学版），2009（4）：96-100.

［163］曾晖，赵黎明. 企业员工敬业度的结构模型研究［J］. 心理科学，2009，32（1）：231-235.

［164］查淞城. 企业员工敬业度结构建模研究［D］. 广州：暨南大学硕士学位论文，2007.

［165］陈安奇. 金融行业新员工组织认同感对员工敬业度影响研究［D］. 济南：山东大学硕士学位论文，2012.

［166］陈方英. 基于委托—代理理论的饭店企业员工敬业度提升模式研究［J］. 旅游学刊，2007，22（12）：71-79.

［167］陈晓萍，徐淑英，樊景立. 组织与管理研究的实证方法［M］. 北京：北京大学出版社，2012.

［168］储成祥，毛慧琴，江芮澜. 领导行为、组织支持和员工敬业度的关系——以通信企业为例［J］. 北京邮电大学学报（社会科学版），2012（5）：91-99.

［169］丁桂凤，杜岸政，古纯文. 心理学研究中的中介效应分析意义及方法评述［J］. 中国心理卫生杂志，2014（8）：578-583.

［170］范素平. 企业员工组织支持感、敬业度与工作绩效的关系研究［D］. 成都：西南财经大学硕士学位论文，2012.

［171］方来坛，时勘，张风华. 员工敬业度的研究述评［J］. 管理评论，2010，22（5）：47-55.

［172］方来坛，时勘，张风华等. 员工敬业度、工作绩效与工作满意度的关系研究［J］. 管理评论，2011（12）：108-115.

［173］方俐洛，孙利平，凌文辁. 公平感在德行领导与员工敬业之间的中介作用［J］. 科技管理研究，2010（6）：167-169.

［174］风笑天. 工作的意义：两代人的认同与变迁［J］. 社会科学研究，2011（3）：83-90.

［175］冯明，纪晓丽，尹明鑫. 制造业管理者元胜任力与行业胜任力和绩效之间关系的实证研究［J］. 中国软科学，2007（10）：126-135.

［176］甘怡群. 中介效应研究的新趋势——研究设计和数据统计方法［J］. 中国心理卫生杂志，2014（8）：584-585.

［177］郭涛. 高校教师敬业度影响因素及其与工作绩效的关系研究［D］. 天津：天津大学博士学位论文，2012.

［178］韩翼，廖建桥，龙立荣. 雇员工作绩效结构模型构建与实证研究［J］. 管理科学学报，2007，10（5）：62-77.

［179］韩翼. 雇员工作绩效结构模型构建与实证研究［J］. 管理科学学报，2007（10）：62-77.

［180］翰威特咨询公司. 企业绩效的指示灯：员工敬业度［J］. 商学院，2005（4）：62-63.

［181］侯杰泰，温忠麟，成子娟. 结构方程模型及其应用［M］. 北京：机械工业出版社，2000.

［182］黄志坚. 全面报酬、敬业度和绩效的作用关系研究：基于动漫技能人才的实证［D］. 武汉：武汉大学博士学位论文，2010.

［183］霍苑渊. 员工敬业度的构成维度及其影响因素研究：基于两个典型企业中的调查［D］. 杭州：浙江大学硕士学位论文，2008.

［184］江林. 知识型员工的特点与管理［J］. 经济理论与经济管理，2002（9）：58-62.

［185］冷媚. 企业员工敬业度影响因素研究［D］. 长春：吉林大学硕士学位论文，2007.

［186］李宝元. 战略性激励——现代企业人力资源管理精要［M］. 北京：经济科学出版社，2002.

［187］李怀祖. 管理研究方法论［M］. 西安：西安交通大学出版社，2004.

［188］李金波，许百华，陈建明. 影响员工工作投入的组织相关因素研究［J］. 应用心理学，2006，12（2）：176-181.

［189］李金星，张晞. 员工敬业度的理论研究述评与展望［J］. 内蒙古财经学院学报，2011（1）：41-46.

［190］李锐，凌文辁. 工作投入研究的现状［J］. 心理科学进展，2007，15（2）：366-372.

［191］李若水，王思瑶. 知识型员工背景因素对敬业度的影响［J］. 生产力研究，2011（7）：168-169.

［192］李伟，梅继霞. 内在动机、工作投入与员工绩效——基于核心自我评价的调节效应［J］. 经济管理，2012（9）：77-90.

［193］廖建桥，文鹏. 知识员工定义、特征及分类研究述评［J］. 管理学报，2009（2）：277-283.

［194］刘善仕，罗江萍，王求是. 服饰行业员工敬业度及其影响因素研究［J］. 华南理工大学学报（社会科学版），2009（2）：25-29.

［195］刘淑静，张希凤. 互惠性偏好、员工敬业度与知识共享意愿关系研究［J］. 江苏商论，2012（11）：135-140.

［196］刘雪梅. 讨好员工是不够的——员工满意度和敬业度之辨［J］. 当代经理人，2003（10）：68-70.

［197］刘宇. 重庆市中小民营企业员工敬业度研究［D］. 重庆：重庆大学硕士学位论文，2007.

［198］卢纪华，陈丽莉，赵希男. 组织支持感、组织承诺与知识型员工敬业度的关系研究［J］. 科学学与科学技术管理，2013（1）：147-153.

［199］罗伯特·F. 德维利斯. 量表编制：理论与应用［M］. 重庆：重庆大学出版社，2010.

［200］马克斯·韦伯. 新教伦理与资本主义精神［M］. 北京：中国社会科学出版社，2009.

［201］马明，陈方英，孟华. 员工满意度与敬业度关系实证研究——以饭店企业为例［J］. 管理世界，2005（11）：120-126.

［202］马庆国. 管理统计［M］. 北京：科学出版社，2002.

［203］马志强，杨晓静，朱永跃. 主管承诺与员工敬业度关系的实证研究［J］. 技术经济与管理研究，2012（12）：64-67.

［204］迈克·贝纳特，安德鲁·贝尔. 驱动力［M］. 张义，译. 北京：电子工业出版社，2006.

［205］曼德. 新职业观［M］. 北京：人民邮电出版社，2006.

［206］彭剑锋，张望军. 如何激励知识型员工［J］. 中国人力资源开发，1999（1）：12-14.

［207］彭剑锋. 人力资源管理概论［M］. 上海：复旦大学出版社，2003.

［208］饶征，孙波. 以 KPI 为核心的绩效管理［M］. 北京：中国人民大学出版社，2002.

［209］荣泰生．Amos 与研究方法［M］．重庆：重庆大学出版社，2010．

［210］邵娟．员工敬业度与经理管理绩效［J］．中国集体经济，2007，12（1）：35-39．

［211］宋仁秀．我国饭店员工敬业度影响因素研究［D］．长春：东北师范大学硕士学位论文，2008．

［212］孙健敏，焦海涛，赵简．组织支持感对工作投入与工作家庭冲突关系的调节作用［J］．应用心理学，2011（1）：31-35．

［213］孙健敏，焦长泉．对管理者工作绩效结构的探索性研究［J］．人类工效学，2002，8（3）：1-10．

［214］孙卫敏，吕翠．组织支持感与员工敬业度关系［J］．北京理工大学学报（社会科学版），2012（4）：67-73．

［215］谭小宏．个人与组织价值观匹配对员工工作投入、组织支持感的影响［J］．心理科学，2012，35（3）：973-977．

［216］田喜洲，谢晋宇，吴孔珍．倾听内心的声音：职业生涯中的呼唤研究进展探析［J］．外国经济与管理，2012（1）：27-35．

［217］田喜洲，左晓燕，谢晋宇．工作价值取向研究现状分析及未来构想［J］．外国经济与管理，2013（4）：32-39．

［218］王广新．组织情境下管理者人格特质和工作绩效关系研究［D］．长春：吉林大学博士学位论文，2005．

［219］王辉，李晓轩，罗胜强．任务绩效与情境绩效二因素绩效模型的验证［J］．中国管理科学，2003（4）：79-84．

［220］王默凡．敬业度研究的理论模型与作用机理综述［J］．首都经济贸易大学学报，2014（1）：118-122．

［221］王重鸣．心理学研究方法［M］．北京：人民教育出版社，2001．

［222］温志毅．工作绩效的四因素结构模型［J］．首都师范大学学报（社会科学版），2005（5）：105-111．

［223］文魁，吴冬梅．异质人才的异常激励［J］．管理世界，2003（10）：110-114．

［224］吴明隆．问卷统计分析实务：SPSS 操作与应用［M］．重庆：重庆大学出版社，2010．

［225］谢文辉．敬业［M］．北京：中国商业出版社，2006．

［226］许立，郭亚军，王毅．基于结构方程模型的制造业员工敬业度结构实证研究［J］．企业经济，2013（6）：59-62．

［227］杨红明，廖建桥. 员工敬业度研究现状探析与未来展望［J］. 外国经济与管理，2009（5）：45-51.

［228］杨红明. 基于工作特征的企事业单位员工内在动机和敬业度作用机制研究［D］. 武汉：华中科技大学博士学位论文，2010.

［229］杨杰，方俐洛，凌文铨. 绩效评价的若干问题［J］. 应用心理学，2000，6（2）：53-58.

［230］杨杰，凌文铨，方俐洛. 关于知识工作者与知识性工作的实证解析［J］. 科学学研究，2004，22（2）：190-196.

［231］杨洁. 技术经理的胜任特征与工作绩效的关系：领导成员交换的中介作用研究［D］. 南京：南京大学博士学位论文，2010.

［232］杨蓉. 人力资源管理［M］. 大连：东北财经大学出版社，2002.

［233］杨晓刚. 工作价值观、组织价值观契合及其对敬业度的影响［D］. 郑州：河南大学硕士学位论文，2010.

［234］姚春序，刘艳林. 魅力型领导与下属工作投入：双维认同构面的中介机制［J］. 心理科学，2013，36（4）：942-948.

［235］叶宝娟，温忠麟. 中介效应分析：方法和模型发展［J］. 心理科学进展，2014（5）：731-745.

［236］于松梅，朱玲会. 特殊教育教师工作价值取向及其与工作满意度的关系［J］. 中国特殊教育，2013（4）：55-59.

［237］袁凌，李健，郑丽芳. 国有企业知识型员工敬业度结构模型及其实证研究［J］. 科技进步与对策，2012（3）：150-155.

［238］张德. 人力资源开发与管理［M］. 北京：清华大学出版社，2004.

［239］张琳琳. 国有企业员工工作倦怠与工作投入研究——以"长春一汽"为个案［D］. 长春：吉林大学博士学位论文，2008.

［240］张敏强，方杰. 中介效应的点估计和区间估计：乘积分布法、非参数 Bootstrap 和 MCMC 法［J］. 心理学报，2012（10）：1408-1420.

［241］张培峰. 组织价值观与员工敬业度关系的实证研究［D］. 北京：对外经济贸易大学硕士学位论文，2007.

［242］张同健，蒲勇健，刘敬伟. 雇主互惠性、员工敬业度与企业绩效的相关性研究［J］. 经济与管理，2009，8（6）：65-69.

［243］张轶文，甘怡群. 中文版 Utrecht 工作投入量表（UWES）的信效度检验［J］. 中国临床心理学杂志，2005（3）：268-270.

［244］赵光利. 企业员工组织支持感、心理资本与员工敬业度的关系研究［D］.

杭州：浙江工商大学硕士学位论文，2011.

［245］赵敏，何云霞. 西方工作价值取向研究及对我国教师管理的启示［J］. 教育理论与实践，2010，30（8）：37-41.

［246］赵晓. 有教堂的市场经济与无教堂的市场经济［J］. 新财经，2007（9）：22-24.

［247］赵秀清. 工作压力、自我效能、应对策略与工作绩效关系研究［D］. 北京：首都经济贸易大学博士学位论文，2012.

［248］庄菁，屈植. 中小企业员工敬业度影响因素分析［J］. 统计与决策，2012（2）：186-188.

附　录

附录 A　纸版调查问卷发放说明

尊敬的主管：

您好！首先由衷感谢您在百忙中抽出时间帮助我发放和填写此份问卷！

此份问卷是本人博士论文的重要组成部分。现将相关填写要求向您做简单介绍。

首先，此份问卷需要管理者及其直接下属共同填写，其中管理者填写 A 卷，直接下属填写 B 卷。

其次，由于问卷中的数据具有配对性质，所以在问卷发放时需要一一对应，具体步骤介绍如下：

第一步　管理者根据自身情况填写 A 卷。

第二步　由管理者预先选择五名下属（一定要是知识型员工），并针对每位下属的工作绩效表现分别填写 A-1，A-2，A-3，A-4，A-5 问卷（例如 A-1 是下属张三的工作绩效表现；A-2 是下属李四的工作绩效表现；以此类推）。

第三步　由管理者将 B-1，B-2，B-3，B-4，B-5 问卷分别交给相应的下属进行填写，B 卷由下属根据自身情况进行填写。（此时请一定注意问卷的一一对应，例如，若 A-1 问卷评价的是张三的工作绩效表现，那么 B-1 问卷就交给张三填写其本人的情况）。

最后，烦请各位主管将问卷回收并发放礼物。

对您所给予的帮助和支持表示衷心的感谢！

附录B　员工预调查问卷（纸版）

问卷编号：_____

知识型员工天职取向与敬业度调查问卷

亲爱的女士／先生：

您好！由衷感谢您在百忙中抽出时间填写此份问卷！

本问卷是研究者博士论文的重要组成部分，该研究目的在于了解员工天职取向、员工敬业度以及工作绩效的关系，该研究结果可以为中国人力资源管理学界和实践界做出重要的贡献，您的宝贵意见对我们的研究至关重要。

郑重声明：本问卷的结果仅作为学术研究之用，不会被用于任何商业用途。您的回答无正确与错误之分，您提供的任何信息绝不会对外公开或提供给第三方，恳请您能真实反映自身情况并请安心做答。

在填写问卷过程中，您若遇到问题，请及时与我们联系。

真心感谢您的诚挚帮助！

敬祝　身体健康　工作顺利！

首都经济贸易大学工商管理学院

博士研究生姓名：王默凡

导师姓名：吴冬梅　教授

敬上

联系电话：1391072××××

电子邮件：wangmf@cueb.edu.cn

答题说明

本问卷共分为三个部分，第一部分是有关您个人和所属企业基本情况的调查；第二部分是员工天职取向调查；第三部分是员工敬业度调查。

请您在每一个题目后的答案备选中选择一个最符合您的选项，若是纸质问卷，请您在所选答案前面相应的方框内用"√"标识或在条目后面的

所选数字上进行圈选，如"①"；若是电子版问卷，请您将所选答案字体颜色改为红色。

　　本问卷没有正确答案，任何一个题目的答案都没有"对""错""优""劣"之分，请根据您的真实状况进行填写即可。

第一部分　基本情况

　　说明：本部分是关于您个人及所在单位的一些基本信息，请您在所选答案前面的方框内打"√"。

性别：□男　　　　　　　□女

年龄：□ 30 岁以下　　　□ 31~35 岁　　□ 36~40 岁

　　　□ 41~45 岁　　　□ 46~50 岁　　□ 50 岁以上

学历：□大学专科以下　　□大学专科　　□大学本科

　　　□硕士　　　　　　□博士

工作年限：□ 5 年以下　　□ 5~10 年　　□ 11~15 年

　　　　　□ 16~20 年　　□ 20 年以上

职务：□普通员工　　　　□基层管理者

　　　□中层管理者　　　□高层管理者

雇佣关系类型：□固定工 / 长期雇佣　　□合同工

　　　　　　　□劳务派遣工　　　□非全日制用工　□其他

所在企业性质：□国有企业　　　□民营企业　　□外资 / 合资企业

　　　　　　　□机关事业单位　□其他

第二部分　天职取向

　　说明：天职取向是一种工作价值取向，持天职取向的人认为工作是其人生不可分割的一部分，工作的目的是为了获得深刻的意义感。请您根据自身的实际情况，在下列每个条目后面的数字上圈选出各项陈述的符合程度。"1"非常不符合，"2"比较不符合，"3"有点儿符合，"4"比较符合，"5"非常符合。

	题目	非常不符合	比较不符合	有点儿符合	比较符合	非常符合
1	我热爱我的工作	1	2	3	4	5

	题目	非常不符合	比较不符合	有点儿符合	比较符合	非常符合
2	我的工作带给我巨大的个人满足感	1	2	3	4	5
3	我觉得我从事我的工作是命中注定的	1	2	3	4	5
4	如果我没有投身于我的工作，那么我将失去很多存在的意义	1	2	3	4	5
5	我的工作让世界更美好	1	2	3	4	5

第三部分 员工敬业度

说明：员工敬业度是一种与工作相关的、积极的、富有成就感和完满的情绪与认知状态。请您根据自身的实际情况，在下列每个条目后面的数字上圈选出各项陈述的符合程度。"1"非常不符合，"2"比较不符合，"3"有点儿符合，"4"比较符合，"5"非常符合。

	题目	非常不符合	比较不符合	有点儿符合	比较符合	非常符合
1	工作时我感到很兴奋	1	2	3	4	5
2	工作时我精力充沛	1	2	3	4	5
3	早上一起床我就想去工作	1	2	3	4	5
4	我对我的工作充满热情	1	2	3	4	5
5	我的工作激励着我	1	2	3	4	5
6	工作时我充满自豪感	1	2	3	4	5
7	高强度工作时我感到很快乐	1	2	3	4	5
8	我沉浸在我的工作中	1	2	3	4	5
9	工作时我达到忘我的境界	1	2	3	4	5

———————— 本问卷至此结束，谢谢您的填写。————————

恳请您再次检查本问卷所有题项，确保没有漏答之处。

再次感谢您的热心支持和合作！祝您身体健康！工作顺利！心想事成！

若您期望获得我们的研究成果，请您提供以下联系方式，以便我们将研究结果及时反馈给您。

姓名：_____ E-mail 邮箱：_____

再次感谢您对本研究的支持与帮助！

附录 C　领导预调查问卷（纸版）

问卷编号：_____

知识型员工天职取向、敬业度和工作绩效调查问卷

尊敬的主管：

您好！由衷感谢您在百忙中抽出时间填写此份问卷！

本问卷是研究者博士论文的重要组成部分，该研究目的在于了解员工天职取向、员工敬业度以及工作绩效的关系，该研究结果可以为中国人力资源管理学界和实践界做出重要的贡献，您的宝贵意见对我们的研究至关重要。

郑重声明：本问卷的结果仅作为学术研究之用，不会被用于任何商业用途。您的回答无正确与错误之分，您提供的任何信息绝不会对外公开或提供给第三方，恳请您能真实反映自身情况并请安心做答。

在填写问卷过程中，您若遇到问题，请及时与我们联系。

真心感谢您的诚挚帮助！

敬祝　身体健康　工作顺利！

首都经济贸易大学工商管理学院
博士研究生姓名：王默凡
导师姓名：吴冬梅　教授
敬上

联系电话：1391072××××

电子邮件：wangmf@cueb.edu.cn

答题说明

本问卷共分为两个部分，第一部分是有关您个人和所属企业基本情况的调查；第二部分是请您对您的直接下属的工作绩效情况进行评价。

请您在每一个题目后的答案备选中选择一个最符合您的选项，若是纸质问卷，请您在所选答案前面相应的方框内用"√"标识或在条目后面的

所选数字上进行圈选，如"①"；若是电子版问卷，请您将所选答案字体颜色改为红色。

本问卷没有正确答案，任何一个题目的答案都没有"对""错""优""劣"之分，请根据您的真实状况进行填写即可。

第一部分　基本情况

说明：本部分是关于您个人及所在单位的一些基本信息，请您在所选答案前面的方框内打"√"。

性别：□男　　　　□女

年龄：□30 岁以下　　□31~35 岁　　□36~40 岁
　　　□41~45 岁　　□46~50 岁　　□50 岁以上

学历：□大学专科以下　□大学专科　　□大学本科
　　　□硕士　　　　　□博士

工作年限：□5 年以下　□5~10 年　　□11~15 年
　　　　　□16~20 年　□20 年以上

职务：□普通员工　　　□基层管理者
　　　□中层管理者　　□高层管理者

雇佣关系类型：□固定工 / 长期雇佣　　□合同工　□劳务派遣工
　　　　　　　□非全日制用工　　　　□其他

所在企业性质：□国有企业　　□民营企业　　□外资 / 合资企业
　　　　　　　□机关事业单位　□其他

第二部分　下属工作绩效

说明：以下是您的下属在工作中可能表现出的工作绩效情况，请您根据下属的实际情况，在下列每个题目后面的数字上圈选出各项陈述的符合程度，数字越大代表越符合实际情况。"1"非常不符合，"2"比较不符合，"3"有点儿符合，"4"比较符合，"5"非常符合。

被评价者：_____	非常不符合	比较不符合	有点儿符合	比较符合	非常符合
1	该员工充分完成被安排的工作任务	1	2	3	4	5
2	该员工履行工作说明书中的职责	1	2	3	4	5

续表

被评价者： _____		非常不符合	比较不符合	有点儿符合	比较符合	非常符合
3	该员工按照领导期望的方式完成工作任务	1	2	3	4	5
4	该员工按照正式绩效考核的要求完成工作任务	1	2	3	4	5
5	该员工做一些能够直接影响自己绩效考核的工作	1	2	3	4	5
6	该员工忽视一些必须要做的事情	1	2	3	4	5
7	该员工不能履行必要的工作职责	1	2	3	4	5
8	该员工能够在同事取得成功时对他们予以称赞	1	2	3	4	5
9	当同事遇到私人困难时，该员工给予他们支持或鼓励	1	2	3	4	5
10	当某一做法可能会影响到同事时，事先该员工会告知他们	1	2	3	4	5
11	该员工只谈论那些对同事或团体有益的事情	1	2	3	4	5
12	该员工会鼓励他人克服人际障碍而友好相处	1	2	3	4	5
13	该员工公平地对待他人	1	2	3	4	5
14	该员工主动地帮助他人	1	2	3	4	5
15	该员工会利用休息时间工作以保证任务按时完成	1	2	3	4	5
16	该员工关注工作中重要的细节问题	1	2	3	4	5
17	该员工工作上格外努力	1	2	3	4	5
18	该员工要求承担具有挑战性的工作	1	2	3	4	5
19	该员工工作上自律自制	1	2	3	4	5
20	该员工主动解决工作中的问题	1	2	3	4	5
21	该员工坚持克服困难完成工作任务	1	2	3	4	5
22	该员工主动热情地解决困难的工作	1	2	3	4	5

———————— 本问卷至此结束，谢谢您的填写。 ————————

恳请您再次检查本问卷所有题项，确保没有漏答之处。

再次感谢您的热心支持和合作！祝您身体健康！工作顺利！心想事成！

若您期望获得我们的研究成果，请您提供以下联系方式，以便我们将研究结果及时反馈给您。

姓名：_____   E-mail 邮箱：_____

再次感谢您对本书的支持与帮助！

附录 D　员工正式调查问卷（纸版）

问卷编号：＿＿＿＿＿＿＿＿

知识型员工天职取向与敬业度调查问卷

亲爱的女士／先生：

您好！由衷感谢您在百忙中抽出时间填写此份问卷！

本问卷是研究者博士论文的重要组成部分，该研究目的在于了解员工天职取向、员工敬业度以及工作绩效的关系，该研究结果可以为中国人力资源管理学界和实践界做出重要的贡献，您的宝贵意见对我们的研究至关重要。

郑重声明：本问卷的结果仅作为学术研究之用，不会被用于任何商业用途。您的回答无正确与错误之分，您提供的任何信息绝不会对外公开或提供给第三方，恳请您能真实反映自身情况并请安心做答。

在填写问卷过程中，您若遇到问题，请及时与我们联系。

真心感谢您的诚挚帮助！

敬祝　身体健康　工作顺利！

首都经济贸易大学工商管理学院
博士研究生姓名：王默凡
导师姓名：吴冬梅　教授
敬上

联系电话：1391072×××ד
电子邮件：wangmf@cueb.edu.cn

答题说明

本问卷共分为三个部分，第一部分是有关您个人和所属企业基本情况的调查；第二部分是员工天职取向调查；第三部分是员工敬业度调查。

请您在每一个题目后的答案备选中选择一个最符合您的选项，若是纸质问卷，请您在所选答案前面相应的方框内用"√"标识或在条目后面的

所选数字上进行圈选,如"①";若是电子版问卷,请您将所选答案字体颜色改为红色。

　　本问卷没有正确答案,任何一个题目的答案都没有"对""错""优""劣"之分,请根据您的真实状况进行填写即可。

第一部分　基本情况

　　说明:本部分是关于您个人及所在单位的一些基本信息,请您在所选答案前面的方框内打"√"。

性别:□男　　　　　□女

年龄:□ 30 岁以下　　　□ 31~35 岁　　　□ 36~40 岁
　　　□ 41~45 岁　　　□ 46~50 岁　　　□ 50 岁以上

学历:□大学专科以下　　□大学专科　　　□大学本科
　　　□硕士　　　　　　□博士

工作年限:□ 5 年以下　　□ 5~10 年　　　□ 11~15 年
　　　　　□ 16~20 年　　□ 20 年以上

职务:□普通员工　　　　□基层管理者
　　　□中层管理者　　　□高层管理者

雇佣关系类型:□固定工 / 长期雇佣　　□合同工　　□劳务派遣工
　　　　　　　□非全日制用工　　　　□其他

所在企业性质:□国有企业　　　□民营企业　　□外资 / 合资企业
　　　　　　　□机关事业单位　□其他

第二部分　天职取向

　　说明:天职取向是一种工作价值取向,持天职取向的人认为工作是其人生不可分割的一部分,工作的目的是为了获得深刻的意义感。请您根据自身的实际情况,在下列每个条目后面的数字上圈选出各项陈述的符合程度。"1"非常不符合,"2"比较不符合,"3"有点儿符合,"4"比较符合,"5"非常符合。

	题目	非常 不符合	比较不 符合	有点儿 符合	比较 符合	非常 符合
1	我热爱我的工作	1	2	3	4	5

	题目	非常 不符合	比较不 符合	有点儿 符合	比较 符合	非常 符合
2	我的工作带给我巨大的个人满足感	1	2	3	4	5
3	如果我没有投身于我的工作，那么我将失去很多存 在的意义	1	2	3	4	5
4	我的工作让世界更美好	1	2	3	4	5

第三部分　员工敬业度

说明：员工敬业度是一种与工作相关的、积极的、富有成就感和完满的情绪与认知状态。请您根据自身的实际情况，在下列每个条目后面的数字上圈选出各项陈述的符合程度。"1"非常不符合，"2"比较不符合，"3"有点儿符合，"4"比较符合，"5"非常符合。

	题目	非常不 符合	比较不 符合	有点儿 符合	比较 符合	非常 符合
1	工作时我感到很兴奋	1	2	3	4	5
2	工作时我精力充沛	1	2	3	4	5
3	早上一起床我就想去工作	1	2	3	4	5
4	我对我的工作充满热情	1	2	3	4	5
5	我的工作激励着我	1	2	3	4	5
6	工作时我充满自豪感	1	2	3	4	5
7	高强度工作时我感到很快乐	1	2	3	4	5
8	我沉浸在我的工作中	1	2	3	4	5
9	工作时我达到忘我的境界	1	2	3	4	5

—————————— 本问卷至此结束，谢谢您的填写。 ——————————

恳请您再次检查本问卷所有题项，确保没有漏答之处。

再次感谢您的热心支持和合作！祝您身体健康！工作顺利！心想事成！

若您期望获得我们的研究成果，请您提供以下联系方式，以便我们将研究结果及时反馈给您。

姓名：_____ E-mail 邮箱：_____

再次感谢您对本书的支持与帮助！

附录E　领导正式调查问卷（纸版）

问卷编号：＿＿＿＿＿＿＿＿

知识型员工天职取向、敬业度和工作绩效调查问卷

尊敬的主管：

您好！由衷感谢您在百忙中抽出时间填写此份问卷！

本问卷是研究者博士论文的重要组成部分，该研究目的在于了解员工天职取向、员工敬业度以及工作绩效的关系，该研究结果可以为中国人力资源管理学界和实践界做出重要的贡献，您的宝贵意见对我们的研究至关重要。

郑重声明：本问卷的结果仅作为学术研究之用，不会被用于任何商业用途。您的回答无正确与错误之分，您提供的任何信息绝不会对外公开或提供给第三方，恳请您能真实反映自身情况并请安心做答。

在填写问卷过程中，您若遇到问题，请及时与我们联系。

真心感谢您的诚挚帮助！

敬祝　身体健康　工作顺利！

首都经济贸易大学工商管理学院

博士研究生姓名：王默凡

导师姓名：吴冬梅　教授

敬上

联系电话：1391072××××

电子邮件：wangmf@cueb.edu.cn

答题说明

本问卷共分为两个部分，第一部分是有关您个人和所属企业基本情况的调查；第二部分是请您对您的直接下属的工作绩效情况进行评价。

请您在每一个题目后的答案备选中选择一个最符合您的选项，若是纸质问卷，请您在所选答案前面相应的方框内用"√"标识或在条目后面的

所选数字上进行圈选，如"①"；若是电子版问卷，请您将所选答案字体
颜色改为红色。

　　本问卷没有正确答案，任何一个题目的答案都没有"对""错""优""劣"
之分，请根据您的真实状况进行填写即可。

第一部分　基本情况

　　说明：本部分是关于您个人及所在单位的一些基本信息，请您在所选
答案前面的方框内打"√"。

性别：□男　　　　□女

年龄：□ 30 岁以下　　□ 31~35 岁　　□ 36~40 岁
　　　□ 41~45 岁　　□ 46–50 岁　　□ 50 岁以上

学历：□大学专科以下　□大学专科　　□大学本科
　　　□硕士　　　　　□博士

工作年限：□ 5 年以下　□ 5~10 年　　□ 11~15 年
　　　　　□ 16~20 年　□ 20 年以上

职务：□普通员工　　　□基层管理者
　　　□中层管理者　　□高层管理者

雇佣关系类型：□固定工 / 长期雇佣　　□合同工　　□劳务派遣工
　　　　　　　□非全日制用工　　　　□其他

所在企业性质：□国有企业　　　□民营企业　　□外资 / 合资企业
　　　　　　　□机关事业单位　□其他

第二部分　下属工作绩效

　　说明：以下是您的下属在工作中可能表现出的工作绩效情况，请您根
据下属的实际情况，在下列每个题目后面的数字上圈选出各项陈述的符合
程度，数字越大代表越符合实际情况。"1"非常不符合，"2"比较不符合，
"3"有点儿符合，"4"比较符合，"5"非常符合。

被评价者：_____		非常 不符合	比较不 符合	有点儿 符合	比较 符合	非常 符合
1	该员工充分完成被安排的工作任务	1	2	3	4	5
2	该员工履行工作说明书中的职责	1	2	3	4	5

被评价者：	非常 不符合	比较不 符合	有点儿 符合	比较 符合	非常 符合
3 该员工按照领导期望的方式完成工作任务	1	2	3	4	5
4 该员工按照正式绩效考核的要求完成工作任务	1	2	3	4	5
5 该员工做一些能够直接影响自己绩效考核的工作	1	2	3	4	5
6 该员工能够在同事取得成功时对他们予以称赞	1	2	3	4	5
7 当同事遇到私人困难时，该员工给予他们支持或鼓励	1	2	3	4	5
8 当某一做法可能会影响到同事时，事先该员工会告知 他们	1	2	3	4	5
9 该员工只谈论那些对同事或团体有益的事情	1	2	3	4	5
10 该员工会鼓励他人克服人际障碍而友好相处	1	2	3	4	5
11 该员工公平地对待他人	1	2	3	4	5
12 该员工主动地帮助他人	1	2	3	4	5
13 该员工会利用休息时间工作以保证任务按时完成	1	2	3	4	5
14 该员工工作上格外努力	1	2	3	4	5
15 该员工要求承担具有挑战性的工作	1	2	3	4	5
16 该员工主动解决工作中的问题	1	2	3	4	5
17 该员工坚持克服困难完成工作任务	1	2	3	4	5
18 该员工主动热情地解决困难的工作	1	2	3	4	5

———————— 本问卷至此结束，谢谢您的填写。 ————————
　　恳请您再次检查本问卷所有题项，确保没有漏答之处。
　　再次感谢您的热心支持和合作，祝您身体健康，工作顺利，心想事成！

　　若您期望获得我们的研究成果，请您提供以下联系方式，以便我们将
研究结果及时反馈给您。

　　姓名：_____　　E-mail 邮箱：_____

再次感谢您对本书的支持与帮助！

附录 F　网络版问卷填写流程及后台管理

1. 网络版问卷所在网址

www.mydaizi.com

2. 网络版问卷发放步骤

第一步，获取被访领导联系方式（手机号码或者电子邮箱地址）；

第二步，笔者将网络问卷填写说明等发送给被访领导（短信或者电子邮件）；

第三步，被访领导及其下属填写网络问卷；

第四步，笔者在系统后台监督问卷填写情况；

第五步，笔者对填写完毕者发放礼物。

3. 网络版问卷填写说明

尊敬的领导：

感谢您帮助填写问卷，问卷分为 A，B 两卷，分别由您和您的下属填写。领导填写账号由我提供给您，下属账号由您在线创建。

领导填写流程为：①领导输入登录账号；②领导创建下属信息；③领导填写问卷；④领导将系统给出的下属登录账号告知相关下属。

下属填写流程为：①下属输入登录账号；②下属填写问卷。

您的登录账号为 ****，一个账号对应一位领导，您登录后跟随系统指示填答即可，再次感谢您的支持与配合，祝您工作顺利、身体健康！

4. 网络版问卷前台填写流程

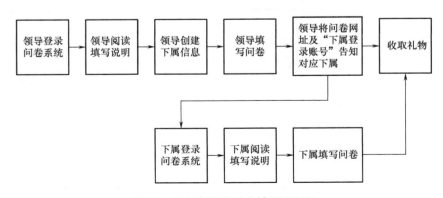

图 F1　网络版问卷前台填写流程图

5. 网络版问卷后台管理功能

（1）用户管理。在用户管理中查看"答题状态"，对未完成问卷填写的被访者进行适当的提醒；对已经完成问卷填写的被访者安排礼品的发放并在"礼物状况"栏进行登记（见图 F2，图 F3，图 F4）。

在答题管理中查看答题人数，亦可将问卷填写数据自动导入 Excel 中并生成相应表格。

图 F2　网络版问卷后台用户管理页面 1

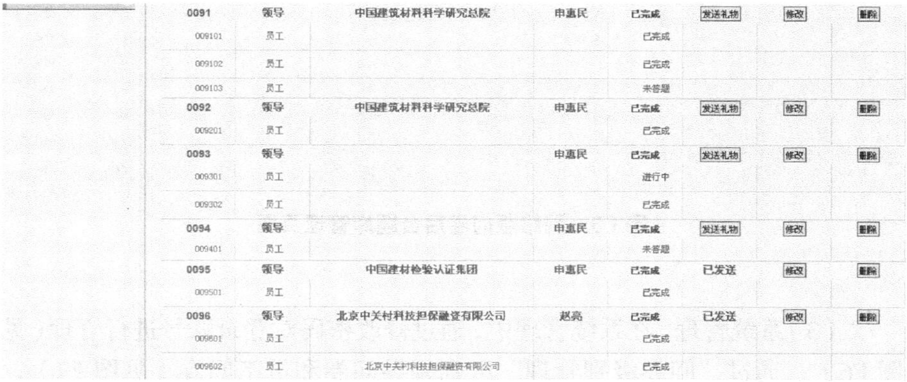

图 F3　网络版问卷后台用户管理页面 2

图 F4　网络版问卷后台用户管理之答题管理页面

（2）题库管理。在题库管理中，对题目的类别、内容及是否反置等进行管理（见图 F5）。

图 F5　网络版问卷后台题库管理页面

（3）系统管理。在系统管理中，通过修改密码对登录账号进行管理（见图 F6）；通过"问卷级别管理"区别领导问卷和员工问卷（见图 F7）；通过"问卷类别管理"对问卷中答题部分的出现顺序等进行管理（见图 F8）。

图 F6　网络版问卷后台系统管理的修改密码页面

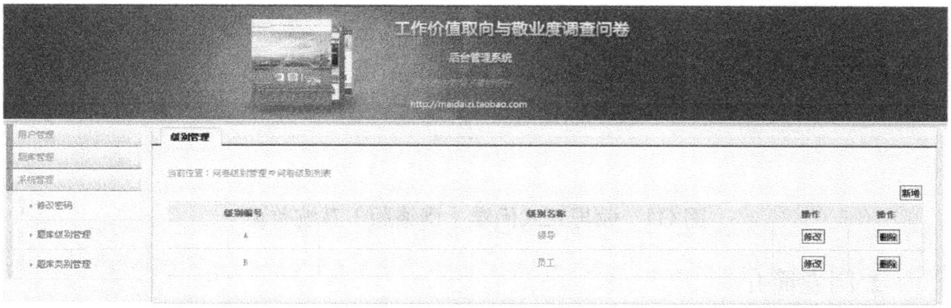

图 F7　网络版问卷后台系统管理的问卷级别管理页面

图 F8　网络版问卷后台系统管理的问卷类别管理页面

附录 G　领导正式调查问卷（网络版）

1. 系统首页

领导通过输入"登录账号"进入网络版问卷填答系统（见图 G1）。

图 G1　领导正式问卷（网络版）系统首页

2. 问卷简介

领导阅读问卷简介（见图 G2）。

图 G2　领导正式问卷（网络版）问卷简介页面

3. 创建下属

领导根据自身情况按照页面中的提示创建下属（见图 G3）。

图 G3　领导正式问卷（网络版）创建下属页面

4. 阅读填写说明

领导阅读问卷填写说明（见图 G4）。

图 G4　领导正式问卷（网络版）阅读填写说明页面

5. 填写问卷

领导问卷分为两个部分，一部分为"个人基本情况"（见图 G5）；另一部分为"下属工作绩效"（见图 G6）。

图 G5　领导正式问卷（网络版）基本情况填写页面

图 G6　领导正式问卷（网络版）下属工作绩效填写页面

6. 填写地址并再次确认下属登录账号

领导填写收货地址以方便接收礼品；在此页面系统将再次给出领导所创建下属的登录账号并提醒领导务必告知相对应的下属（见图 G7）。

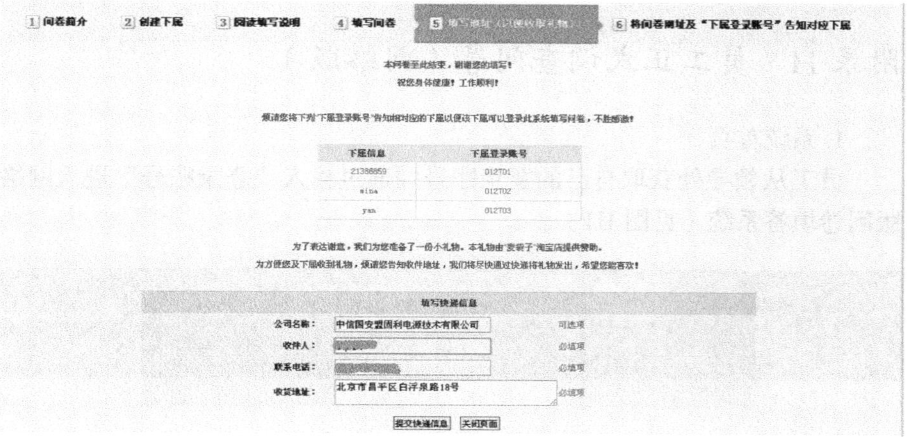

图 G7 领导正式问卷（网络版）填写地址页面

附录 H　员工正式调查问卷（网络版）

1. 系统首页

员工从领导处获取自己的登录账号并通过输入"登录账号"进入网络版问卷填答系统（见图 H1）。

图 H1　员工正式问卷（网络版）系统首页

2. 问卷简介

员工阅读问卷简介（见图 H2）。

图 H2　员工正式问卷（网络版）问卷简介页面

3.阅读填写说明

员工阅读问卷填写说明（见图H3）。

图H3 员工正式问卷（网络版）阅读填写说明页面

4.填写问卷

员工填写问卷，员工问卷分为三个部分，分别为"个人基本情况"（见图H4）；"天职取向""员工敬业度"（见图H5）。

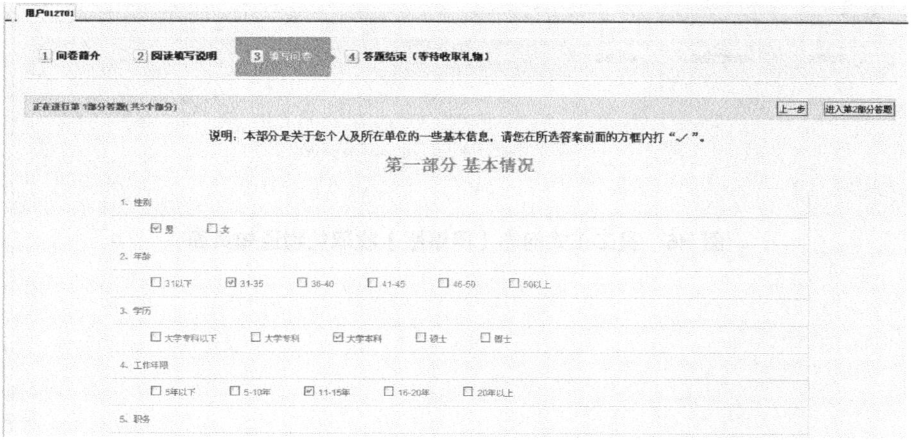

图H4 员工正式问卷（网络版）基本情况填写页面

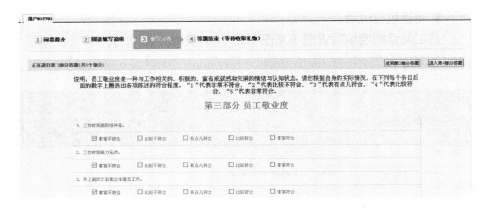

图 H5　员工正式问卷（网络版）员工敬业度填写页面

5. 获取礼物通知

作者通过此页面向问卷填写者表示感谢并告知将会送出小礼物。礼物将由作者通过快递发送给员工所属领导，由领导代为转交（见图 H6）。

图 H6　员工正式问卷（网络版）收取礼物通知页面

附录 I　访谈提纲

一、访谈说明

1. 向被访者表示感谢。

2. 说明访谈目的及所需时间。

3. 说明访谈协议约定。

二、访谈对象基本信息

性别：□男　　　　□女

年龄：□ 30 岁以下　　　□ 31~35 岁　　　□ 36~40 岁

　　　□ 41~45 岁　　　□ 46~50 岁　　　□ 50 岁以上

学历：□大学专科以下　　　□大学专科　　　□大学本科

　　　□硕士　　　　　　　□博士

工作年限：□ 5 年以下　　　□ 5~10 年　　　□ 11~15 年

　　　　　□ 16~20 年　　　□ 20 年以上

职务：□普通员工　　　　　□基层管理者

　　　□中层管理者　　　　□高层管理者

雇佣关系类型：□固定工 / 长期雇佣　　　□合同工　　　□劳务派遣工

　　　　　　　□非全日制用工　　　□其他

所在企业性质：□国有企业　　　□民营企业　　　□外资 / 合资企业

　　　　　　　□机关事业单位　　　□其他

三、访谈内容提纲

1. 请介绍一下您所从事的工作。

2. 您觉得工作的目的是什么？

3. 如果您有足够多的钱，您还愿意做现在的工作吗？为什么？

4. 您觉得您所在的组织中同事之间的关系怎么样？

5. 若您在生活中遇到了困难，您的同事会帮助您吗？

6. 若您在工作上遇到了难题，您最常用的解决办法是什么？您会向同事求助吗？为什么？

7. 您的同事愿意和您分享知识吗？如果是，您觉得什么因素促进了这种行为；如果不是，您觉得什么因素阻碍了这种行为？

8. 您愿意和别人分享知识吗？您觉得什么因素会影响您与同事的知识分享？

9. 您觉得一个员工对待工作的态度和他的工作结果有联系吗？

10. 您觉得什么因素会影响组织中同事之间的帮助和知识的分享？

后 记

行文至此，心中充满感激。

感谢首都经济贸易大学国际学院的专著出版资助！

感谢院长王少国、副院长朱虹、书记李风磊对我的关心与支持！

感谢我的导师吴冬梅教授。吴老师为我倾注了大量心血，让我感受到母亲般的爱，让我在求学的道路上充满斗志！

如果说吴老师为我指明了前进的方向，那么我的父母、我的爱人便是用他们的爱为我照亮了前进的道路，让我不会感到孤独与无助。感谢家人对我的支持与包容！

感谢高闯教授、邹昭晞教授在博士预答辩中给予的宝贵意见！

感谢师姐玉红玲、师妹刘椰辰给予我的帮助！

感谢各位接受访谈和填写问卷的朋友！正是大家无私的帮助使得我可以获得第一手数据从而完成论文的相关研究。祝大家身体健康、平安快乐！

感谢乔智泉先生给予的网络技术支持！

感谢淘宝网"麦袋子"网络店铺对本次研究中问卷调查所需礼品提供的全程赞助！祝店铺财源滚滚、生意兴隆！

最后，想为自己写段话，用以纪念这段奋斗中的时光。

对我而言，博士论文写作是一种修行，是一个进步的过程，一个蜕变的过程。在其中有思如泉涌的兴奋，有停滞不前的痛苦，也有意想不到的打击，比如，电脑崩溃、数据丢失。而这犹如戏剧般的跌宕起伏使得我的内心更加坚强，当经历了这种种起落，我学会了更加淡定、更加平静地接受生活给予我的一切，好的，坏的……我也更加清晰地看清那些真正爱我、帮助我的人，真正懂得爱的含义不是言语而是行动。

"念念不忘，必有回响"，为了梦想所做出的一切努力、付出与坚持都是值得的！

或许在未来的人生路上，我依旧会不那么自信、不那么勇敢，但我会不忘初心；倾听内心；忠于梦想；怀揣着感恩的心努力奔跑在追逐梦想的道路上，一如此时此刻的我……

本著作得到以下基金项目的资助与支持：

（1）2015年北京市社科青年项目（15JGC196）"北京市科技创新人才工作使命感对创新行为的影响研究"，项目负责人：王默凡。

（2）2015年北京市教委社科面上项目（SM201510038008）"知识型员工天职取向对工作绩效的影响研究"，项目负责人：王默凡。